重庆市教育科学"十四五"规划
2024年度课题"基于科学家精神启蒙的幼儿园课程在地化创新实践研究"
（课题批准号：K24YG2020145）

儿童像科学家一样

幼儿园"游学访馆"探究式课程的实践研究

编委会

主　编：张潇月　刘小娟

副主编：廖丽莉　林　燕　张璐琳　赵晓霞

委　员：敖妮娜　刘　洋　刘净丹　吴珺珺

何秋棠　李莎莎　余　玲　甘秉春

李文馨　郑晓宇　祝素娟　魏小容

冉江雪　陈　晨　张　霞　张　杰

罗　兰　张清源　何婉月

西南大学出版社
国家一级出版社 全国百佳图书出版单位

图书在版编目(CIP)数据

儿童像科学家一样:幼儿园"游学访馆"探究式课
程的实践研究 / 张潇月,刘小娟主编. -- 重庆:西南
大学出版社, 2025. 2. -- ISBN 978-7-5697-2817-0

Ⅰ. G612

中国国家版本馆CIP数据核字第2024KW0829号

儿童像科学家一样
——幼儿园"游学访馆"探究式课程的实践研究

ERTONG XIANG KEXUEJIA YIYANG
——YOU'ERYUAN "YOUXUE FANGGUAN" TANJIUSHI KECHENG DE SHIJIAN YANJIU

张潇月　刘小娟　主编

责任编辑：唐　诗

责任校对：万珊珊

装帧设计：散点设计

排　　版：吴秀琴

出版发行：西南大学出版社(原西南师范大学出版社)

　　　　　网址:http://www.xdcbs.com

　　　　　地址:重庆市北碚区天生路2号

　　　　　市场营销部:023-68868624

　　　　　邮编:400715

经　　销：全国新华书店

印　　刷：重庆长虹印务有限公司

成品尺寸：185 mm×260 mm

印　　张：22.75

字　　数：525千字

版　　次：2025年2月　第1版

印　　次：2025年2月　第1次印刷

书　　号：ISBN 978-7-5697-2817-0

定　　价：128.00元

序

儿童是天生的
科学家

　　"儿童"是一个经久不衰且充满了神秘色彩的话题。无论是在我国春秋战国时期,还是在西方古希腊时期,对于儿童的教化都是一个极为重要的问题,而严格意义上的"儿童哲学"主要诞生在 20 世纪 70 年代。马修斯在其著作《童年哲学》提出了一个重要论断,即"儿童是天生的哲学家"。这一经典论断至今都影响着儿童教育的实践以及儿童研究的方向,帮助社会大众重新理解儿童、教育儿童、学习儿童。然而,也常有人提出疑问:儿童作为一个身心发展不完全的主体,他们活泼、幼稚、烂漫,充满天马行空的想象,与强调理性、逻辑、严谨的哲学是背道而驰的,为何还说他们是天生的哲学家呢? 其实,这个观点看似矛盾,实际上却充满了睿智,"儿童"与"哲学"之间看似相距甚远,二者却有重要关联。哲学的最终目的并非只教给人们知识、逻辑与真理,更重要的是让人们学会思考、学会追问、保持求知欲、探寻意义、拓宽思维,进而迈向一种更有意义,更智慧和更幸福的生活方式。毋庸置疑,儿童与生俱来的品质都有萌发哲学倾向的天性。求知、思考、好奇、探索是儿童具有的不可让渡的权利,他们处处向生活发问的精神是很多成年人都值得学习的。正如蒙台梭利在《童年的秘密》一书中提出的一个富有哲理的观点——"儿童是成人之父。"正所谓"蒙者,人之初,非性之昧"。

　　同样,站在儿童哲学的观点上推论,儿童不仅是天生的哲学家,更是天生的科学家。只要我们稍加留意,就能在生活中发现孩子们会提出各式各样的科学问题。诸如"天会不会塌下来?""太阳为什么不会落下来?""植物为什么会长高?""为什么向日葵总是朝向太阳?""为什么星星总是一闪一闪的?"等等。可以说,儿童宝贵的好奇心与强烈的求知欲,让他们能不自觉地提出很多成人都难以回答上的科学问题。在很多时候我们的教育并没有关心孩子们所提出的"为什么",也没有较好地保护他们的好奇心,更没有强调那种打破砂锅问到底的精神,反而更在乎的是纪律、成效、成绩与排名。儿童哲学之父马修·李普曼就曾感慨学校教育的无趣,他认为,儿童重视的只是他们自己能够从自己的生活中发掘出的意义,而不是其他人给予的意义。正因如此,今天的儿童和学前教育事业在国内外备受关注。

事实上,儿童在幼儿园的生活蕴含了众多教育契机,而"儿童是天生的科学家"则为发现这些契机提供了理念上的引导。幼儿园是儿童接受学前教育的主要场域,这个空间场域对于儿童而言,是一种必然,也是一种必需。陶行知先生认为,生活是有生命的东西,在一个环境里生生不已的就是生活。幼儿园承载着儿童的学前教育与生命成长,它不仅是物理意义上的空间场域,更是保护幼儿创造性,帮助他们挑战未知、创造意义、探索未来的力量。好的幼儿园让儿童能按照自己的节律自由地成长,既不被催促,也不被限制,能让他们在感受、体验、探索中发掘自己内在的力量。作为教育工作者的我们,一方面要明白孩子们的成长需要一个广阔的空间,而学前教育应该在事物、人、自然所构成的幼儿园系统中培养儿童。课本不应该是孩子们学习的世界,世界才是孩子们学习的课本。儿童成长的过程是对世界的探索与认知的过程,卢梭的自然主义哲学观早就提醒着我们要让儿童回归到生活、活动、自然、游戏之中,让他们运用自己的身体、感官、思维、情感等参与到与世界的互动中,从而获得积极成长。另一方面要明白对于儿童的教育不是传授、灌输与管理,而是理解、发现、唤醒与点燃。同样,幼儿园不在于约束与管理儿童,而在于启发与解放儿童。柏拉图在《法篇》中曾强调,培养和教育孩子的正确方式,就是在游戏中尽可能地引导孩子的灵魂去热爱他们将来要去成就的事业。学前教育不仅是帮助孩子们长大成人,更重要的是让他们始终保持那颗充满了好奇心、求知欲与创造力的心灵,并能在未来的生活中,用这颗未泯的童心面对世间百态。我想,只有清楚地明白以上两点,我们才能更好地创设一个适合儿童成长的幼儿园,开发出一系列激发儿童潜能的教育课程,最终孕育出儿童未来成人历程的多样性。

长期以来,西南大学实验幼儿园就把儿童哲学融入学前教育之中,运用哲学的智慧改变

"学"与"教"的方式，为儿童成长提供更为广阔的空间。走进其中，你会发现"儿童是天生的科学家"所言不假。这所幼儿园为孩子们打造的"游学访馆"探究式课程让我感到惊喜与欣慰。尽管当前有些教育在一定程度上被功利化和世俗化诉求过度渲染，但这所幼儿园让我看到另一番景象。孩子们从幼儿园的一方天地走入蕴含各领域专业知识的场馆中；在蚕学宫与专家共同探索蚕的秘密，携两三株水稻共赴"禾下乘凉梦"，在天文馆的星光下追寻"嫦娥奔月"的传说……孩子们在场馆中近距离观察科学现象、亲手操作实验材料、观察记录丰富展品，在深度的学习体验中启蒙追求真理、勇于探索、敢于创新的天性。同时，老师们在日常教学中为孩子们设计出各种各样优秀的探究活动，让孩子们在愉悦的学习氛围中自然地获取知识与技能。我想，这或许才是学前教育真正的模样，老师们用心地去保护他们的好奇、疑问、思考、探究、个性、差异，而正是这些因素使学习成为可能。"儿童天生就是科学家"，听上去不可思议，但西南大学实验幼儿园却真正在践行这种理念，他们为孩子们种下了一颗这样的种子，为其浇水施肥，呵护这颗种子破土发芽，直至长成参天大树。毫不夸张地说，西南大学实验幼儿园已从"儿童学习成长的乐园"进阶为"儿童科学探索的佳园"和"精神滋养的家园"。

人生百年，立于幼学。儿童的健康成长，关系到国家和民族的未来。童年是个人终身发展的奠基阶段，而学前教育则是实现救赎教育的必由之路。学前教育需要引领儿童的美好生活。特别是在充满了挑战与机遇的21世纪，党和国家必须以崭新的谋划和昂扬的精神面貌，迎接学前教育事业迈向高质量发展的新征程。我相信，西南大学实验幼儿园所秉持的教育理念、教育方式、教育实践与教育理想一定会开辟儿童发展的诸多可能与路径，让幼儿园真正成为孩子们学习的校园、活动的乐园、探索的佳园、精神的家园！

西南大学教育学部部长

2024年11月

前言

在全球化与信息化交织的新时代背景下,国际政治经济格局深刻调整、信息技术飞速进步、知识经济蓬勃发展。与此同时,国内全面深化改革攻坚战持续推进、党的建设新的伟大工程不断深化。这些内外因素共同对教育体系提出了迫切的革新要求。

学前教育作为个体终身学习的起点,其重要性日益凸显。然而,面对新时代的挑战与机遇,传统学前教育模式逐渐显露出局限性,特别是在满足儿童全面发展需求和创新能力培养方面。我们不禁要问:如何在新的时代背景下,培养出具有创新精神、实践能力和人文素养的"新时代儿童"? 这不仅是教育工作者的使命,更是时代赋予我们的责任。

正是在这样的背景下,我园积极响应时代召唤,探索儿童内在潜能与创造力,创造性地提出了具有园本特色的"游学访馆"探究式课程模式,旨在解答"培养新时代儿童"的时代课题。该课程紧密围绕"培养什么人?""为谁培养人?""怎么培养人?"等教育核心问题,打破传统课堂教学的空间限制,通过游学实践与场馆访问相结合的方式,为儿童提供开放、多元、实践导向的学习体验。在"游学"过程中,儿童得以亲近自然、了解社会,通过亲身体验和实际操作,深化对知识的理解与掌握;在"场馆访问"中,儿童能够近距离接触科学、文化、历史等领域的精华,通过在这些真实场景中的探索,激发了他们的好奇心与探索欲,培养了他们的科学素养与人文情怀。

随着课程的实施,我们惊喜地发现孩子们展现出了如科学家般的探索精神,他们对周围世界充满好奇,勇于探索未知、不懈追求真知。这种精神深深触动了我们,并激发了我们撰写《儿童像科学家一样》一书的灵感。我们希望通过这本书,记录下孩子们在学习与发展过程中的宝贵经历,以激发更多人对儿童学习与发展本质的理解与尊重,进而共同推动学前教育模式的革新与发展。

　　站在新的起点上,我们不禁要对过往的历程进行回望与梳理。回溯七十余年的课程发展历程,我们始终秉持着"儿童为本"的教育立场。正是在这一理念的引领下,我们不断探索、勇于实践、持续创新,逐步构建起"嬉游课程体系"。从"主题取向的快乐园本课程"(2001—2011年),强调五大领域的有机结合与相互渗透,通过预设性集体教学激发儿童学习兴趣,这是我们对儿童教育规律的初步理解和回应;到"游戏取向的嬉游园本课程"(2012—2020年),我们倡导以游戏为基本活动,贴近儿童经验,增加自主游戏时间与区角(班级活动区)活动,进一步促进儿童自由探索与创造,深化了对儿童天性与学习特点的认识;再到如今经验取向的"互动学习课程"(2021年至今),我们强调儿童在真实情境中的互动与体验,通过"游学访馆"将游戏与儿童主要发展领域深度融合,鼓励儿童在探究、合作与分享中主动建构知识,培养解决实际问题的能力。这三个阶段的发展,标志着我们课程体系的不断完善与创新,而且始终围绕儿童发展核心,致力于提供更加适宜、有效的幼儿教育。

　　本书正是在这样一段漫长而坚实的探索基础上,汇聚了多位教师的智慧与努力,共同完成了对"游学访馆"探究式课程的系统性研究与实践总结。全书分为上篇的"顶层设计"、中篇的"具体活动案例"和下篇的"课程故事集锦",全面而深入地展示了"嬉游课程"的理论基础、设计理念、实施路径及成效反思。

　　在上篇中,针对新时代教育的拷问,深入阐释了"游学访馆"探究式课程的时代意蕴、理论建构,详细论述了该课程的理论基础、价值、设计原则、理念和目标,并明确了课程内容。探寻了实施模式的建构,包括实施原则、方式与路径、鹰架策略以及保障系统。还探索了课程评价的方法,展示了儿童在探究式学习中的可视化思维。

　　中篇通过四个精心设计的活动案例,详细展示了"游学访馆"探究式课程在不同场馆中的实践应用。每个案例都由教师团队精心设计与撰写,确保内容的真实性和实用性。"图书馆课程"引导孩子们探索书籍的奥秘,培养他们的阅读兴趣和自主学习能力;"天文馆课程"让孩子们得以近距离接触宇宙的奥秘,激发他们对科学的好奇心和探索欲;"蚕学宫课程"让孩子们了解了蚕的生长过程以及丝绸的制作工艺,体验了从自然到文化的转变过程;"水稻研究所课程"让孩子们亲身体验了农作物的种植与收割,增强了对农业生产的认识和对自然的敬畏之心。

下篇则收录了实施"游学访馆"探究式课程中的丰富故事,这些故事由课程实施教师根据师幼亲身经历撰写,展现了课程在实践中的魅力与成效。他们分享了自己在设计项目过程中的思考、挑战与收获,以及如何通过课程设计激发孩子们的学习兴趣和探究欲望。活动中的"WOW"时刻记录了孩子们在参与"游学访馆"探究式课程过程中的精彩瞬间。这些"WOW"时刻可能是孩子们突然领悟到的某个科学原理,也可能是他们在团队合作中展现出的惊人创造力。孩子们成长中的感动点滴由教师和家长共同撰写,记录了他们在参与课程过程中的成长变化。这些变化可能体现在孩子们的经验增长、技能提升,也可能体现在他们的情感态度和价值观上。

在结语部分,我们对"游学访馆"探究式课程的持续发展进行了展望,并提出了对未来教育的思考与展望,以及持续创新与改进的方向,为我园教育的未来发展提供了有益的参考与启示。

回顾本书的撰写过程,我们得到了来自各方的支持与帮助,每一位参与者的无私奉献,都是本书得以顺利完成的关键。特别是那些直接参与课程研究与实践的教师们,他们的经验分享、项目设计、课程故事,以及孩子们在活动中展现出的惊人创造力和成长变化,构成了本书最为生动和宝贵的部分。还有来自西南大学各学院、重庆自然博物馆等社区场馆领导、科研工作者们对幼儿教育的倾心关注与持续支持,为孩子们的探究提供了宝贵的课程资源,也为我园的学前教育发展构建了良好的社区生态环境。正是这些真实而感人的故事,让《儿童像科学家一样》一书充满了生命力与感染力。

在此,我们再次向所有给予支持与帮助的人们表示最深的感激。没有这些来自各方的力量汇聚,就没有这本书的诞生。它不仅是对我们课程探索成果的全面展示,更是对所有参与者辛勤付出的最好见证。同时,这本书的完成也是我们在追求学前教育质量道路上的一座重要里程碑。

在追求学前教育高质量的不懈旅程中,我们深刻认识到:课程的本质属性在于其高度的适宜性。正如本书所体现的,课程构建如同大浪淘沙,是一个不断筛选与优化的过程。我们始终以"教育适宜性"为准绳,为儿童量身打造最合适的教育方案,力求让每个孩子都能在最适合自己的环境中茁壮成长。在纷繁复杂的教育潮流中,我们既不盲目追随流行,也不固执坚守传统,而是勇于开拓、锐意进取,致力于探索、实践与创新,努力确保儿童获得丰富多元且贴近生活的学习体验。因此,《儿童像科学家一样》这本书,不仅是我们过去努力的总结,更是对未来学前教育发展的展望与呼唤。我们期望它能激发更多共鸣,促使每一位教育工作者以更加严谨、敬畏和富有使命感的态度,共同为儿童的成长撑起一片蓝天,为幼教事业的蓬勃发展贡献力量。

本书由张潇月、刘小娟统筹,上篇第一章由张潇月、刘小娟、张杰撰写;第二章由张潇月、敖妮娜、余玲、李莎莎撰写;第三章由刘小娟、张璐琳、罗兰撰写;第四章由廖丽莉、刘洋撰写。中篇具体案例及下篇课程故事的撰写者在正文中已标注。结语部分由林燕、郑晓宇撰写。

编者

2024年10月

目录

中篇: 具体活动案例

"游学访馆"
探究式课程的
顶层设计

上
篇

第一章

时代拷问——
"游学访馆"探究式课程的时代意蕴

"游学访馆"探究式课程,是新时代教育创新的重要体现。它打破传统课程囿于校园内的教育空间局限,拓展儿童学习发生的场域,让儿童在游学实践中探索知识,访馆体验中深化理解。此课程紧紧围绕着"培养什么人?""为谁培养人?""怎么培养人?"这几个教育核心问题设计、生成和实施。故而关于"游学访馆"探究式课程的时代意蕴就藏在"新时代应该培养什么人?""新时代儿童应该怎样学习?""新时代儿童应该具有科学家精神吗?""场馆教育应该如何指向儿童的发展?"这四大拷问之中。这几大问题既站在世界信息化发展的宏大时代高度上,也响应国家教育发展政策,同时关照学前儿童学习特点和其所处的生活环境。此课程不仅丰富了儿童的学习方式,更拓宽了他们的视野,培养了独立思考、自主探究的能力。通过亲身参与和体验,儿童能在真实情境中学习,增强对社会的认知与责任感。同时,也促进了教育资源的整合与共享,为新时代的教育发展注入了新的活力。总之,"游学访馆"探究式课程是教育创新的重要实践,具有深远的意义。

第一节 拷问一:新时代应该培养什么人?

当今社会,正处在智能革命驱动的变革中,工业文明的基石正遭受持续的挑战与瓦解,而人的发展则站在了历史的新十字路口,面临着前所未有的考验。智能革命不仅加速了虚拟世界与现实世界的无缝融合,更深刻地触及了关乎人类本质的根本性问题。它促使我们反思:在这样一个高度信息化、智能化的社会里,人类应当如何定位自身,如何发展自我,以适应并引领这一时代的变革?这不仅是个人成长的议题,更是整个社会无法回避的现实。因此,探索在智能革命背景下人的发展路径,成为了我们共同的责任与使命。这要求我们不仅要关注科技进步带来的物质层面的变化,更要深入思考其对人类精神世界、价值观念乃至社会结构可能产生的深远影响,从而找到一条既符合时代潮流,又彰显人性光辉的发展之路。

1. 信息化、智能化的新时代给人的发展带来挑战

首先,知识经济的蓬勃发展不仅推动了社会经济模式的深刻变革,也促使人们劳动生产的思维方式产生转变。由于信息通信技术的广泛运用,使社会经济运作模式和人类职业世界发生深刻变化,运用新知识、新思想和新技术实现快速产品创新和全球贸易,在人类历史上第一次成为经济发展的核心。与此同时,伴随计算机和电子通信技术的发展,人类的许多工作正在被机器所代替。人类的经济模式正逐渐演变为以全球化和知识驱动为核心的新型经济形态。知识经济的蓬勃兴起,使人们意识到新知识的创造和创新思维的产生才是推动技术不断进步、经济可持续发展的内在动因。由此可见,创新能力和学会复杂思维解决问题的能力已经逐渐成为知识社会背景下人们必不可缺的生存素养。其次,信息通信技术的发展和全球化的深入推进,使人类社会生活发生深刻变革,并推动社会关系组织的转变。这种转变涉及两个方面,一是从简单的、固定的、持久的传统群体关系转变为复杂的、临时的、自主的、网络化的社会组织模式;二是从传统社会组织中对专家权威、少数精英的崇拜转变为对大众潜能和智慧的关照。这启示我们需要重视社会建构中每一个人的价值,每个人都应拥有认可与理解他人、学会与不同个体共生合作的能力。最后,在知识爆炸的信息时代,个人的发展与自我价值的实现既迎来了前所未有的机遇,也面临着巨大的挑战。一方面,无穷尽的信息洪流、急剧加速的社会流动、快速发展的科学技术、大量涌现的新职业、变幻莫测的虚拟世界、诸如此类的新事物为个人选择和个性自由的实现提供了新的机遇和条件。另一方面,每一个人被淹没在信息洪流中,饱受信息过载、信息焦虑和信息疲劳的折磨;虚拟世界又有可能使个人身份迷失、自我概念模糊;社会和职业的快速变化对个体的适应能力提出了空前挑战。在文化多元、快速变迁的信息时代,面对全球化浪潮和知识爆炸的社会环境,个人如何保持自主行动的能力,成为关系个人和社会发展的新课题。这启示我们,当代学前教育应注重对儿童自主意识的尊重与培养,激发他们对新鲜事物的探索精神、包容态度和自主学习能力。

智能化经济下的产品所带来的海量信息不断涌入儿童生活成长的环境,儿童如何在大量的信息中保持主动性、自主性和创新性,是新时代儿童教育应思考的问题。首先,需要儿童做到最基础的对身体与情绪的控制。这要求我们为儿童创造更多与真实、广阔的大自然互动的机会,减少对数字化产品的依赖。其次,应帮助儿童培养透过各种现象发现事物本质概念的能力。在数字化时代,各种现象绚丽多彩、复杂多样,儿童需要有抽丝剥茧的分析能力,才能建立起对世界的基本概念的认识,才能进行复杂的思维辨析。再次,学会在海量的信息中选择自己感兴趣的内容,并深度挖掘、探索。现在的儿童身处在各种短视频、动画片和游戏等虚拟世界产品之中,而学前儿童的大脑正处在各种突触的建立强化过程中,过强的信息刺激,会引发人脑的惰性,不利于儿童智力能力的发展。最后,我们需要关注儿童学习品质的培养,超越特定知识的学习。真正好的学习从某种程度上来说是求慢,而不是求快的,只有慢,才能锻造思维深度,才能在与人交往中构建深度的人际关系;是求难,而不是求易的,只有挑战才能激发他们学习的动力;是求少,而不是求多的,只有少,才能有闲暇时间来发展自己的个性,形成多样化的思维;是求拙,而不是求巧的,唯有求拙,才能培养一个人的钻研精神和韧性。

2. 探究式课程中新时代人才应具备的核心素养

信息时代经济新模式、职业新形态、社会生活新特点和自我实现新需求,对传统工业时代的教育提出了挑战,"核心素养"概念应运而生。各个国家面对当今社会的变化与挑战,围绕"核心素养""关键能力"来讨论21世纪人才应必备的素质。尽管各个国家出于不同的文化情境,在"核心素养"的关注点与思考逻辑上有所不同,总的来说,在核心素养的框架内容上,都有其共通之处:主张跨学科融通、认知与非认知相结合、情境应用等。综合各国提出的核心素养框架,可以看到协作能力、交往能力、创造性思维和批判性思维已成为全球教育共同的关注点。然而,传统教育的教学模式已经不能满足新时代人才培养的需要。为了适应新时代人才培养需求,新的教学、课程模式的探索也开始涌现。其中,以"真实问题解决"为课程核心导向的探究式教学与新时代核心素养养成具有高度适配性。探究式教学是一种活动性的教学模式,主张事物的真理应当是儿童在探究中发现、证明的。儿童在发现真理的过程中思考问题、分析问题,体验真实情境,与同伴进行对话、协作,碰撞出思维的火花,在这一连贯的探究过程中,养成多元的核心素质。所以,我们认为儿童具备以下这些素养有助于个人的全面发展和适应未来社会的挑战。

第一,创新能力,指个体能够提出新颖、有价值的想法、方法或解决方案,并付诸实践的能力。在快速变化的现代社会中,创新能力是推动科技进步、产业升级和社会发展的关键。具备创新能力的人能够不断突破传统,给社会带来新的活力和增长点。探究式课程通过鼓励儿童质疑、探究和实践,激发其创新思维和创造力,培养其解决问题的能力。第二,自主学习能力,指个体能够主动、独立地获取、理解和应用知识的能力。在信息爆炸的时代,自主学习能力是人们持续成长和适应变化的重要基石。只有具备自主学习能力的人,才能不断吸收新知识、掌握新技能,保持竞争力。探究式课程强调儿童的主体性和参与性,通过引导儿童自主探究、合作学习,培养其自主学习能力。第三,团队合作能力,指个体在团队中与他人协作、共同完成任务的能力。在现代社会中,团队合作已成为完成复杂任务和实现共同目标的重要方式。具备团队合作能力的人能够更好地融入团队、发挥个人优势,共同推动组织发展。探究式课程中的小组合作学习和讨论活动,有助于培养儿童的团队合作能力和沟通协调能力。第四,批判性思维能力,指个体对信息进行理性分析、评价和判断的能力。在信息泛滥的时代,批判性思维能力是区分真伪、辨别优劣的重要工具。具备批判性思维能力的人能够独立思考、明辨是非,做出明智的决策。探究式课程通过引导儿童质疑、探究和反思,培养其批判性思维能力和问题解决能力。第五,沟通与表达能力,指个体能够清晰、准确地表达自己的想法和情感,并与他人进行有效交流的能力。无论在工作还是生活中,良好的沟通与表达能力都是必不可少的。具备良好沟通与表达能力的人能够更好地与他人合作、交流思想、解决问题。探究式课程中的讨论、汇报和展示等活动,有助于培养儿童的沟通与表达能力。

3.幼儿园应培育的儿童核心经验

随着培育核心素养为导向的教育改革成为整个国际社会教育发展与改革的新趋势,我国也逐渐将培养学生的核心素养作为我国落实立德树人教育根本任务的重要举措。《教育部关于全面深化课程改革落实立德树人根本任务的意见》提出:要根据学生的成长规律和社会对人才的需要,把对学生德智体美全面发展总体要求和社会主义核心价值观的主要内容具体化、细化。对于核心素养的培养应当是全阶段、全过程、全员性的任务,学前阶段是其中最为基础的,学前教育工作者也在不断探索对幼儿核心素养培养的问题。在理论上,有专家团队开始探索学前儿童的核心素养基本内涵与结构框架,从儿童培养的总体规格层面和从人才培养的关键素质结构层面,回答“学前教育培养什么人”的问题。学前儿童核心素养,特指学前教育阶段3~6岁的幼儿,为满足身心发展规律与需求,满足个体生命全面发展和终身发展要求,应对社会文化发展需求及其变迁,发展成为对社会有用的社会主义建设者和接班人而所需具备的关键品格和能力。同时,学前儿童核心素养的框架涉及身体发展与健康生活、人格、社会融合、基本认知与技能四个维度。在实践中,项目式、探究式课程的兴起,加速了幼儿核心素养培养的实现。在西南大学实验幼儿园“游学访馆”探究式课程中,幼儿园利用多样的场馆资源来实现对幼儿不同维度核心素养的培养,帮助幼儿积累丰富的核心经验。利用西南大学蚕桑文化、天文资源和图书馆资源等,对儿童社会融合、健康生活和双基等维度素质的培养。特别是多次对蚕学官的探究式活动,让幼儿不仅了解了关于蚕的生长历程、变态发育的过程、桑蚕丝的多种用途,以及蚕桑文化的起源发展与表现传播等相关知识,还在探究过程中习得与同伴合作探究的方法,并引导他们亲近中华传统的农耕文化,从而激发深厚的民族自豪感。

第二节 拷问二:新时代儿童应该怎么学习?

进入21世纪以来,从全球范围看,人类已从信息化初期迈入信息化深度发展的“互联网时代”。这一转变不仅推动社会经济进入到“知识经济”“全球经济”的新阶段,引发了社会发展模式与思维方式的变革,也直接促使教育活动中儿童学习方式的革新。

1.新时代儿童学习方式的变革

在"信息爆炸"的时代,儿童可以轻而易举地通过互联网获取大量的信息,但这些信息良莠不齐,培养儿童甄别、选择合适的信息,再将其内化成知识经验的能力,才是当下儿童学习的重心。在新时代,儿童的学习不是充分占有学习资源和积累知识的过程,也不是对既定知识、技术与文化的保留、传递和代际遗传,或者是掌握一种或多种谋生技能,从而去应对已知的世界和已知的生活。学习是面向和拓展未知生活的活动,是学会如何从已知探索与创造未知和新知的过程,是学会如何持续地进行新知识或观念的创造与应用的活动。在这样的学习活动中,学习者本身就是主动参与者,是新知识和观念的创造者,而不是被动地"通过经验与各种感官反应"积累"技术上或心理上的知识"的人。在新时代,儿童的学习不再是被动接受,而是主动探究,是一种以结合真实情境体验为主的探究。蒙台梭利认为,在进行探究时,儿童往往采取行走探究的方式,在行走的过程中积极调动感官,吸收周围世界的各种印象,积累丰富的学习经验。可以这样说,儿童行走得越远,他所学到的和探究到的东西也就越多。这样,儿童成为了一个伟大的步行者,有了长距离步行的需求。所以,让儿童去行走,去感受,去不断开阔眼界,他的生活将会变得越来越丰富多彩。

2.探究式课程中儿童的学习方式

在智能化、信息化的时代,儿童的学习环境发生了翻天覆地的变化,最为显著的是学习地位的转变,由传统的被动学习转变为主动学习,并且强调通过有意义有深度的学习,来发展儿童的核心素养。在"游学访馆"的探究式课程中,教师采用探究的方式引导,支持儿童发现问题、解决问题,儿童也是采用持续探究的方式展开学习活动,在真实情境中获得真情真知。探究式学习是指在教师的指导下,儿童在掌握知识的同时,通过自主的探究活动,体验得出新的结论、解决新的问题和对事物的真伪作出判断的过程的一种方式。也可以说探究式学习是指儿童围绕一定的问题、文本或材料,在教师的帮助和支持下,自主寻求或自主建构答案、意义、理解或信息的活动或过程。由此可见,新时代探究式课程中的儿童学习方式有其独特性与多样性。

首先,探究式学习注重儿童自主性发挥。所谓"自主性"主要涉及儿童在学习动机、学习兴趣和学习方式上的表现。一方面,探究式课程强调以儿童的兴趣为起点,激发他们的好奇心和参与探究的兴趣。儿童根据自己的兴趣选择探究主题,从而更加主动地投入学习,产生比较稳固的内在学习动机。另一方面,在学习过程中强调主动探索,儿童需要自主地发现问题、提出问题,并尝试通过各种途径解决问题。这种主动探索的方式有助于培养他们的自主学习能力和探究精神。其次,探究式学习具有实践性。儿童通过动手做、做中学的方式,更加直观地感受知识的力量和探究的乐趣,更加深刻地理解知识和加工经验。例如,在缫丝工艺制作体验活动中,儿童在操作的过程中进行探究,学习观察、分析、比较和验证自己的想法。再次,探究式学习必不可少的环节就是同伴合作。在探究课程中,儿童通常以学习小组为单位进行合作学习。这种团队协作的方式有助于培养他们的合作精神和团队协作能力。儿童在合作过程中分享自己的经验和发现,与同伴进行讨论和交流。这种分享与交流不仅有助于他们完善自己的探究成果,还能促进同伴间的情感交流。最后,探究式学习以问题导向为核心特征,主要表现为儿童通过问题解决实现自我建构。儿童在探究过程中需要不断地提出问题,这些问题可以是他们自己发现的,也可以是教师引导的。通过提出问题,儿童能够更深入地理解探究主题。为了解决问题,儿童需要进行调查研究。他们可以通过查阅书籍、网络搜索、参观访问等方式获取相关信息和资料。这种调查研究的过程有助于培养他们搜集和处理信息的能力。在调查研究的基础上,儿童需要对自己的发现进行归纳和总结,得出结论。这个过程有助于培养他们的逻辑思维能力和批判性思维能力。

3.幼儿园探究活动指向儿童深度学习

当前学界对于深度学习达成了相对一致的认识,即深度学习是学习者以高级思维的发展和实际问题的解决为目的的,以整合的知识为内容,积极主动地、批判地学习新的知识和思想,并将它们融入原有的认知结构中,且能将已有知识迁移到新的情境中的一种学习。深度学习是新时代儿童学习的特征与要求,其内在的价值理念同核心素养的价值取向不谋而合,即对儿童复杂性思维的培养。高阶思维的培养需依托真实问题情境,通过自身认知活动(操作、体验、实验、调查)实现探究式学习,促进分析、评价与创造能力的协同发展。在幼儿园中则需要实施探究式课程,让儿童在探究中获得连贯、完整的学习体验。把探究式课程的实施落实到每一个具体的学习活动中去,让幼儿在每一个活动中细心观察、实际操作和亲身体验,激发强烈而稳定的探究兴趣,沉浸式地卷入其中,获得深刻的学习经验,养成良好的核心素养。具体而言,我们的"游学访馆"探究式课程往往是由相关的探究活动群组成,每一个活动群都会围绕幼儿生活学习中所遇到的真实问题开展。例如,在"梦想图书馆"活动群中,活动的灵感来源于儿童对现有图书馆的不满,提出"如何升级改造图书馆?"这一问题。在解决这一问题的过程中,儿童通过多次探访西南大学中心图书馆,不断产生新的想法和问题,在老师的引导和同伴的合作中,逐步解决这些问题,从而实现深度学习。

第三节 拷问三：新时代儿童应该有科学家精神吗?

进入信息化、智能化时代,科技创新成为我国发展的一项重要举措。在一次科学家座谈会上,习近平总书记不仅强调了加快科技创新的重大战略意义,还着重提出了要大力弘扬科学家精神,强调"科学成就离不开精神支撑"。科学家是国家的支柱,科学家的研究成果在国防、经济建设、社会发展等方面起到引领示范作用。习近平总书记指出:"凡是取得突出成就的科学家都是凭借执着的好奇心、事业心,终身探索成就事业的。"那么什么是科学家精神?科学家精神是否与学前儿童发展相关?如何在学前阶段实现科学家精神启蒙呢?

1.新时代的科学家精神的内涵解读

关于科学家精神的内涵,典型观点是科学家不仅应具备信仰、奉献、求真和创新的科学精神,同时也具有一定的人文关怀和道德感。相较于国外,我国对于科学家精神内涵界定更为突出科学家精神的民族性。初步探索阶段我国学者尝试总结概括科学家精神内涵形成"三要素说""四特质说"。2019年6月,中共中央办公厅、国务院办公厅印发《关于进一步弘扬科学家精神加强作风和学风建设的意见》明确指出新时代科学家精神内涵包括爱国、创新、求实、奉献、协同、育人六方面。各领域研究者对科学家精神的内涵作出了进一步的阐释,一方面,探索其结构层次,形成"四层级说""内容+价值说";另一方面,结合特定学科特点对科学家精神作诠释。例如,结合学前儿童的认知发展特点,对爱国、创新、求实与协同精神作了简单适切的解读。综合前人的研究可以发现科学家精神是科技工作者在长期科学实践中积累的宝贵精神财富,包括爱国精神、创新精神、求实精神、奉献精神、协同精神、育人精神六个方面。首先,科学家精神作为一种群体精神,其主体是广大科学家。其次,科学家精神的结构既兼顾科学性又兼顾人文性,换言之,即包括认知素质和非认知素质,是求真与向善的有机结合。最后,科学家精神具有很强的民族性和爱国性,这里的科学家精神是特指在新中国成立以来,广大为国家建设奋斗的中国科技工作者。这是在当前多元文化激烈交流过程中,我们保持文化自信的关键,也是培养社会主义建设者与接班人的必要价值取向。

2.探究式课程中促进儿童发展与启蒙科学家精神具有耦合性

将科学家精神融入教育中,对于培养科技后备人才、提升科学素养、加强理想信念教育,有着十分重要的价值意义。并且对于科学家精神的培育应当坚持"三全育人"原则,将其贯穿到儿童成长的各个阶段,强调从学前阶段做起。因为幼儿阶段的科学探究兴趣启蒙与儿童发展进程、探究式课程实施之间有着极强的耦合性。

首先,科学家精神的内涵与儿童心理特点具有耦合性。儿童天生具有好奇心和丰富的想象力,总是会涌现天马行空的想法,这与科学家精神的求真、创新等核心品质不谋而合。儿童是天生的科学家、探索者,他们对世界充满了好奇。好奇是幼儿的天性,好奇心会随着幼儿年龄的增长而发生变化,不同年龄阶段幼儿的好奇心在表现形式上也是不同的。比如,小婴儿把他们感到好奇的东西放到嘴巴里品尝,学步儿乐此不疲地把一个瓶子反复放到地上滚动,两三岁的幼儿会不停地向父母提出千奇百怪的问题:为什么树叶是绿的?为什么星星会眨眼睛?为什么那儿会有一只小猫……幼儿面对新鲜的事物便要摆弄,探个究竟。而科学家的研究往往也是因为好奇心的驱使,让他们一直对某一事物有着执着的兴趣,尝试各种实验、操作最终取得了一系列的科学成果。例如牛顿提出万有引力定律，正是源于他对一个司空见惯的生活现象——"苹果落地"的好奇。故呵护儿童的好奇心，引导儿童对世界的天真幻想和朴素解释，正是培育科学家精神的良好契机。其次，科学家精神的素质结构与当代人才培养的核心素养架构相呼应。一方面，科学家精神的实质是一种专家精神，这与核心素养提出的初衷不谋而合。新时代，大量的重复性工作被计算机取代，人类必须从事计算机不能代劳和胜任的复杂工作，也由此倒逼人类发展计算机所不具备的能力素质，即培养专家精神，特别是以求实、创新、交往等为核心的能力。另一方面，科学家精神是科学性与人文性的有机统一，与核心素养的认知性与非认知性相对应。科学家精神中"求实""创新"对应认知性素质，"爱国""协同""奉献""育人"都是非认知性精神。最后，探究式课程模式是培育儿童具备科学家精神的必要手段。科学家精神与探究式课程的探究性、实践性相吻合，同时探究性课程资源的本地化使用也恰恰指向了对爱国、爱家乡的精神情感的培养。

综上所述，儿童需要具备科学家精神，因为这不仅有助于激发他们的求知欲和探索欲，培养批判性思维和求实精神，还能引导他们树立科学志向和责任感，从而促进他们的全面发展。在科技飞速发展的今天，培养儿童的科学家精神，已成为时代赋予我们的重要使命。

3.幼儿园活动中科学家精神的启蒙

科学家精神在学前阶段的启蒙具有深远意义，无论是促进儿童个体成长，还是为社会发展奠定基础，其价值不可忽视。然而，科学家精神如何落实到幼儿园具体教育活动中去，让幼儿真真切切感受到这种强大力量，需要借助探究式课程作为桥梁。在幼儿园活动中培育科学家精神，是一个富有挑战且意义深远的过程。科学家精神的核心在于创新、求实、探索与奉献，这些品质对于幼儿的成长与发展至关重要。具体而言，要关注以下几个方面：

首先，激发幼儿的好奇心与探索欲。好奇心、探索欲是科学家精神形成的首要非智力性因素，尽管儿童本就具备极强的好奇心，但我们还要尽可能采用多种方式让儿童保持持续的探索欲。最为常见的策略便是"激发物"的提供，"激发物"是瑞吉欧幼儿园对于某种能够激发儿童好奇心的特别材料或新环境的描述，这些材料或环境被精心设计，由此来唤醒儿童的探索兴趣，引发儿童的深入思考。其次，开展综合性探究活动，引导儿童做一个细心观察、热爱思考的人，从生活中发现问题、提出问题，并尝试利用已有的课程资源，采用适宜的探究方法，例如参观调查、实验探究、操作体验等方式来解决问题，培养他们的探究精神和解决问题的能力。在过程中，教师作为共同学习者，要充分在场，为儿童提供学习支持、引导。再次，营造科学家氛围与文化。整合多方力量，挖掘和利用身边的科学家故事与资源，为儿童创造与科学家接触的机会。一方面，邀请科普专家或科技馆工作人员来园举办科普展览和讲座，拓宽幼儿的科学视野，激发他们探索科学的兴趣。另一方面，定期举办"科学家故事"分享会，或是借助绘本讲述著名科学家的生平事迹，让幼儿了解科学家的成长历程，领会他们的奋斗精神。最后,注重情感教育与价值观培养。在科学探究活动中,鼓励幼儿相互合作、共同完成任务,培养他们的团队合作精神和集体荣誉感。尝试延伸探究学习场域,通过参与社区服务、环保实践等活动,让幼儿了解科学对社会的贡献和影响,培养他们的社会责任感和使命感。

第四节 **拷问四:场馆教育应该如何指向儿童的发展?**

场馆学习作为一种非正式的学习方式,已经成为学校教育以外的一个新的学习领域。未来学家约翰·奈斯比特曾经预言,终身教育将成为第二次文艺复兴,而场馆学习将会成为第二次文艺复兴的重地。信息时代的发展,不仅使学校环境发生改变,更使得终身学习的观念逐渐深入人心。场馆学习作为一种新的学习模式,是终身教育不可或缺的一部分。场馆学习是发生在自然博物馆、历史博物馆、科技馆、天文馆、美术馆、动物园等各类场馆中的非正式学习,是一种情境化的学习。场馆学习的重要原则是真实问题和具体实践,就是以儿童在现实中所遇到的各类问题和事实为依据,引导他们在场馆中还原具体情境,从而达成教育和学习的目的。互动体验模型(Interactive Experience Model)是指影响场馆学习效果的三大情境,即个人情境、社会情境和物理情境。这三大情境之间的互动为参观者创造了新的体验,促发了场馆学习行为。而探究式课程具有极强的实践性、生活性,与儿童所处的生活系统密不可分。课程中的许多资源或场域都应该来自儿童所处的生态环境。那么场馆便是现代儿童在生活中接触到的比较直接的、自然的教育场所。

1.场馆的直观性、互动性符合学前儿童学习的思维特点

根据皮亚杰的认知发展理论,学前儿童处在前运算阶段,此时产生的思维为表象思维。我国儿童心理学研究认为,具体形象思维是学前儿童思维的主要特点,虽然也有抽象思维,但仅仅是个开始。所谓具体形象思维,是指儿童的思维主要是凭借事物的具体形象和表象,即凭借具体形象的联想来进行。这种具体形象思维跟学前儿童知识经验的贫乏分不开。大多数场馆汇集了人类历史进程中的无数精粹,使人类文明的成果以实物的形式向世人展现。甚至有些场馆还结合 AR 技术,模拟各种场景,能让儿童进行操作体验,具有互动性。因此,各种场馆凭借其独特的实物性以及直观性,为学前儿童提供了适宜开展早期教育的条件。博物馆以实物为核心的教育方式不仅符合学前儿童具体形象思维的特点,在一定程度上还可以促进其抽象思维的发展,是学前教育、家庭教育的有益补充。

2.场馆为学前儿童提供自主学习的环境,培养儿童的自主创新性

意大利著名教育家蒙台梭利把环境视为教育的第一要素。她认为,儿童的内部潜能及

其行为发展是通过周围环境的刺激与影响而发展起来的,这个环境称之为"有准备的环境"。按照其观点,学前儿童正处于有意识地吸收环境的关键阶段,因此,应为其提供适合心理发展特点的"有准备的环境",并在这个环境中为其提供教具,可供学前儿童"工作"(自由活动),发挥其"内在生命潜力"。相较于学前教育和社会各类幼儿教育,场馆教育具有独特的资源优势,场馆本身就是一处"有准备的环境",场馆中的物品更是最佳的"教具",其结合实物的教育方式和以自主探索为主的学习方式是其他教育机构不能替代的。

3. 场馆的共同体活动丰富学前儿童的多样学习经验

场馆是一个极具情境性的场所,在其间开展的教育活动往往以学习者为中心,涉及多元主体,例如场馆工作人员、教师、同伴(混龄)等组成一个学习共同体。合作与交流是场馆学习的重要组成部分,有助于培养学习者的团队合作精神和人际交往能力。儿童在这个共同体中需要不断与他人交流沟通、合作分享才能顺利完成各种任务。场馆让儿童在具体、真实情境中提升合作能力。而幼儿园场馆教育是指幼儿园与周边的各类场馆联合开展的教育活动,有助于儿童获得与社会系统深度链接的知识经验。多元智能理论的创始人加德纳教授认为,除了学校之外,幼儿还可以去图书馆、幼儿博物馆、科学博物馆或某发明探测中心。一般而言,幼儿在这些地方的学习、探究可以划分为"实地探研·问题生成式""问题导向·实地求证式""馆园协同·项目学习式",这三种方式分别适用于儿童对不同类别经验技巧的积累。

首先,通过各种科学实验探索、数学启蒙和技术接触等方式,场馆教育可以丰富儿童的认知学习经验。例如在西南大学中心图书馆参观过程中,孩子们观察到了每层楼有楼层索引,能帮助读者迅速找到需要去到的区域。这一活动无疑为孩子们的数学空间能力发展奠定基础,帮助儿童获得有益的数学空间认知经验。其次,场馆教育能够促进儿童的语言学习,包括语言的理解与表达。在各类场馆中会有各种说明科学原理的说明性语言和为儿童科普各类知识、技术的语言,需要儿童在不断接触中理解并掌握它们,潜移默化地提升了他们对语言的理解能力。最后,在场馆教育中也有与同伴分享观点的时刻,为儿童语言表达能力的提升提供了机会。因此,场馆教育对儿童社交与情感经验的发展极为重要。

场馆属于公共空间,有其特定的规则,儿童在参观、学习过程中也需要理解并遵守这些规则。例如在图书馆保持安静,在蚕学宫、天文馆禁止追逐打闹等等。并且,诸多场馆与我国民族文化相关,有助于儿童了解我国各民族的文化历史,激发爱国、爱家乡的情感,增强文化自觉性,提高其作为中华儿女的民族自豪感,提升民族文化自信。

第二章

——

理论建构——
"游学访馆"探究式课程的理论阐释

　　幼儿园"游学访馆"探究式课程是一种创新的教育模式,旨在通过实践与探索,拓宽幼儿的学习视野,丰富他们的生活经验,启蒙他们的科学家精神。这一课程模式的理论基础源于建构主义、具身认知理论、人类发展生态学理论和场馆学习理论,强调幼儿是知识的主动建构者,需要在开放、创新的学习环境中自主探究、发现和实践。

第一节　在探究中建构——"游学访馆"探究式课程的理论基础

1.建构主义理论

　　建构主义理论融合了皮亚杰的"个人建构"和维果茨基的"社会建构",强调知识的主动建构和社会文化互动在学习过程中的重要性。

　　建构主义认为,学习不是简单地由教师向学生传递知识的过程,而是学习者基于自身经验,通过新旧知识经验的相互作用,主动建构知识的过程。在"游学访馆"探究式课程中,幼儿不再是被动地接受知识,而是成为知识建构的积极参与者。他们通过参观博物馆、科技馆等场所,亲身体验、观察和操作,将新信息与已有经验相关联,从而建构起对世界的理解和认知。例如,在参观自然博物馆时,幼儿通过观察动植物标本、参与互动实验,将书本上的知识转化为直观的感受和体验,进而形成对自然界更为深刻和全面的认识。

　　建构主义强调,学习是在一定的社会文化背景下进行的,学习者需要通过与他人的交流和合作,共同建构知识。在"游学访馆"课程中,幼儿与教师、同伴以及场馆工作人员之间的互动成为学习的重要组成部分。教师作为引导者,通过提问、讨论等方式激发幼儿的兴趣和思考;同伴之间则通过合作完成任务、分享观察发现等方式来促进学习和成长;场馆工作人员则通过专业的讲解和演示,为幼儿提供更为丰富和准确的信息资源。这种多维度的互动不仅加深了幼儿对知识的理解,还培养了他们的社交能力和团队合作精神。

建构主义还强调情境在学习中的重要性,认为学习是在一定的情境下发生的,情境对于建构具有至关重要的作用。在“游学访馆”课程中,教师精心创设与课程内容相关的学习情境,如模拟科学实验、角色扮演等,使幼儿在模拟的情境中感受知识的力量。这种情境化的学习方式不仅有助于幼儿更好地理解和掌握知识,还能激发他们的好奇心和探究欲,促使他们主动地去发现问题、解决问题并建构起对世界的新的理解和认知。

2.具身认知理论

具身认知理论认为,人类的认知不是简单的映射过程,而是整个身体构建的过程,在这个过程中,人类的身体和大脑共同作用。认知不仅与身体相联系,还是身体与外在环境互动所形成的认知意义,是人类主体在周围环境中进行感知活动所形成的结果。在具身认知理论中,个体心理认知和生理上的体验与所处的物理环境是密不可分并相互影响的,它让学习者的身心体验与环境、认知呈现深度融合。

幼儿园“游学访馆”探究式课程以具身认知理论为坚实的理论基础,强调幼儿的身体体验在认知过程中的核心作用。在“游学访馆”课程中,幼儿不再是知识的被动接受者,而是通过参与来主动构建知识。他们走进科技馆、博物馆、植物园等真实的场景,利用视觉、听觉、触觉等多感官通道与周围环境互动,这种具身体验不仅激发了他们的学习兴趣和好奇心,还促进了他们对科学知识的理解和内化。场馆课程中的情境创设和互动环节,也为幼儿提供了丰富的具身体验机会。通过模拟科学现象、角色扮演、小组讨论等形式,幼儿能够在具体的情境中感受科学的魅力,体验科学探究的过程,从而培养了他们的观察力、思考力、创新力。

3.人类发展生态学理论

人类发展生态学理论是尤·布朗芬布伦纳所提出来的,该理论认为个体在发展过程中会受到周围所处的环境的影响,且该影响不是被动的,而是主动的,所处环境也会影响到个体对待它的方式,而在这个“互动”的过程中,不同的外部环境对不同的个体影响也是不同的,个体还会受所处社会文化的影响。

“游学访馆”探究式课程强调儿童的发展是与其所处的多层次、动态化的生态环境相互作用的结果。首先,从微观系统层面来看,幼儿园作为幼儿生活的主要场所之一,为“游学访馆”课程提供了直接的学习环境。在游学访馆过程中,幼儿不仅与同伴、教师互动,还与博物馆、科技馆等场所中的展品、讲解员等发生直接联系,这些微观系统内的互动共同构成了幼儿学习的重要基础。

其次,中间系统关注的是微观系统之间的相互联系,如幼儿园与家庭、幼儿园与社区、家庭与社区之间的关系。在"游学访馆"课程中,幼儿园积极与家庭、社区合作,共同规划课程内容和活动形式,确保幼儿在游学访馆过程中能够获得来自多方面的支持和指导。这种跨系统的合作与协调,为幼儿提供了更加丰富和多元的学习资源和学习机会。外层系统则对幼儿的发展产生间接影响。在"游学访馆"课程中,虽然外层系统不直接参与课程过程,如父母的工作场所、家庭生活条件等,但它们的稳定性会间接影响到幼儿的学习状态和效果。例如,一个和谐、稳定的家庭环境能够为幼儿提供充足的情感支持和安全感,使他们更加专注于游学访馆中的学习活动。

最后,宏观系统涵盖了儿童所处的社会文化背景,包括价值观念、信仰和信念、历史政治和经济等因素。在"游学访馆"课程中,通过参观不同类型的场馆和了解不同的文化现象,幼儿能够接触到更加广泛和多元的社会文化背景,这对于他们形成开放、包容的世界观和价值观具有重要意义。时代系统强调了幼儿生活的时代及其所发生的社会历史事件对他们发展的影响。在当今这个信息化、全球化的时代,"游学访馆"课程通过利用现代科技手段和跨文化交流的方式,不仅使幼儿能够接触到最新的科学知识和文化成果,还培养了他们的创新精神和国际视野。

4.场馆学习理论

海因场馆学习理论强调了场馆(如博物馆、科技馆等)作为非正式学习环境的重要性,以及学习者在这些环境中如何通过互动、探索和发现来建构知识。

场馆学习理论认为,场馆拥有大量实物展品、多媒体展示和互动装置,为学习者提供了一个超越传统教室界限的广阔学习空间。在"游学访馆"探究式课程中,孩子们走进博物馆、科技馆等场所,丰富的展品和资源成为他们探索世界的窗口。孩子们通过观察、触摸、操作等直接与展品进行"互动",从而激发他们的好奇心与主动学习的欲望。

场馆学习理论强调情境化学习的重要性,认为在真实或模拟的情境中学习,有助于学习者更好地理解和掌握知识。在"游学访馆"课程中,孩子们置身于场馆所营造的特定情境中,如历史场景重现、科学实验演示等,这种身临其境的学习体验不仅增强了学习的趣味性和吸引力,还使孩子们能够更直观地理解抽象概念,加深记忆和理解。

场馆学习理论还指出,场馆学习中的社会互动对于学习者的知识建构至关重要。在"游学访馆"课程中,孩子们与教师、同伴以及场馆工作人员之间的互动成为学习的重要组成部分。通过小组讨论、合作、向专家请教等方式来解决问题,孩子们不仅能够从他人那里获得新的信息和观点,还能够培养自己的沟通能力和团队协作精神。

与传统的教学模式不同,场馆学习鼓励学习者主动探究、发现问题并寻求解决方案。在"游学访馆"课程中,孩子们不再是被动接受知识的容器,而是成为主动探究的学习者。他们通过观察、提问、假设、实验等过程,不断建构和完善自己的知识体系。这种主动探究的学习方式不仅有助于培养孩子们的创新思维和问题解决能力,还能够增强他们的学习动力和自信心。

第二节 带孩子去看世界——"游学访馆"探究式课程的价值

幼儿园"游学访馆"探究式课程,作为新时代幼儿教育的一种创新模式,是推动幼儿教育创新发展的重要途径,也是培养未来社会所需人才的重要基石。其价值体现在多个重要方面。

1."游学访馆"探究式课程体现了幼儿园课程与新时代儿童培养的匹配度

当代社会人工智能技术的创新和发展正在加速推进教育数字化转型,重塑了人的学习与培养方式,也为学前教育发展带来了机遇和挑战。要求我们要革新教育理念,重视培养儿童的高阶思维能力,帮助他们形成具备适应终身发展和社会需要的必备品格和关键能力,在新时代背景下,儿童不仅需要掌握基础知识和技能,更需要具备创新能力、跨文化交流能力、问题解决能力以及创造性思维和探究精神。这是培养新时代儿童的重要目标,也是国际教育的共识。同时也对幼儿园课程提出了挑战,要重视通过构建具有探究性、跨领域的课程活动来支持儿童的主动学习与深度学习,以达成新时代儿童的培养目标。

我园建构的"游学访馆"探究式课程,创设了具体的情境,让儿童可以身临其境地了解到知识在具体情况中是如何运用的;提供了探究性的体验学习,让儿童自主参与知识获得的过程,培养了探索世界的积极态度;构建了一个动态的支持性环境,力求在儿童心中播下科学的种子。这种符合儿童认知特点的课程模式,让儿童能够在真实的、互动生成的社会文化情境中学习,亲身接触客观的知识和文化,拓展对世界的广泛认知和理解,培养儿童的科学精神和好奇、好问、乐于探究、创新等科学品质,从而培养出适应新时代要求的具有综合素质的儿童。

2."游学访馆"探究式课程弥补了教师领域知识的短板

领域教学知识(Pedagogical Content Knowledge,简称PCK),是教师从事教育教学活动的基础,也是教师职业专业性的体现,随着学历和职称结构的不断优化和教师培训活动的深入开展,我园教师的领域知识显著提升,但仍然存在不足。"游学访馆"探究式课程实施时,课程场馆成为幼儿学习的场所,要求教师由"知识讲授者"向"指导支持者"转变,幼儿园教师虽然具备丰富的教育经验,但对课程资源中某些专业领域缺乏深入的了解。为确保幼儿围绕一个主题产生兴趣并持续地探究,一方面要求教师在某些专业领域中加强学习,逐步增加知识储备,另一方面,通过在场馆学习中引入专业人员的指导,教师能够跟幼儿一起在专业人员的引导下,深入探索各个领域的知识,从而弥补教师在某些领域知识的欠缺,使教育更加全面和深入。

例如,在小班开展的"我的蚂蚁朋友"探究课程中,教师设计出一系列关于蚂蚁的探究活动,比如开展"引蚁行动"、进行"贪吃实验"和"创编科学剧"等。当孩子们在探究过程遇到难点,教师现有的知识不能给出很好的解决方案时,适时邀请昆虫学家李教授加入到课程中。李教授带领孩子们到他的实验室进行了一次小型的科学实验,通过亲身操作与指导,对孩子们的问题给予了专业的解答,同时也向孩子们展示了科学家精神的批判性、好奇心以及对知识的不懈追求。活动后,在李教授的指导和建议下,教师和孩子们对有关昆虫领域的知识结构逐渐完善,这对于未来教育教学的实施都大有裨益。

"游学访馆"探究式课程的实施,不仅弥补了教师在某些领域知识的短板,还激励了教师充实知识储备的主动性、积极性,更实现了课程与教师专业发展的双向互动。教师以更好的状态投入到下一阶段的课程实施中,在提升了课程质量的同时,也推动了他们成为"专家型"教师的进程。

3."游学访馆"探究式课程增强了家园社"三元"育人的协同性

家园社协同育人模式是当前学前教育改革与实践中强调的重要取向,家庭与社区的优质资源能够为儿童的发展提供重要支持,而"游学访馆"探究式课程则如同一条引线,整合了社区、幼儿园和家庭等多方资源,构建了一个全方位的课程支持网络。近年来,虽然场馆学习成为学前教育理论研究与实践探索的一大热点,但从组织形式上来看,仍存在"浅表化参观"的普遍问题,家长更多以陪同为主,对社区中场馆资源的利用和家长资源的挖掘深度不够,二者在协同育人中的主体性发挥不足。

我园位于西南大学校内,同时拥有独特的地理位置和科研人员即家长的双重优势,校园丰富的场馆资源和家庭浓厚的科研氛围,奠定了家园社协同育人的良好基础。幼儿园邀请专业科研人员担任"双导师",常态化参与幼儿的探究活动,同时与社区科研机构及家长紧密合作,共同参与到课程的规划和实施中,进一步加强了课程的深度与科学性。在这一过程中,家长和社区成员可以与教师一起为孩子的成长提供支持,从而实现了教育资源的优化和共享。

例如,我们在大班开展了"蚕"的探究课程。孩子们访问了"资源昆虫全国重点实验室",参观了西南大学蚕学宫,通过实际操作专为儿童设计的互动模型,学习了蚕的生理结构和行为模式,加深了他们对复杂生物学概念的直观理解。回到幼儿园,师幼共同设计了"嬉游蚕学宫"的活动,孩子们在游戏中模拟科学探究的过程,并将蚕宝宝带回来饲养,观察蚕的生长并记录数据。基于家长提供的详细观察记录,教师从中分析出大部分幼儿感兴趣且适宜幼儿探究的问题，并设计出一系列关于蚕的探究活动。而这只是我园“游学访馆”探究式课程的一个缩影，在此过程中，场馆参访和科学家的适时指导提升了活动的专业性，教师全程跟进，提升了活动的连贯性，家长亲身参与提升了活动的有效性。幼儿园、家庭和社区共同参与到孩子的教育中来，形成了良好的教育合力，有效实现家园社“三元”协同育人。

4.“游学访馆”探究式课程激活了学前教育高质量发展的内生动力

《中国教育现代化2035》中提出2035年主要发展目标之一是：普及有质量的学前教育。当前，“高质量”一词在学前教育领域备受关注，以学前教育高质量发展助力中国式教育现代化进程的推进，是每个学前人的责任与担当。课程作为学前教育的核心，是学前教育质量提升的关键指标，以课程改革为抓手，促进学前教育高质量发展，成为当前理论研究和园所实践的热点。

实践中，许多园所的场馆学习活动在对课程资源的开发利用顶层设计上缺乏该项目板块的整体思考与规划，更多的是趋向于单次的活动设计，活动没有课程化、序列化。我园构建的“游学访馆”探究式课程模式，为保证课程的高质量，不仅进行了教育观念的改革、教学方式的转变、教学管理的创新，还加强了师资队伍建设和校内外场馆的完善。在课程理念上，注重儿童的主体性和创造性，鼓励他们在探索中学习，在学习中成长。在课程设计上，采用“三圈层协同”机制，创建了一个由人员层、场域层和活动层组成的协同网络。在这一机制中，每一层包含的多个要素相互作用形成“圈”，符合开放包容、主体多元、动态整体的课程定位。在课程实施上，理性务实，在游学访馆过程中探索、发现、交往、表达和思考，促进了儿童的有效和深度学习。

这种以儿童为中心的教育理念，不仅提高了教学质量，还激发了孩子们的学习兴趣，为学前教育的持续发展注入了新的活力。因此“游学访馆”课程的有效实施势必会引发教学的综合改革，成为激发学前教育高质量发展的内生动力。

第三节 在嬉游中致知——“游学访馆”探究式课程理念

在学前教育的广阔天地里，探索与游戏如同双翼，共同引领着儿童飞向知识的殿堂。正是基于这样的认识，“游学访馆”探究式课程应运而生，它以一种全新的教育哲学——“嬉游中致知”为核心，认为儿童通过游戏和探索活动，能够在愉悦的氛围中自然地获取知识和技能。嬉游不仅是儿童的天性，也是他们认知世界、发展思维的重要方式。旨在通过寓教于乐的方式，让儿童在欢笑与探索中启迪智慧，成长自我。“在嬉游中致知”不仅顺应了儿童的天性，更巧妙地将学习融入游戏之中，为儿童开启了一场场别开生面的探究之旅。

1. 在游戏中认识万事万物

幼儿阶段,游戏是学习与认知的主要方式,其独特的魅力在于能够激发幼儿内在的学习动力,使学习过程变得生动有趣。在"游学访馆"探究式课程中,我们充分利用游戏的这一特性,将社区场馆转化为一个充满趣味与挑战的学习场域。通过精心设计的游戏环节,如角色扮演、模拟实验、团队竞赛等,使幼儿能够在游戏中自由探索、亲身体验,自然而然地接触并理解周围世界的多样性和复杂性。

这种游戏化的学习方式不仅符合幼儿的心理发展特点,还能够促进幼儿多感官的参与,使他们在互动交流的过程中,全面而深入地认识事物。例如,在博物馆的历史文化展区,孩子们可以通过扮演古代人物,模拟参与历史事件,在游戏中感受历史的厚重与文化的魅力,实现对历史知识的了解。

例如,我园幼儿在重庆科技馆的"光影世界"展区活动中,教师设计了"光影魔术师"游戏。孩子们手持手电筒,在暗室中探索光与影的奥秘。他们发现,当光线通过不同形状的孔洞时,会在墙面上投射出不同的图案。在游戏中,孩子们不仅直观地感受到了光的直线传播、反射和投影等现象,还通过自由组合孔洞形状,创造出独一无二的光影作品,从而在玩乐中加深了对光与影概念的理解。

2. 在探究中获得真情真知

探究是幼儿主动学习、建构知识的重要途径。在"游学访馆"探究式课程中,我们强调以幼儿为中心,鼓励他们通过提出问题、做出假设、进行观察、实施实验、记录数据、反思总结等一系列科学探究过程,来主动探索未知领域,发现事物的本质规律。这一过程中,幼儿不仅获得了真实的知识体验,还培养了问题解决能力、批判性思维和创新能力。

更重要的是,探究过程本身充满了情感与价值的交流。幼儿在探究中会遇到挑战与困难,也会体验到成功的喜悦与满足。这些情感体验不仅加深了幼儿对知识的理解和记忆,还促进了他们社会情感的发展,如增强了自信心、责任感、同理心等。同时,通过与同伴的合作与交流,幼儿还学会了倾听、尊重与分享,培养了良好的人际交往能力。

例如,在幼儿走进西南大学植物保护学院参与的"植物生长的秘密"活动中,孩子们对植物的生长过程产生了浓厚的兴趣。回到班级,教师引导他们提出假设:为什么植物需要阳光才能生长?随后,幼儿分组设计实验,有的小组将植物放在阳光下,有的小组则将植物放在阴暗处,并定期观察记录植物的生长情况。经过一段时间的探究,孩子们发现阳光是植物生长不可或缺的因素,这一发现让他们兴奋不已,也让他们更加喜爱自然、热爱科学,体验到团队合作的力量与温暖。

3. 在场馆中启蒙科学家精神

科学家精神是科学教育的灵魂，它包含了追求真理、勇于探索、敢于创新、忠贞爱国的精神品质。在“游学访馆”探究式课程中，我们注重通过场馆教育这一独特形式，启蒙幼儿的科学家精神。场馆作为知识的宝库和文化的传承地，通过其丰富的展品、先进的设施和专业的讲解，为幼儿提供了广阔的探究空间和深刻的学习体验。

在场馆中，幼儿可以近距离观察科学现象、亲手操作实验器材、参与科普讲座等活动，从而感受到科学的魅力与力量。这些活动不仅激发了幼儿对科学的好奇心和探究欲，还培养了他们的科学思维方式和研究方法。更重要的是，通过在场馆中的探究与实践，幼儿能够逐渐树立起追求真理、勇于探索的科学家精神，为他们未来的科学研究和创新活动奠定坚实的基础。

例如，在西南大学地理科学学院天文馆的“星空探索”活动中，孩子们被浩瀚的宇宙深深吸引。在学院专业教师的引导下，孩子们了解了太阳、月球、行星等天体，教师还引导他们思考：宇宙中还有哪些未知的奥秘等待我们去发现？在随后的讨论中，孩子们纷纷提出自己的猜想和假设，有的想探索黑洞的秘密，有的想寻找外星生命……这种对未知世界的渴望和探索精神，正是科学家精神的体现。通过这样的活动，孩子们不仅增长了知识，更激发了他们对科学的热爱和追求。

综上所述，“游学访馆”探究式课程理念通过融合游戏、探究与场馆教育等多种元素，为幼儿提供了一个全面、立体、富有挑战性的学习环境。在这里，幼儿不仅能够在游戏中认识万事万物，还能够在探究中获得真情真知，更能够在场馆中启蒙科学家精神，为他们的全面发展奠定了坚实的基础。

第四节 因喜欢而探究——“游学访馆”探究式课程设计原则

在“游学访馆”探究式课程的设计蓝图中，我们精心绘制了三条核心原则，它们如同指引航向的灯塔，照亮了儿童探索未知世界的道路。首先，我们秉持“动态生成”的原则，相信教育的力量在于其灵活与应变，能够随着儿童的兴趣与好奇心的起伏而调整方向，让学习成为一次充满惊喜的旅程。紧接着，“开放融通”的原则鼓励我们打破学科壁垒，将知识融会贯通，为儿童提供一个宽广无垠的学习平台，让他们在跨界整合中拓宽视野，培养综合素养。最后，“回归生活”的原则是我们设计理念的根基，它强调教育应深深扎根于生活的土壤，让儿童在探究与实践中体验知识的价值，学会用所学回馈生活，成长为有责任感、有创造力的社会成员。

1. 动态生成

此原则强调"游学访馆"探究式课程设计与实施过程中的灵活性和应变性。它要求教育者根据儿童的实际兴趣、认知水平和现场情境,及时调整课程内容、方法和策略,以促进儿童在探究过程中的主动学习和深度思考。这种原则体现了建构主义学习理论的核心思想,即知识是在学习者与环境的互动中动态生成的。

具体案例:在参观重庆自然博物馆的"动物星球"展区时,原计划是让孩子们观察并记录不同动物的特征和生活习性。然而,在参观过程中,一只突然出现的蝴蝶引起了孩子们的极大兴趣,他们纷纷围拢过来,讨论起蝴蝶的颜色、飞行方式和生命周期。面对这一突发情况,教师迅速调整教学计划,决定临时增加一个"蝴蝶探秘"活动。她引导孩子们提出问题,如"为什么蝴蝶的翅膀有那么多颜色?""蝴蝶是怎么从毛毛虫变成的?"随后,孩子们分组设计实验,有的用放大镜观察蝴蝶翅膀的结构,有的用画笔尝试绘制蝴蝶的生命周期图。这个动态生成的过程不仅满足了孩子们的好奇心,还激发了他们探究自然生物的强烈愿望。

动态生成原则的实施,要求教育者具备敏锐的观察力和判断力,能够准确捕捉儿童的兴趣点和疑惑点,并将其转化为有价值的学习资源。同时,这一原则也强调了课程内容的灵活性和可变性,鼓励教育者根据儿童的实际情况进行适时调整,最大限度地促进儿童的主动学习和发展。这种灵活应变的教学方式,有助于培养儿童的问题意识、探究能力和创新思维,为他们未来的学习和生活奠定坚实的基础。

2. 开放融通

开放融通原则强调"游学访馆"探究式课程资源和内容的跨学科性和综合性。它要求教育者打破学科壁垒,将不同领域的知识和技能有机融合到课程设计中,以拓宽儿童的视野和思维空间。同时,这一原则还倡导教学方式的多元化和包容性,鼓励教育者采用多种教学手段和策略,以满足不同儿童的学习需求和兴趣偏好。

具体案例:在"山水都市"的探究式课程中,我们设计了一个在重庆自然博物馆名为"我的城市我设计"的综合实践活动。该活动不仅涉及科学、美术、社会等多个学科领域的知识,还融合了观察、记录、调查、讨论等多种学习方式。幼儿首先通过地图了解城市的布局和交通网络,然后分组前往不同的社区、公园、博物馆等地进行实地考察。在考察过程中,他们不仅学习了城市的历史沿革和文化特色,还关注了城市的环境保护等现实问题。此外,教师还引导孩子们运用测量、统计和简单的数据分析等方法,对搜集到的信息进行处理和分析。通过这次活动,孩子们不仅拓宽了知识面,还学会了如何运用多学科知识解决实际问题。

开放融通原则的实施,有助于打破传统学科教学的界限,促进知识的交叉融合和综合运用。基于这一原则的"游学访馆"探究式课程活动的开展,不仅能够拓宽儿童的视野和思维空间,还能够培养他们的综合素养和创新能力。同时,通过多样化的教学方式和手段,教师能够更好地激发儿童的学习兴趣和动力，提高教学质量，达到更好的教学效果。

3.回归生活

回归生活原则强调"游学访馆"探究式课程设计要与儿童生活经验紧密联系。它要求教育者将课程内容与儿童的实际生活相结合，引导儿童在探究过程中关注生活现象、解决实际问题，从而体验到知识的价值和学习的乐趣。这一原则体现了"教育即生活"的教育思想，强调教育应服务于儿童的生活和发展需要。

具体案例：在"游学访馆"探究式课程中，基于孩子们在进餐环节提到的问题"我们吃的米饭是怎么来的？"此问题引发大量讨论，说法不一，教师们顺势设计了一个"禾下乘凉梦"的活动。该探究式活动以幼儿园的小水田为基地，让孩子们参与水稻的种植、培育和收获全过程。活动中，教师首先通过视频、图片，以及走访西南大学水稻研究所等形式引导孩子们了解了水稻的生长特点和养护方法。在随后的种植过程中，他们不仅要定期浇水、除草等，还要观察水稻的生长变化并记录观察日记。最后，当水稻成熟时，孩子们会亲手收割并与家人、同伴还有教师分享收获的喜悦。通过这个项目，孩子们不仅学会了水稻种植的基本知识，还体验到了劳动的乐趣和成功的喜悦。更重要的是，他们学会了如何将所学知识应用于实际生活中去解决问题和创造价值。

回归生活原则的实施，有助于增强课程的现实性和实践性。通过将课程内容与儿童的实际生活相结合，教育者能够引导儿童在探究过程中关注生活现象、解决实际问题，从而体验到学习的乐趣。这种以生活为基础的教学方式，不仅能够提高儿童的学习兴趣和动力，还能够培养他们的实践能力和社会责任感。同时，回归生活原则还强调了教育的实践性和应用性，鼓励教育者将理论知识与实际应用相结合，以培养儿童的创新精神和实践能力。这种教学方式有助于儿童在探究过程中实现知识的内化和迁移，为他们未来的学习和生活奠定坚实的基础。

综上所述，"游学访馆"探究式课程的设计原则是：动态生成、开放融通与回归生活，共同构成了一个完整而富有活力的教育体系。它们不仅体现了现代教育理念对儿童主体地位的尊重和对创新精神的追求，更为教育实践提供了具体而可行的指导措施。通过遵循这些原则，我们相信"游学访馆"课程能够激发儿童内在的学习动力，培养他们的探究能力、综合素养和社会责任感。在未来的日子里，我们将继续深化对这些原则的理解与实践，不断探索更加高效、有趣的教学方式，让每一位儿童都能在"游学访馆"的旅途中，像科学家一样好奇、像艺术家一样创造、像生活家一样热爱这个世界。

游学访馆探究式课程作为一种创新的教学模式将传统的课堂学习与实践体验相结合，将孩子们的学习场所从封闭的教室延伸至广阔的社会、自然和文化环境。通过这种方式，孩子们能够在真实的生活场景中进行观察、探索、思考和创造，从而获得更加深刻的学习体验。依据《幼儿园工作规程》和《3-6岁儿童学习与发展指南》对幼儿园教育目标的明确指引，结合我国科学家精神的核心内容以及幼儿园"嬉游格物，敏而致知"的课程理念，我们确立了培养幼儿"家国情怀、求实创新、合作分享"的课程目标。旨在让幼儿在亲身体验中深刻感受科学家精神的精髓，培养他们的科学素养和人格魅力，从而推动幼儿进行深度学习并实现全面发展。

1.家国情怀——爱祖国、爱家乡、爱他人、爱自己

家国情怀体现了个人对祖国和人民的深情厚意，以及对国家富强和人民幸福的理想追求。它不仅关乎个人与家庭的紧密联系，更关乎对国家的深厚感情和责任担当。幼儿园的"游学访馆"探究性课程，带领幼儿走进西南大学蚕学宫、水稻研究所等科研机构，感受科学家在农业、生物等各领域的不懈探索与创新成果。这样的经历有助于幼儿从小树立起对国家发展的自豪感和责任感。通过实地参观和互动体验，幼儿能够认识到正是因为科学家为国家和人民所做出的杰出贡献，才让我们的生活更加美好。科学家的执着探索和无私奉献正是社会责任担当的具体体现，每个人都是社会的一分子，我们的行为和选择不仅影响着家庭，也影响着社会和国家。因此，我们要有担当精神，勇于承担个人、家庭乃至国家赋予的责任。在幼儿阶段，助人是责任担当的具体实践，在帮助他人的过程中，我们不仅能够传递爱心和温暖，还能够促进社会的和谐与进步。通过助人能够将个人的力量汇聚成推动社会发展的强大动力，共同构建更加美好的家园。在培养幼儿对祖国的深厚感情和对家乡的热爱时，还要注重引导其在日常生活中的助人意识，无论是帮助同学整理书包，还是在家中帮父母做些简单的家务，这些行为都在潜移默化中教会他们责任感的重要性。随着年龄的增长，这种责任感会逐渐转化为对社会的贡献，成为他们品格中不可或缺的一部分。支持和参与环保行动，保护我们共同的家园，也是对家国情怀的一种体现。同时，培养幼儿的自爱意识，让他们懂得关爱自己，才能更好地关爱他人、家乡和国家。

2.求实创新——敢于质疑、勇于探索、善于创新

科学精神的核心是求实创新，即在尊重事实、讲求实际的基础上敢于质疑，勇于探索未知领域，并在实践中不断创新。在"游学访馆"探究性课程中，通过参与各种科学实验、观察自然现象、动手制作模型等活动，不断激发幼儿的好奇心和探索欲，学会观察、提问、假设、验

证,逐步培养其实事求是的科学态度和勇于探索的创新精神。例如,在参观科技馆时,孩子们不仅能够近距离观察各种科学现象,还能亲手操作一些简单的实验装置,通过实践来验证科学原理。这不仅激发了幼儿的好奇心和求知欲,还培养了幼儿学会如何提出问题、如何寻找答案,并在解决问题的过程中体验到创新的乐趣。又如在种植水稻的活动中,幼儿精心种下一棵棵秧苗,持续照顾并观察水稻的生长过程,在失败后反思原因,总结经验,深入水稻研究院探索,了解水稻生长所需的条件,从而培养他们对自然规律的探索精神。在这一过程中,孩子们不仅学会了如何观察和记录,还学会了如何分析问题、解决问题,从而培养了他们的创新意识和实践能力。

在“游学访馆”探究式课程实施过程中,鼓励幼儿大胆提出问题和疑问,支持幼儿在面对未知或疑问时,进行深入探究、寻找答案。在质疑和探索的基础上,幼儿能够将所获经验灵活运用,提出新的思路和方法。

3. 合作分享——团结协作、乐于沟通、懂得分享

“游学访馆”探究式活动往往需要幼儿与同伴一起合作完成任务,这有助于培养幼儿的社会交往能力和团队合作精神。在分组进行“火箭模型设计”的项目时,幼儿共同讨论设计火箭模型的外观、功能、结构等,组内每位幼儿积极说出自己的想法、倾听他人意见,协商确定设计方向。在火箭模型制作环节,幼儿分工明确,有的负责涂装、有的负责搬运、有的负责组装、有的负责寻找补充材料等。通过这样的合作过程,幼儿学会了倾听他人意见,学会了如何在团队中发挥自己的作用,体会到团队合作的重要性。同时,课程还鼓励幼儿分享自己的发现和成果。在每次活动结束后,幼儿会将自己的观察和感受分享给同伴和老师,通过分享,不仅能够巩固知识、梳理活动过程,还能够学习到他人的经验,从而实现共同进步。通过这样的分享,幼儿也学会了尊重他人,理解每个人都有独特的想法和贡献,这对于培养其人际交往能力和尊重多元文化具有重要意义。

第六节　寻找西大名片——“游学访馆”探究式课程内容

在“寻找西大名片”的探究式课程内容中,我们精心规划了三个核心方向,这些方向不仅涵盖了广泛的学科领域,而且还通过一系列精心策划的活动,旨在让幼儿通过亲身参与和体验,深刻感受到自然与生态的奥秘,领略科学探索的无限魅力和技术创新的强大力量,同时,也让孩子们对社会的多元文化和人文精神有更深入的了解和认识。通过这种互动式和体验式的学习方式,激发孩子们的好奇心和探索欲,培养他们对科学的热爱,以及对世界的好奇和尊重。

1. 自然与生态

"自然与生态"是一个紧密相连、相互依存的整体,涵盖了自然界的一切事物以及这些事物之间相互作用、相互依存的关系。保护自然与生态不仅是维护地球生态平衡和生物多样性的需要,也是实现人类社会可持续发展的重要保障。在幼儿园主要聚焦于引导幼儿认识自然世界、理解生态平衡的重要性,并培养他们对自然环境的尊重和保护意识。引导幼儿观察并识别不同种类的植物和动物,了解它们的生长习性、生活环境和生存需求。让幼儿亲身体验自然界的丰富多彩,增强对生物多样性的直观感受。观察四季变化、天气现象(如雨、雪、风、雷等)以及自然界的循环过程(如水循环、碳循环等)。从小树立正确的环保观念,认识到保护环境的重要性,培养他们的环保意识和责任感。

2. 科学与技术

科学是探索未知世界的钥匙,幼儿园通过"游学访馆"探究式课程,带领幼儿走进科技馆、实验室、研究所等场所,让幼儿近距离接触前沿科技,感受科技的魅力和创新的力量。通过参观科技展览、参与科学实验、动手制作科技小发明等活动,激发幼儿对科学的兴趣和好奇心,认识科技对人类生活的影响,培养他们对科技的热爱,以及探索未知的勇气和创新精神。课程内容包括但不限于物理、化学、生物等基础科学领域,还包括航空航天技术、人工智能等现代科技领域。让幼儿在实践中学习科学知识,培养用科学思维解决问题的能力。同时为他们打下科学素养基础,促进其全面发展。

3. 社会与文化

社会与文化是孩子们成长的重要背景,在西南大学这片充满文化底蕴的土地上,我们拥有丰富的历史文化资源和现代文明成果。幼儿园通过组织孩子们走进博物馆、图书馆、纪念馆、名人故居等场所,让他们了解中华民族的历史传承和文化精髓,亲身感受历史的厚重感和文化的多样性。在这些充满故事的地方,孩子们可以直观地了解历史人物的生平事迹,感受他们的精神品质,深入理解这些历史人物的思想和行为背后的意义。这样的体验不仅能够激发孩子们的爱国情怀,还能培养他们的责任感,让他们认识到历史与文化对个人成长和社会发展的重要性。同时,培养孩子们的跨文化交流能力,引导他们尊重文化的差异和多样性,学会在多元文化的环境中和谐相处。

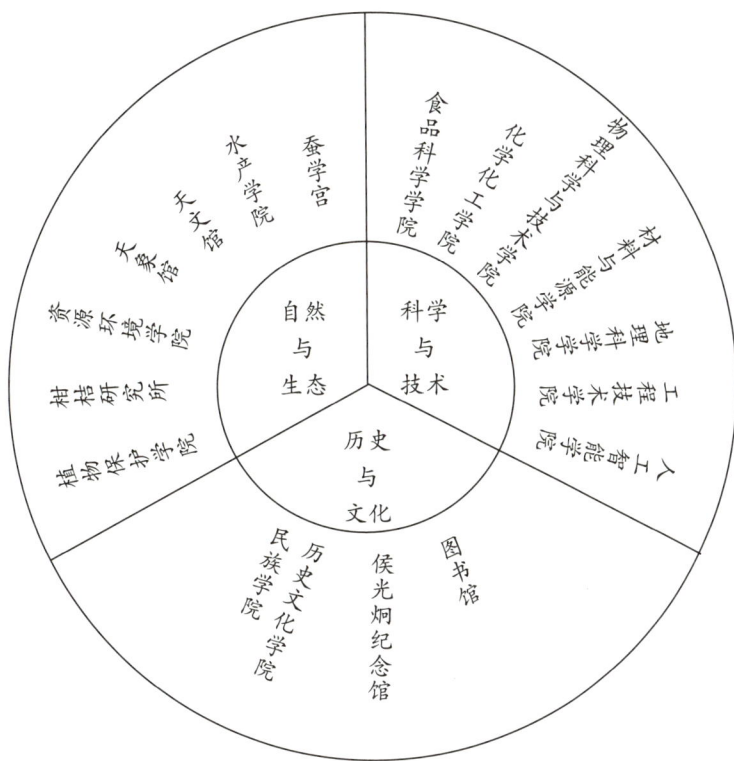

图 2-1 西大资源一览图

"寻找西大名片"探究式课程通过一系列丰富多彩的活动,让孩子们在亲身体验中感受大自然与生态的奥秘、科学与技术的力量、社会与文化的多样性。这些活动不仅极大地丰富孩子们的知识储备和实践经验,还培养了他们的家国情怀,激发他们对国家和社会的责任感和使命感,同时,也将培养他们的求实创新精神,鼓励他们在学习和生活中勇于探索、敢于创新,此外,通过分享活动过程,让他们学会在团队合作中相互尊重、相互帮助,共同进步。所有这些,都将为孩子们未来的成长和发展奠定坚实的基础,使他们能够在未来的学习和生活中,更好地适应社会,成为有责任感、有创新精神、有合作意识的新时代人才。

第三章

—

实施模式——
"游学访馆"探究式课程的方法论建构

"游学访馆"探究式课程实施的核心逻辑在于确保以幼儿为中心,通过"情境体验、开放探究、合作学习、综合发展、动态调整"五大原则相辅相成,凭借场馆资源与儿童问题融合的不同实施方式,遵循特定的课程实施路径,促进幼儿有意义的深度学习与核心素养的全面发展。

第一节 "游学访馆"探究式课程实施的原则

"游学访馆"探究式课程是基于建构主义、情境认知、杜威实用主义及布鲁纳的发现学习等多元教育理论深度融合的产物。以情境体验原则作为基石,根植于建构主义与情境认知理论,强调个体与环境的互动在知识建构中的核心作用;开放探究原则是对杜威"做中学"及布鲁纳发现学习理论的实践诠释,倡导幼儿在探究活动中主动发现问题、解决问题,培养他们的批判性思维与创新能力;合作性原则依托维果茨基的社会文化理论,凸显了社会互动在学习过程中的重要性,促进幼儿的社会性发展;发展性原则是对皮亚杰认知发展理论的精准应用,确保课程内容与幼儿认知成长阶段的高度契合;动态调整原则结合了形成性与总结性评价理念,体现了课程实施的灵活性与适应性,确保教育目标的持续优化与达成。这五大原则相互支撑、相互渗透,共同构成了一个理论严密、实践可行的课程体系框架。

1.情境体验原则

首先,"游学访馆"探究式课程遵循建构主义学习理论的基本理念,即知识是通过个体与环境之间的互动建构而成的。课程通过创设富含科学文化元素的真实或模拟的情境,为幼儿提供了丰富的学习资源和互动机会。例如,在大班游学访馆探究式课程"禾下乘凉梦 我来接棒"中,幼儿参观了西南大学水稻研究所,开展了幼儿园小水田的种植实践,参观了袁隆平的塑像和事迹展览等。在这些情境中,幼儿不再是被动接受知识的容器,而是主动探索、发现、建构意义的主体。他们通过观察、操作、讨论等多种方式,与环境进行深度互动,从而逐步构建起对家国情怀、求实创新等核心概念的理解与认同。

其次,"游学访馆"课程体现了情境认知理论的核心观点,即认知活动是在特定情境下发生的,并且受到情境特征的影响。在西南大学水稻研究所的科研与水稻种植劳作情境中,幼儿实地观察水稻的生长环境,学习插秧手法,直观地感受到科学家的工作环境和研究成果,这种情境的真实性和复杂性激发了他们的好奇心和探索欲。同时,幼儿园小水田的实践情境则提供了更为安全可控、丰富具体的探索研究与学习体验的空间,使幼儿能够在教师的引导下亲手种植、照料、收获水稻,从一粒种子到金黄的稻谷,全程参与水稻的生长变化,逐步深入探究水稻的生长奥秘。这些不同层次的情境设置,既满足了幼儿多样化的学习需求,又促进了他们认知能力的全面发展。

最后,该课程还通过模拟情境(如模拟稻田、制作稻草人等)的创设,增强了学习的趣味性和参与感。这些模拟情境不仅简化了现实世界的复杂性,使幼儿能够在较为安全的环境中自由探索,建构对水稻生长过程、种植条件等科学知识的理解,更为重要的是还通过角色扮演、游戏互动等符合幼儿年龄特征的方式支持幼儿的探究和学习,强化了"科学是有趣的"这一认知,激发幼儿热爱科学的情感。

2.开放探究原则

开放探究原则源于杜威的"做中学"思想及布鲁纳的发现学习理论,它鼓励幼儿像科学家一样进行主动探究与发现。在"游学访馆"探究式课程实施中,我们提供开放、自由的学习环境,支持幼儿提出问题、猜想假设、设计实验、搜集数据、分析结论等一系列探究过程。这一过程不仅培养了幼儿的问题解决能力、批判性思维与创新能力,还使他们在探究中体验到知识的生成与科学的魅力,增强了学习的内在动力。

问题的提出是探究活动的起点,孩子们从校园内的袁隆平雕像出发,发出"为什么大家如此思念袁爷爷呢?"这一问题,继而对水稻种植产生了浓厚的兴趣,又提出了一系列问题,如"水稻需要哪些种植条件?""幼儿园里能种水稻吗?"等。他们像科学家一样,走进西南大学水稻研究所,与专家对话,向稻田取经。通过观察、讨论、猜想和假设,设计出种植实验方案,并在幼儿园小水田和西南大学水稻研究所等开放环境中进行动手实践。从实地考察选择种植场地、制作插秧定位器到定期观察记录水稻生长数据,幼儿经历了完整的水稻生长探究过程。

在这个过程中,大班幼儿不仅掌握了水稻种植的知识,更重要的是培养了问题解决能力、批判性思维和创新能力,充分体验到了科学探究的乐趣和成就感。

3.合作性原则

在"游学访馆"课程中,合作性原则得到了充分的体现和实践。依据维果茨基的社会文化理论,课程实施强调学习在社会互动中进行,合作便于促进幼儿之间的有效沟通与互动,成为推动幼儿学习成长的关键环节。

在"幼儿园里能种水稻吗?"的探究中,孩子们分组讨论并提出各自的观点,通过小组内的交流协商,共同制订考察路线,选择最适合的种植场地。在后续的插秧活动中,孩子们更是需要密切配合,共同完成插秧任务,这不仅锻炼了他们的动手能力,也培养了团队合作的精神。此外,在制作"插秧定位器、稻草人"等活动中,幼儿们需要分组合作,共同设计、制作并调整工具,这些过程不仅考验了他们的创造力和解决问题的能力,也促使他们在合作中学会了倾听、尊重他人的意见,并学会了协商与分享。

同时,科学家、教师、家长的共同参与,为孩子们提供了丰富的外部资源和支持,形成了良好的社会合作圈。科学家作为创新的典范,通过直接参与幼儿探究活动,向幼儿展示科学探索的过程和成果,他们在过程中体现出来的科学家精神为幼儿提供了学习的榜样。教师通过设计和实施以探究为基础的活动,创设鼓励提问和实践的环境,使幼儿的科学家精神在日常探索中得到培养。家长通过积极参与幼儿园组织的探究活动,以及在家中创造科学探究环境支持孩子的学习,有效地增强了幼儿科学家精神启蒙的连贯性,确保教育资源的有效整合和利用。

4.发展性原则

发展性原则的贯彻体现在对幼儿认知成长规律的深刻理解和尊重上。"游学访馆"探究式课程遵循皮亚杰的认知发展理论,确保课程内容与幼儿当前的年龄特点、认知水平相匹配,既不超出其理解范围,也不过于简单泛化,并能在幼儿的生命发展中起到积极影响。例如,在对幼儿家国情怀的理解与培养上,课程在介绍袁隆平的故事基础上,通过团体讨论、绘本阅读和音乐欣赏等多种方式,以幼儿易于接受的形式展开,强化了他们对"禾下乘凉梦"的理解,对水稻研究"接棒"的兴趣与探索精神。"袁爷爷播下的种子到底长成了什么?"不仅幼儿有了答案,科学家、教师、家长也有了答案——我们秉持启智润心,求是创新之信念,给幼儿的终生发展一片绿色的稻田。

同时,借鉴布鲁纳的螺旋式课程理念,注重课程内容的连贯性与系统性。从"袁隆平爷爷是谁?"的基础认知,到"幼儿园里能种水稻吗?"的实践探索,再到"怎么照顾好水稻秧苗?"的观察记录,直至"怎么收割水稻?"的劳动体验,课程内容层层递进,不断深化。每一个活动都基于前一个活动的经验积累,又为新知识的引入奠定了基础,帮助幼儿逐步构建起关于水稻生长、农耕文化及科学家精神等方面的完整知识结构。

5.动态调整原则

动态调整原则基于形成性评价与总结性评价相结合的理念,确保课程能够灵活应对幼儿学习的实际需求。具体来说,在游学访馆的实践活动中,教师通过多种评估手段对幼儿的学习过程进行持续、全面地观察与记录。例如,在参观西南大学水稻研究所的过程中,教师不仅通过直接观察记录幼儿对水稻生长环境的兴趣点、疑问和互动情况,还通过作品分析(如幼儿绘制的水稻生长图、制作的水稻定位器等)来深入了解幼儿对知识的理解和掌握程度。

同时,同伴评价作为一种有效的评估方式也被引入课程之中,幼儿之间的相互评价不仅促进了社交技能的发展,还让幼儿学会了从多个角度审视自己的学习成果。这种多维度的评估方式使教师能够获取幼儿更全面的学习信息。基于这些评估结果,教师能够及时发现幼儿在学习过程中的进步与不足,进而对课程内容、教学方法和活动形式进行动态调整。例如,如果幼儿在观察水稻生长过程中表现出对插秧步骤的困惑,教师可以立即调整教学计划,增加一次插秧实操演示,确保每位幼儿都能掌握关键技能。又如在自制插秧定位器的活动中,如果幼儿发现设计图与实际操作存在差距,教师可以组织小组讨论,共同分析问题并引导幼儿探索解决方案,从而培养幼儿的问题解决能力和团队协作精神。

此外,动态调整原则还体现在教师、幼儿及家长之间的及时反馈机制上。教师通过家长会、家园联系册等形式向家长反馈幼儿在游学访馆课程中的表现与成长,鼓励家长参与课程讨论并提供家庭支持。同时,家长也向教师反馈幼儿在家中的学习情况和兴趣变化,这种双向沟通为课程的持续优化提供了重要依据。

总之,动态调整原则确保了课程能够紧跟幼儿的学习步伐,满足他们的个性化需求,通过形成性评价与总结性评价的有机结合,教师能够及时捕捉幼儿的学习动态,灵活调整教学策略,为幼儿提供更加丰富、多元的学习体验。在实施过程中,密切关注幼儿的学习反馈和表现,及时对课程内容和活动形式进行调整。通过反思和总结,不断改进教学方法和手段,提高教育成效。根据幼儿的发展变化和教育需求,灵活调整课程计划和活动安排。

综上所述,“游学访馆”探究式课程的五大原则之间并非简单的并列关系,而是形成了一个逻辑严谨、相辅相成的有机整体。情境体验原则为探究学习提供了真实或模拟的情境舞台,激发幼儿的好奇心与探索欲;开放探究原则鼓励幼儿在问题导向下主动建构知识,培养创新思维与实践能力;合作性原则通过促进幼儿间的互动与合作,强化了他们的社会交往能力与团队协作精神;发展性原则确保了课程内容的适宜性与挑战性,支持幼儿认知水平的稳步提升;动态调整原则赋予课程实施以灵活性,使教育过程能够紧跟幼儿的发展步伐,满足其个性化学习需求。这五大原则共同作用于“游学访馆”探究式课程,形成了一个既遵循教育规律又富有创新活力的课程体系,为幼儿的全面发展奠定了坚实的理论基础与实践路径。

第二节 "游学访馆"探究式课程实施的方式与路径

1. "游学访馆"探究式课程实施的方式

经过多年的探索和实践,"游学访馆"探究式课程逐渐形成了"实地探研·问题生成式""问题导向·实地求证式""馆园协同·项目学习式"三种课程实施方式。作为"游学访馆"探究式课程的核心组成部分,各自独具特色又相互关联,形成了支持幼儿深度学习的独特尝试。

（1）实地探研·问题生成式

实地探研·问题生成式是指幼儿在没有预设问题的情况下,通过实地探索各类场馆（如博物馆、科技馆、自然公园等）和自然环境,运用观察、思考和讨论等方法,从实际情境中自主发现并提出研究问题的一种学习方式。这种方式强调幼儿的主体地位和主动性,鼓励他们在与环境的互动中生成真正感兴趣和有意义的研究问题。

实地探研·问题生成式符合建构主义学习理论要求,认为学习是一个主动建构知识的过程。通过实地探研,幼儿能够直接感知和体验外部世界,从而激发其好奇心和探索欲。在观察和讨论的过程中,幼儿能够逐渐提炼出值得深入研究的问题,为后续的学习活动提供方向和动力。实地探研·问题生成式"游学访馆"探究式课程遵循以下流程开展:

首先,集体参观。教师或家长组织幼儿到相关场馆进行集体参观,让幼儿在真实环境中感受和体验。此阶段幼儿的问题可能是零散的、随机的、个性化的。

随后,开展区域活动/主题式课程。参观结束后,教师引导幼儿将遇到的问题进行整理、讨论,聚焦到某一个值得深入学习的主题上。围绕这个主题在班级中进行相应的创设环境,支持幼儿进行区域式的自主探索或主题学习式探索。

例如,在"我的蚂蚁朋友"探究正式开始之前,家长与孩子一同到户外寻找蚂蚁,观察蚂蚁的生活习性,如觅食、筑巢等行为,回到幼儿园后,教师引导幼儿将观察到的现象和问题进行整理和分析,最终确定了"蚂蚁喜欢吃什么?"作为探究问题。围绕这一问题,开展"引蚁行动"（通过食物引诱蚂蚁观察其行进路线）、"贪吃实验"（测试蚂蚁对不同食物的喜好）和"创编科学剧"（以蚂蚁为主角,通过角色扮演加深理解）等活动。当探究深入遇到挑战时,邀请昆虫学家李教授通过科学实验向孩子们展示了科学探究的魅力。

（2）问题导向·实地求证式

问题导向·实地求证式是指基于预先设定的研究问题或主题,幼儿通过实地参观各类场馆和自然环境,运用观察、实验、采访等多种方式搜集信息,进行实地求证和解答问题的一种学习方式。这种模式强调问题驱动的学习策略,注重培养幼儿的探究能力和问题解决能力。

此模式符合探究式教学理念,认为学习应该围绕问题展开,通过解决问题的过程来获取知识、发展能力。在实地求证的过程中,幼儿不仅能够加深对问题的理解,还能够学会如何运用所学知识来分析和解决问题。同时,与场馆工作人员的互动和交流也能够为幼儿提供更多的学习资源和视角。问题导向·实地求证式"游学访馆"探究式课程遵循以下流程开展：

首先，学习活动准备。根据预设活动或幼儿自主发现的问题，制订参观计划。

其次，集体参观与小组化学习。在集体参观中通过专业讲解或自主观察解决问题，回园后进行小组化学习巩固认知。

最后，回顾与反思。教师引导幼儿通过记录、分享、讨论等方式，对探究过程进行回顾与反思。

例如：幼儿对幼儿园里能否种植水稻产生了疑问，提出问题"水稻是怎么种植的？"教师与幼儿共同制订参观西南大学水稻研究所的计划，并提前准备观察记录表和探究问题清单。幼儿在专业人员的指导下，观察水稻的生长环境、生长周期和栽培管理技术，最终成功在幼儿园里种植了水稻。

（3）馆园协同·项目学习式

馆园协同·项目学习式是指幼儿园与各类场馆、自然环境管理机构之间建立紧密的合作关系，共同设计并实施以项目为载体的学习活动。这种机制强调跨机构合作的重要性，通过共同制订课程目标、设计课程内容、组织教学活动和评估学习成果等方式，促进幼儿深度学习和发展。

此机制符合项目式学习（PBL）的理念，强调在真实情境中通过完成项目来学习和掌握知识、分析和解决问题。通过与各类场馆的协同合作，幼儿园能够充分利用场馆的丰富资源和专业优势，为幼儿提供更加多样化的学习体验。同时，项目制学习也能够激发幼儿的学习兴趣和动力，培养他们的创新思维、合作精神和问题解决能力。馆园协同合作还能够促进教育资源的共享和优化配置，提高教育质量和效益。馆园协同·项目学习式"游学访馆"探究式课程遵循以下流程开展：

首先，定义项目。第一，确定主题。源于现实生活，基于儿童兴趣或者是教师基于幼儿的实际需要提出。"我与灌溉系统的那些事"的课程起源于幼儿园的种植园，教师发现班级幼儿对种植物、照顾植物、怎么在种植园玩耍等方面有很大的兴趣。于是确定了和种植园相关的课程方向。第二，确定驱动问题。确定核心驱动问题是关键，要求教师有敏锐的观察能力，能够捕捉到既能捕捉幼儿感兴趣、又具有探究价值且能开展持续性研究的真实问题。核心驱动问题的解决过程就是幼儿合作学习与探究的过程。在"我与灌溉系统的那些事"中，教师以幼儿兴趣为导向，根据幼儿意愿围绕"种植区里玩什么？"展开讨论，在"种花游戏""浇水游戏""过家家""老鹰捉小鸡""捉迷藏"等各种游戏中，选择让幼儿去现场试玩验证。最终根据游戏的可持续性，场地的适宜性等原因，筛选出"浇水游戏"。从而将核心要解决的问题聚焦在"浇水游戏怎么玩？"

其次，计划项目。核心驱动问题确定后，幼儿按照自己的意愿，在教师的引领下组建项目小组。教师引导幼儿制订项目计划。通过讨论、谈话、调查等方式了解幼儿的想法和需求,进而产生系列分解驱动问题,再通过一步步解决分解驱动问题,最终推动核心驱动问题的解决。教师扮演引导者角色,可充分利用场馆资源,引导幼儿制订项目计划。了解幼儿与该项目有关的已有经验和可能需要的帮助,把握活动的重难点,对整体计划实施后的预期成果有一个整体的把控。例如,"一学期,一场毕业服装秀""一桑一叶,'葚'是欢喜"基于西南大学蚕桑纺织与生物质科学学院,"我的蓝花楹图书馆"参访中心图书馆,"禾下乘凉,快乐有'稻'"与农学院、水稻研究所相链接,积极利用西南大学场馆,结合幼儿的兴趣点,深入探索,逐步开展探究式的课程。

然后,实施项目。明确每一阶段的目标和任务之后,幼儿根据要解决的问题,通过各种途径获得信息和资源,从而验证自己对该问题的假设是否成立。在此期间,幼儿保持浓厚的兴趣和积极的思考,能主动提出问题,并尝试通过推理判断、建立联系、迁移运用、提升扩展等方式解决问题,产生深度的探索与学习。教师则需要在关键时刻给予幼儿及时的材料支持或经验支持,帮助幼儿克服眼前的困难,继续进行探究活动。

最后,终结项目。探究项目终结阶段主要进行三类活动。一是产品公开展示。这是探究式项目学习必不可少的一部分,是区别于其他学习活动的典型特征。产品展示的形式是多样的,可以是一个具体的作品,也可以是一场戏剧表演等。展示的过程既能锻炼幼儿语言表达与交流的能力,也能帮助幼儿对自己的学习情况进行梳理和总结。"出发!一起趣野"在营地里举办了一场别开生面的"趣野冷餐会"。整合孩子、老师、家长的资源和力量,为自己升班、为同伴庆生、为伙伴欢送。"我和灌溉系统的那些事"实地搭建灌溉系统,准确地给种植区的一处花台里的每株植物进行均匀的灌溉,并将获取的灌溉经验制作成手札。"一学期,一场毕业服装秀"走出幼儿园,受邀参加西南大学第十五届蚕丝文化节,和服装设计专业的姐姐们同台演出,并在大班毕业典礼中展示T台秀。二是评价。探究式项目学习的评价主体、评价内容和评价方式均呈现多元、多样化的特点。项目评价既注重教师评价,又注重幼儿的自我评价;既注重项目过程中对幼儿能力发展与经验获得的评价,又注重对项目结果的评价。比如,幼儿是否回答了核心驱动问题,是否产生了新经验。教师不仅要了解幼儿在活动中获得的经验、参与程度和沟通协调能力,也要关注幼儿对项目成果的展示。在评价成果展示环节,教师的重点是帮助幼儿回顾整个项目学习的探究过程,提高幼儿的自我反思能力,而非仅仅呈现结果。例如"一桑一叶,'葚'是欢喜"课程将幼儿发现的感兴趣的问题,深入探索找到解决办法,把这个探索发现的过程用画笔记录下来,并汇集成小书。幼儿获得了对桑果各种经验的积累,提高了栽培、养护的实践操作能力。三是反思复盘。探究式项目的反思复盘,目的在于总结经验和教训,为下一个探究式项目的开展做好充足的准备,遵循探究式课程"以始为终"的特点。例如,"潜心笃志 乐在棋中"课程最后,幼儿调查发现了新的问题,如活动结束后,材料不知道收到柜子上的哪个位置等。即将毕业的哥哥姐姐把这些新问题收集起来,作为下一次探究的任务,交给下一届的弟弟妹妹们来解决。"我与灌溉系统的那些事"则在反思复盘后,将本班的灌溉经验以手绘制灌溉手札的方式赠予实施"禾下乘凉,快乐有'稻'"课程的班级,希望可以进一步改良优化灌溉系统,为后续深入探究提供了另一种可能性。

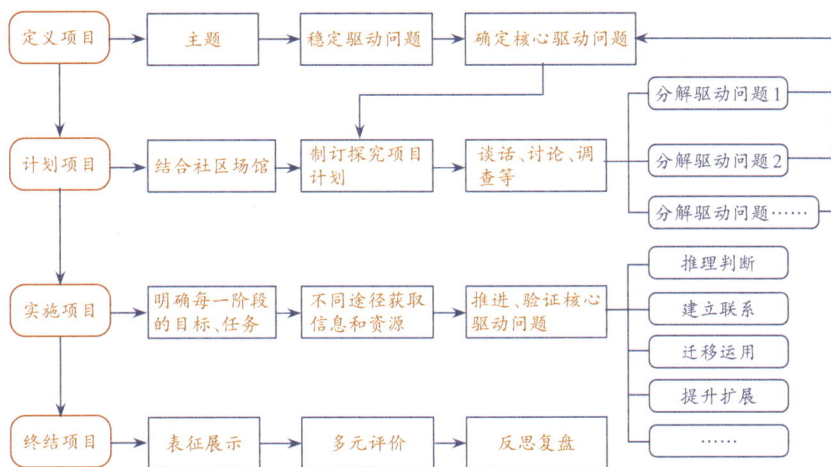

图 3-1　馆园协同·项目学习式课程实施流程图

2."游学访馆"探究式课程实施的路径

"游学访馆"探究式课程构建了一个系统化、递进式的探究循环,该循环遵循"提问(Question)—探究(Explore)—寻访(Visit)—表达(Express)—回顾(Review)"的逻辑链条(简称 Q-ever 模型),紧密围绕培养幼儿"家国情怀、求实创新、合作分享"的核心目标展开,将课程延伸至广阔的社会、自然与文化环境中,体现了课程实施的科学性与系统性,更凸显了幼儿在探究学习中的主体地位与主动性。

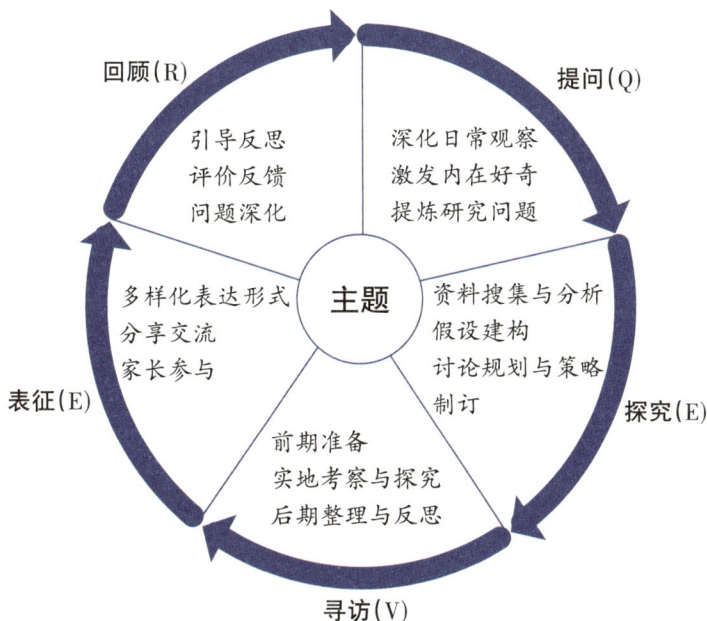

图 3-2　"游学访馆"探究式课程实施的"Q-ever"路径

（1）提问-Question

在"游学访馆"中，"提问"是为了培养幼儿的科学探究意识，引导幼儿基于日常生活经验提炼研究问题。

首先深化日常观察，引导幼儿在日常生活中初步形成系统而深入的观察习惯，不仅关注表面现象，更尝试理解其背后的原因和逻辑。通过日记、观察记录等方式，培养幼儿记录并反思日常经历的能力。例如，在讨论西南大学校内的袁隆平雕像时，教师引导幼儿回忆、观察雕像的细节（如袁爷爷怀中的水稻），激发幼儿对水稻种植及农业科学家的兴趣。这种从日常所见出发的观察，促使幼儿将视野从表面现象拓展到背后的故事和意义。

随后激发内在好奇，鼓励幼儿对观察到的现象保持持续的好奇心，敢于质疑并尝试解答问题。通过分享会的形式，让幼儿分享他们的发现，并激发同伴间的兴趣和思考。例如，在分享环节，幼儿提出了"为什么大家都尊敬袁隆平爷爷？""袁隆平爷爷做了什么事情？"等问题，这些问题源自幼儿对雕像的好奇，进一步激发了他们了解科学家贡献的内在动力。

再逐步地提炼研究问题，教师认真倾听幼儿的问题，并用简单易懂的方式记录下来。在幼儿提出的一系列疑问中，教师需协助幼儿进行筛选和聚焦，引导他们将宽泛的兴趣点转化为具体、可操作、既符合认知发展水平又具有探究价值的研究问题，明确探究的方向和目标。这一过程需要幼儿具备一定的批判性思维和问题解决能力。例如，通过教师的引导和幼儿的讨论，问题逐渐聚焦到"袁隆平爷爷是如何通过杂交水稻改变世界的？"这一具体且有深度的研究问题上，为后续的学习探究活动明确了方向。

（2）探究-Explore

"探究"旨在培养幼儿的主动思考能力，为实地寻访奠定坚实基础。

首先，进行资料搜集与分析。以信息获取为基础，教师引导幼儿通过图书、网络等渠道搜集与探究问题相关的背景资料，增加知识储备。为了拓宽幼儿的信息获取途径，还可以引入实地观察、访谈家长或社区成员、参与科普活动等多种方式。例如，组织幼儿参观科技馆、动植物园，或与行业专家进行视频连线交流，以丰富他们的直接经验和间接知识。在"小小宇航员，浩瀚星辰梦"课程中，教师引导幼儿通过图书、网络等渠道搜集关于宇航员、火箭、太空等相关的背景资料。例如，活动1-1"神秘的宇航员"中，教师提供了绘本、PPT、视频等多种资料，帮助幼儿建立对宇航员职业的基本认知。紧接着筛选搜集到的信息。在信息爆炸的时代，培养幼儿的批判性思维尤为重要。教师可通过提问、讨论、对比等方法，帮助幼儿辨别信息的质量和价值。在活动过程中，教师通过提问、讨论等方式，引导幼儿辨别信息的质量和价值。例如，在活动1-2"怎样才能当宇航员？"中，幼儿分享自己搜集到的资料，并通过集体讨论，筛选出关键信息，形成对成为宇航员所需条件的深入理解。

随后形成假设构建。在充分获取和分析信息的基础上，鼓励幼儿运用猜测、预测、推理等思维工具，结合已有知识和生活经验，对探究问题提出多种可能的假设。在"小小宇航员浩瀚星辰梦"中,教师通过设置问题情境,激发幼儿的思维。如活动2-1"火箭模型大联盟"中,教师通过提问"火箭模型是如何飞上天的?"引发幼儿的好奇心和探究欲,鼓励幼儿运用猜测、预测等思维工具,对火箭升空原理提出多种可能的假设。更重要的是指导幼儿将模糊的想法转化为清晰、具体、可操作的假设。这包括明确假设的条件、预期结果以及检验假设的方法,为后续的探究提供明确的方向。在活动2-3"火箭模型飞上天"中,教师通过科学实验的方式,指导幼儿将模糊的假设转化为具体可操作的步骤。幼儿通过制作简易火箭模型发射装置,观察并记录火箭升空的现象,从而验证自己的假设,形成对火箭升空原理的清晰理解。

最后,讨论规划与制订策略。在师生共同参与的讨论中,鼓励幼儿表达自己的想法和观点,倾听他人的意见,形成集体的智慧和创造力。通过讨论,不断优化探究计划,使其更加完善、可行。在整个课程实施过程中,教师注重引导幼儿参与集体讨论,如活动1-2中的儿童议事会,让幼儿在表达自己的想法和观点的同时,倾听他人的意见,形成集体的智慧和创造力,这种讨论优化了探究计划。在制订探究计划时,除了明确所需的工具、材料外,还要关注幼儿的年龄特点和认知水平,确保计划的适宜性和挑战性。同时,讨论并确定可能遇到的困难及应对策略,增强幼儿的问题解决能力和应变能力。在制订探究计划时,教师充分考虑幼儿的年龄特点和认知水平。例如,在活动2-4"我是火箭模型设计师"中,教师提供了丰富的材料和工具,确保计划的适宜性和挑战性。同时,在讨论中明确可能遇到的困难和应对策略,如"火箭模型发射失败"的原因及调整方法,增强了幼儿的问题解决能力和应变能力。

(3)寻访-Visit

"寻访"意在深化探究过程,激发幼儿创新思维,实地验证假设。

首先,在寻访前进行前期准备。在正式寻访前,教师应与幼儿一起回顾探究问题,引导幼儿基于已有假设提出更具体、更深入的疑问。这些疑问将成为他们实地寻访时的观察重点。例如,在大班游学访馆探究式课程"小小蚕宝,大大梦想"实施中,正式寻访西南大学前沿交叉学科研究院生物学研究中心前,教师与幼儿一起回顾前期探究中关于彩色蚕宝宝的相关知识,引导幼儿提出更具体、深入的疑问,如"彩色蚕宝宝是如何培育出来的?""不同颜色的蚕宝宝吐出的丝颜色是否也会不同?"等。然后设计预览。简要介绍即将访问的场馆,激发幼儿的兴趣和期待。同时,鼓励幼儿基于假设,预测在实地可能观察到的现象或发现的问题。例如,向幼儿简要介绍即将访问的学院环境、实验室和桑树资源圃等,激发他们对实地考察的兴趣。鼓励幼儿基于假设预测在学院可能观察到的现象,师幼共同准备参观问题清单。接着,提前与即将访问的场馆或机构进行沟通,确保他们对幼儿的来访有所准备。商讨活动细节,如参观路线、互动环节、安全注意事项等,以便活动能够顺利进行。此外,邀请场馆的专业人员参与互动环节,为幼儿提供准确、专业的指导。提前与"蚕宝宝饲养基地"进行沟通,确保他们对幼儿的来访有所准备。商讨参观路线,确保能观察到彩色蚕宝宝;安排互动环节,如在安全指导下让幼儿亲手触摸蚕宝宝、体验蚕丝的拉伸实验等。

随后进行实地考察与探究。第一,分组行动。根据探究问题和幼儿的兴趣特点,将幼儿分成小组,每组负责一个具体的观察或实验任务。如幼儿分组观察彩色蚕宝宝,感受研究中心与幼儿园不同的饲养环境和养殖过程。这有助于培养幼儿的团队合作精神和责任感。第二,观察记录。引导幼儿运用多种感官进行细致观察。如听工作人员讲解如何通过基因改变得到彩色蚕宝宝、实地观察彩色蚕宝宝、自主进行简单的实验操作。并鼓励他们使用图画、简单的文字、音视频等多种方式记录观察结果,教师、科学家、场馆工作人员可在一旁指导,帮助幼儿准确捕捉关键信息。第三,互动交流。在实地考察过程中,教师应安排与科学家、场馆专业人员的互动环节。通过提问、讨论等方式,让幼儿了解专业知识,进一步验证或修正自己的假设。同时,鼓励幼儿大胆表达自己的观点和发现,培养他们的自信心和表达能力。例如,在讲解结束后鼓励幼儿提问和与研究员交流,了解蚕桑文化的科学知识和应用价值。

进而进行后期整理与反思。回到幼儿园后,教师组织幼儿对实地寻访中收集到的资料进行汇总和整理。通过图片展示、故事讲述等形式,分享自己的参观感受和收获,或者鼓励与其他幼儿共同讨论,把感受最深的内容用绘画或文字记录下来。紧接着,教师引导幼儿基于实地观察的结果,对自己的假设进行验证。对于未经验证的假设,鼓励他们提出新的探究方向或实验设计。最后,组织幼儿进行反思总结活动,让他们回顾整个探究过程,思考自己在其中的收获和成长,以及可能存在的问题和不足。还可邀请场馆的专业人员参与总结会议,分享他们的观察和建议,进一步丰富幼儿的认知和经验。

(4)表征-Express

"表征"旨在促进幼儿多元表达,深化理解,提升沟通能力。

首先教师根据探究活动的主题和幼儿的兴趣点,鼓励幼儿采用多种形式的表征方式来分享他们的学习成果和体验。这不仅限于艺术作品或手工艺品,还可以包括但不限于以下几种形式:

口头报告:鼓励幼儿准备简短的口头报告,概述他们在寻访过程中的所见所闻、所学所得以及个人感悟。

书面报告:对于年龄稍大或有一定书写能力的幼儿,可以引导他们使用图文结合的方式撰写简单的书面报告或日记,记录探究过程、观察结果和个人感受。

角色扮演:通过角色扮演的方式,让幼儿重现寻访中的某个场景或实验过程,引导幼儿总结探究问题,并展示他们在寻访中发现的关键知识点或现象,巩固学习成果。

多媒体展示:利用现代科技手段,如制作PPT、短视频或用音频记录等,帮助幼儿展示他们的学习成果。

其次,组织幼儿进行分享交流活动,允许他们采用口头讲述、展示作品、表演等多种方式分享自己的参观过程和心得体会。在分享过程中,鼓励幼儿之间相互提问、交流意见,此时教师也应及时给予积极的反馈和建议。

最后,邀请家长参与分享会,为家长提供了解幼儿在游学访馆课程中成长和进步的机会。家长可以通过观看展示作品、聆听幼儿分享等方式,直观地感受到幼儿在学习过程中的变化和进步。通过家长的参与,能进一步巩固和扩展幼儿的学习成果。

例如,在寻访西南大学前沿交叉学科研究院生物学研究中心后,开展了以下延伸活动:

手工制作:回到幼儿园后,组织幼儿进行手工制作活动,如用彩色纸制作蚕宝宝模型,加深对彩色蚕宝宝的认识。

主题绘画:鼓励幼儿绘制研究所参观日记、画出他们心目中的彩色蚕宝宝,展示幼儿的创意和想象力。

科学小讲堂:邀请研究中心的科研人员到园开设一次关于家蚕和基因改变的小讲堂,进一步拓展探究。

亲子时间:鼓励幼儿与家长分享参观经历,邀请家长和幼儿共同阅读关于家蚕和基因改变的科普书籍并思考如何将所学应用于自己的学习和生活中。

(5)回顾-Review

"回顾"是为了总结经验,巩固知识,促进幼儿持续发展。

首先,引导反思。教师引导幼儿全面回顾整个探究与寻访过程,包括他们的观察、发现、思考以及解决问题的经历。通过开放式问题如"你在这次活动中最感兴趣的是什么?""你在解决某个问题时遇到了哪些困难,又是如何克服的?"等,激发幼儿的反思与自我总结。如在中班探究式课程"梦想的图书馆"中,图书馆改造完成后,教师带领幼儿参观新的图书馆,请各组幼儿代表分别讲述负责区域改造后的变化,引导幼儿直观感受图书馆的新面貌,通过对比改造前后的图书馆,回顾问题解决的过程。

其次,反馈评价。一方面坚持持续性评价。在整个回顾过程中,教师应持续关注幼儿的表现,采用档案袋记录、问卷调查、访谈等多种评价方式,对幼儿在理解问题、表征问题、解决问题以及监控与反思问题等方面的表现进行全面评价。这种持续性评价有助于教师及时了解幼儿的学习进展和存在的问题,为后续的教学提供支持。另一方面,将他评与自评结合。鼓励幼儿进行自我评价和同伴评价。通过自评,幼儿能更清晰地认识到自己的优势和不足;通过他评,幼儿能从不同角度获得反馈和建议,促进自我提升。教师应对幼儿的评价给予指导和支持,确保评价的客观性和公正性。在"梦想的图书馆"活动4-4"再次改造后,现在的图书馆怎么样?"中,幼儿分组深度探索体验图书馆的不同区域、完成不同的探索任务,用图画或简单的文字记录自己的发现,并分组分享自己的探索经历和发现。该活动结合了过程性评价、同伴评价及作品分析法,实现了多维度的评价反馈,全面、深入地反映了幼儿在图书馆探索活动中的表现与成长。

最终,深化问题。在回顾过程中,教师应适时引导幼儿提出新的问题或疑问。这些问题可以是对现有知识的进一步探究,也可以是对新领域的探索。通过提出新问题,幼儿能保持对学习的热情和好奇心,为下一轮探究活动的开展提供动力和方向。例如,在分组深度探索体验图书馆的不同区域后,幼儿通过小组分享发现了新的问题:有的小朋友没有办法很快找到自己喜欢的那一类图书,思考原因为图书太多没有分类,为了解决图书分类问题,开展了图书分类法的探索之旅。继而与幼儿一起讨论并规划后续的学习活动。教师可以根据幼儿的兴趣和需求,设计相关的探究主题和任务,鼓励幼儿继续深化学习。同时,教师也应关注幼儿的学习进度和发展水平,适时调整教学计划以满足幼儿的学习需求。例如,师幼共同绘制探究寻访西南大学中心图书馆的思维导图,为下次实地寻访活动做好了准备。

"游学访馆"探究式课程实施的过程中,幼儿历经提问激发好奇心、探究培养思维能力、寻访深化实践体验、表达提升沟通能力以及回顾促进自我反思的完整学习过程,不仅掌握了科学文化知识,更重要的是在家国情怀、求实创新与合作分享等方面取得了长足进步,为他们未来的学习与发展奠定了坚实的基础。

第三节 "游学访馆"探究式课程中教师的"五动"支持策略

在"游学访馆"探究式课程中,幼儿的高质量学习离不开教师的支持和引导。"游学访馆"探究式课程以"无边界的教育"为理念,逐渐模糊了课堂、园所和社会之间的界限。这一理念背后反映的是教育观念的深刻转变:从"知识是客观存在"逐步转向"知识是通过个人建构"的认知;从"学习是被动接受"转向"学习是主动构建"的理解。因此,基于"游学访馆"探究式课程的独特性以及幼儿在此过程中表现出的学习特征,教师结合认知信息加工理论、建构主义理论、情境认知理论和元认知理论,针对幼儿在"游学访馆"中的学习路径,从五个方面对幼儿的探究学习过程进行支持,提供恰当的鹰架式帮助,以促进他们的深度学习与全面发展。

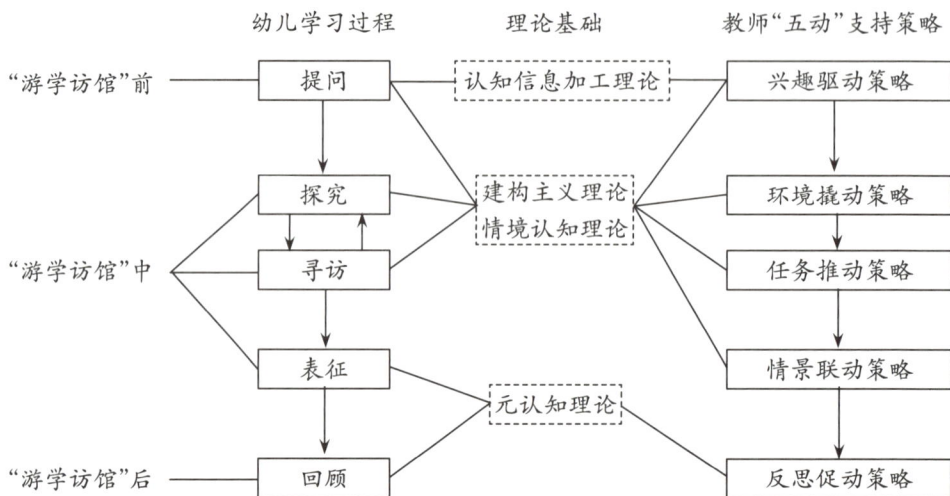

图3-3 "游学访馆"探究式课程中教师的支持策略

1.兴趣驱动策略:关注原有的兴趣与经验

在幼儿的学习过程中,"提问"是孩子探索世界的自然表现,也是他们认知发展中的重要环节。通过提问,孩子不仅表达了他们的好奇心,还在思维过程中打破固有认知,促使自己进行更深层次的探索。根据认知信息加工理论的观点,孩子通过注意力集中、信息编码、存储与提取来逐步构建对事物的理解。而在这个过程中,教师的兴趣驱动策略发挥了重要作用。教师通过观察孩子的兴趣点,设计与其相关的活动,引导孩子提出问题,并提供适时的支持,帮助他们将新信息与已有经验联系起来。通过这种兴趣驱动的方式,孩子不仅能在探究中主动思考,还能在教师的引导下更有效地加工和整合新知识。在中班的"游学访馆"探究式课程中,幼儿们对幼儿园的蓝花楹图书馆提出了一些问题:"为什么我们找不到想看的书?""为什么图书馆不太好玩?"老师通过组织儿童议事会,鼓励幼儿们提出这些与图书馆相关的实际问题。接着,教师设计了探访西南大学中心图书馆的活动,引导孩子们进一步思考并提出更多问题,例如图书分类的方法及如何让图书馆更加有趣。通过这个过程,孩子们不仅通过提问探索了图书馆的功能和问题,还在之后的讨论和探究中共同制订了解决方案,最终实现了对蓝花楹图书馆的改造。

注意力和联想力是提问的基础,而提问则是推动孩子从表层认知走向深度理解的重要途径。然而,由于幼儿大脑额叶发育尚未完全,他们的注意力往往呈现出不稳定的特征,容易受个人兴趣的影响。凡是引起幼儿兴趣的事物,往往能够迅速吸引他们的注意,而那些不感兴趣的事物则难以维持他们的注意力。其次,联想作为幼儿学习的基础,在学习过程中发挥着关键作用。联想使得幼儿能够将新知识与已有经验相联系,从而更好地理解和掌握新知识。因此,教师在设计和实施"游学访馆"探究式课程时,需要充分考虑幼儿的联想能力,鼓励他们通过联想来构建新的知识网络。

基于此,教师在"游学访馆"探究式课程中的首要支持策略是关注幼儿原有的兴趣和经验,找准学习的切入点。幼儿的原有兴趣和经验不仅影响他们的学习态度,还决定了他们的学习路径和效果。由于每个幼儿都拥有不同的学习需求和背景性认知结构,教师应当深入了解并利用这些差异,从幼儿的兴趣入手,以激发他们的好奇心。正如卢梭所言,好奇心在良好引导下,能够成为孩子寻求知识的强大动力。同时,经验是联想的前提,丰富的经验能够显著提升幼儿在"游学访馆"中的学习效果。因此,教师应通过多种方式丰富幼儿的经验,帮助他们在探究过程中展开联想,从而构建新的知识与理解。

具体步骤如下:

(1)多元方式倾听,协助幼儿表达

3~6岁幼儿在表达自己对主题的响应时,往往需要教师的协助。教师可以通过多种方式,全面了解幼儿的已有经验和兴趣。这些方式包括日常观察、个别询问、与家长交流、团体讨论、扮演游戏、绘画和建构作品等。

·日常观察:教师通过日常观察幼儿的行为和互动,可以捕捉到他们的兴趣点和已有经验,为后续的教学提供依据。

·个别询问:与幼儿进行个别交流,可以帮助教师了解每个幼儿对主题的独特见解和兴趣,便于因材施教。

·与家长交流:通过与家长沟通,教师能够获取幼儿在家庭中的兴趣和经验,从而更全面地理解幼儿的背景性认知结构。

·团体讨论:在小组讨论中,幼儿可以分享自己的想法和经验,这不仅促进了同伴之间的交流,也让教师能够观察到幼儿的群体互动和观点表达。

·扮演游戏:幼儿通过扮演游戏表现他们对主题的理解和兴趣,教师通过观察可以发现幼儿的已有经验和对角色的理解。

·绘画作品:绘画活动让幼儿将他们的想法和感受通过视觉艺术形式表达出来,教师可以通过作品了解幼儿对主题的理解深度。

·建构作品:幼儿在建构活动中展示他们的空间想象力和对主题的理解,教师通过观察建构过程和成果,能够进一步了解幼儿的已有经验和兴趣点。

在一次关于"蓝花楹图书馆"的探究课程中,教师通过日常观察发现孩子们对图书馆的结构和功能非常感兴趣。于是,教师组织了小组活动,鼓励孩子们设计蓝花楹图书馆的导视路牌。通过绘画与建构的方式,孩子们将图书馆内部的行径路线、书籍分类等问题直观地表现出来。这不仅帮助孩子们更好地理解了图书馆的运作,也为教师后续的教学设计提供了有价值的反馈。

(2)列出经验清单,记录幼儿经验

为了系统地记录幼儿的已有经验,教师可以将幼儿对主题的讨论和了解列成清单。将这些内容记录在纸上,不仅有助于教师全面把握幼儿的认知水平,也为后续的课程设计提供了重要参考。

在蓝花楹图书馆的改造过程中,教师引导幼儿通过观察图书馆的现有设施,并讨论他们在借书和还书过程中遇到的问题。通过实地观察和讨论,教师将幼儿们的意见记录在纸上,包括他们对书籍陈列的建议、借书还书标记的改进等。这些记录为后续的图书馆改造提供了宝贵的参考,使得课程设计更加贴合幼儿的实际需求。

(3)梳理经验网络,提取课程信息

通过绘制网络图,教师可以直观地呈现出已有经验和接下来要"游学访馆"探究问题之间的关系。事实上,梳理网络图是"提取信息"的过程,有助于幼儿将不同的知识点进行联结,形成结构化的认知。在"游学访馆"探究式课程中,经常使用气泡图、圆圈图、树状图等形式使"提取信息"的过程显性化。

在"蓝花楹图书馆"探究课程中,教师引导孩子们参观了西南大学中心图书馆,并鼓励他们通过绘制思维导图来整理自己的探访经历和发现。孩子们在导图中记录了他们对图书馆分区、图书分类方法的观察,以及他们希望如何改进自己幼儿园蓝花楹图书馆的想法。通过这种网络图的梳理方式,孩子们不仅加深了对图书馆功能的理解,还能系统地规划后续的图书馆改造步骤。这一过程帮助孩子们将零散的观察与思考转化为结构化的认知,并为后续的讨论和改造行动打下了坚实的基础。

2.材料撬动策略:设计探究的环境与材料

"游学访馆"探究式课程的创新之一在于对学习空间的突破,利用场馆的环境与材料优势让幼儿进行深度的探究学习,强调幼儿在过程中的活动性和体验感,幼儿在"游学访馆"中的活动与体验,既满足了幼儿学习的需求,又顺应了发展的天性。然而,幼儿虽一直在"游学访馆"中主动地探索和发现,但他们缺乏甄别高质量探究对象的能力,因此,为提高幼儿探究的价值,教师应为"游学访馆"设计适宜的材料与环境。

(1)打造探究环境的要求:幼儿能够多感官参与

人的感知是多维的,幼儿的多感官学习策略旨在让幼儿通过视觉、听觉、动觉和触觉等多种渠道进行学习。首先,越是多维整合,所整合的内容就越有深度。环境和材料提供的感官刺激越丰富,幼儿对世界的感知和理解也就越全面,幼儿能够更深入地理解学习内容。其次,多感官通道的学习方式适宜幼儿不同的学习风格偏好。不同的幼儿有不同的学习方式和学习风格偏好。教师在设计环境和材料的时候,应充分关照每一个幼儿的需求。

(2)设计探究材料的标准

层次性:层次性要求材料与幼儿年龄特点及以物代物水平相符。随着年龄的增长,材料由高结构向低结构转变。具体而言,小班使用实物或逼真的模拟物,如鲜艳的小碗、筷子等;中班适合与原型相似的材料,如小瓶盖和绳子做的听诊器、纸屑做的作料等;而大班则需要低结构的多功能材料,如积木、瓶子等。在幼儿园的"蓝花楹图书馆"探究活动中,教师为大班孩子们提供了各种低结构的材料,如积木、绳子、瓶子等,让他们自由选择材料来搭建他们心中的图书馆。每个小组根据他们的想法使用不同的材料设计了功能区域,有的使用积木搭建书架,有的用瓶盖和绳子制作读书角的装饰。这种开放的材料设计符合大班幼儿的年龄特点,促进了他们的创造力。

操作性:操作性要求材料能为幼儿提供动手机会。具有抽插、变形、折叠功能的物品往往更容易引起幼儿的兴趣,在反复摆弄的过程中,幼儿自然而然地对其原理产生好奇,并主动进行探究,继而获得相关的知识与概念。幼儿只有在实际操作中才能了解科学的真相,才会真正激发学习兴趣,提升动手能力。在制作"螺母拖车"的活动中,教师提供了各种螺母、螺栓和木板等材料,鼓励幼儿自行组装拖车。幼儿在操作过程中通过组装、调整轮子和底板,探讨了拖车的稳定性和承重能力。这样的操作性材料不仅提高了幼儿的动手能力,还让他们在实践中理解了简单机械原理。

动态性:材料应体现动态性。一成不变的材料难以长期维持幼儿的兴趣,替换的材料既可是幼儿感兴趣的新物体,也可是其他教学活动延伸的产物。在"图书馆的区域改造"活动中,教师根据幼儿提出的需求不断调整图书馆的设计材料。最初,孩子们使用积木和纸板搭建简单的书架模型,但随着项目的推进,教师为孩子们引入了新的材料,如彩纸、布料、胶水等,用于装饰和改造图书角。通过不断更新材料,幼儿的参与热情得到了维持,他们对材料的创造性使用也得到了充分激发。

3.任务推动策略:提供适宜的支架与任务

为解决"游学访馆"探究式课程中遇到的复杂问题,实现深层次的学习目标,幼儿需要理解和掌握更多包含复杂概念、深层知识在内的非良构性知识。但幼儿知识建构的实际能力却与"游学访馆"中深度学习所提出的要求存在一定的差距,此时,作为幼儿知识建构的支持者,教师应为幼儿提供适宜的支持,把复杂的问题加以分解,帮助幼儿逐步完成任务。

在这样的背景下,教师不仅需要理解幼儿在知识建构中面临的挑战,还需采取有效的教学策略来弥补幼儿当前能力与深度学习要求之间的差距。为此,合作教学成为关键方法。著名神经心理学家贾科莫·里佐拉蒂发现,人的大脑中存在一种特殊的神经元——镜像神经元,这种神经元的功能在于"追求与他人的一致性"。正因为如此,幼儿在一起朝夕相处时,由于语言和心理的相似性,更容易进行沟通与积极互动。这种互动为幼儿的学习和发展提供了重要的支持。团体动力学的观点进一步强化了这一点,认为班级是由相互联系的个体间关系构成的整体。在活动中,师生和同伴间的讨论等人际互动过程,对个体都会产生深刻的影响,进而推动幼儿的整体发展。随着幼儿进入中班阶段,伙伴关系变得更加重要。同伴之间的互动不仅成为幼儿重要的社会关系,还成为了有价值的教学资源。此时,教师应当充分利用这种资源,推动幼儿的学习和成长。

以下策略可供参考:

(1)设计具有挑战性的小组任务

小组合作学习的任务应有一定难度,问题应具备挑战性,以激发幼儿的探索和解决问题的能力。在"小小宇航员,浩瀚星辰梦"活动中,孩子们被要求设计自己的火箭模型,并模拟发射。这一任务不仅具有创造性,还要求孩子们结合科学知识,思考如何让火箭模型飞得更高或更稳定。通过这样的挑战性任务,孩子们在合作中不断探索解决问题的能力。

(2)合理分配集体教学与小组合作的时间

确保集体教学和小组合作学习的时间分配合理,以使幼儿既能从教师的指导中受益,又能通过小组合作进行深度学习。在设计并搭建火箭模型的过程中,教师首先通过集体教学引导幼儿理解火箭升空的基本原理,然后让孩子们分组进行实际操作。孩子们通过小组合作,集体讨论设计方案,再动手操作,通过这种合理的时间分配,孩子们在探究中学到了科学知识。

(3)强化幼儿的自主性学习

每个幼儿自主性学习的质量是合作学习效果的基础,教师应鼓励幼儿在小组合作中主动思考和参与。在"小小宇航员"项目中,每个孩子都有自己的任务,比如设计火箭模型的涂装或发射装置。通过自主完成任务,孩子们不仅提高了动手能力,还增强了他们的自主学习意识。

(4)维护小组讨论的民主性和超越性

小组研讨过程中,确保每个幼儿都有机会发表意见,并鼓励他们在讨论中提出新见解,提升合作学习的实效性。在"蓝花楹图书馆儿童议事会"项目中,教师确保每个幼儿都有机会发表意见,孩子们通过讨论提出了图书分类标识的创意方案,并在讨论中不断完善设计。这种民主讨论的过程帮助孩子们提升了合作学习的实效性 。

(5)引入适时竞争机制

在适当时机引入竞争机制,并结合激励性评价。通过表扬、奖励和竞争等方式,制造适度挑战,激发幼儿的学习动力,同时避免对幼儿造成过度压力。在"小小宇航员"项目中,教师引入了"星际启程仪式"模拟发射环节,鼓励各小组展示自己的火箭模型发射成果,并通过展示、记录和讨论,激发了孩子们的竞争意识,提升了他们的学习动力。

(6)促进小组成员间的相互帮助

鼓励幼儿在小组中相互帮助,分享所学知识和技能,使每个成员都能在合作中获益,并共同完成任务。在"拖车设计与制作"任务中,孩子们通过分工合作共同完成了拖车的组装和测试。每个小组成员互相帮助,通过实际操作解决了拖车稳定性问题,从而共同完成了任务。

(7)定期轮换小组成员

定期调整小组的成员组合,使幼儿有机会与不同的伙伴合作,从而提高他们的社交技能和适应能力。在"图书馆改造"活动中,教师定期轮换小组成员,让幼儿与不同伙伴合作,共同完成不同区域的改造任务。通过这种合作,他们提高了社交技能和适应能力,并在每个小组中都能有所收获。

(8)明确小组合作的目标与分工

确保每个小组有明确的学习目标和清晰的分工,避免任务重叠或责任不明,从而提高合作效率。在"图书馆标识设计"活动中,教师为每个小组明确了设计目标和具体分工,如设计标志风格、颜色搭配等,孩子们通过分工合作高效完成了标识设计,提升了合作效率。

(9)提供多样化的学习资源

为小组合作提供丰富且多样化的学习资源,使幼儿能够根据自己的需求和兴趣进行探索和学习。在"火箭设计"活动中,教师为每个小组提供了丰富的资源,如纸板、吸管、塑料瓶等,鼓励幼儿根据需要选择不同材料进行设计和搭建,激发了他们的创造力。

（10）进行反思性评价与反馈

在合作学习结束后,教师应引导幼儿进行反思性评价,回顾学习过程中的成功与不足,并提供具体的反馈,以促进他们的持续改进。幼儿通过在"拖车设计与测试"活动中的观察,记录下优点和问题,并在讨论中提出改进方案。这一反思性评价过程让他们在实践中不断改进设计,取得更好的成果。

4.情境联动策略:创设真实的问题与情境

情境认知理论认为学习具有情境性,学习者通过参与真实情景中的活动并用所获得的知识来解决实际问题,才能建构知识意义并真正掌握这些知识。"游学访馆"中的学习不仅要求幼儿在活动中建构和转化知识,更要求幼儿将习得的知识和技能有效迁移应用到真实生活中,解决现实存在的复杂问题。可见,情境理论所提倡的真实化学习情境,对幼儿在"游学访馆"中的学习具有重要指导意义。情境认知理论提出了迁移的情境问题,迁移理论对迁移的内容和方式进行了解释。帕金斯和所罗门提出迁移具有低路迁移与高路迁移两种迁移机制,其中,低路迁移指在与最初的学习情境存在知觉上类似的情境中自动激活得到良好联系的常规性技能,高路迁移指有意识地将知识或技能从一种情境中抽象出来以便应用于另一种情境中。

因此,为实现幼儿的知识或技能在"游学访馆"探究式课程与现实生活中的双向迁移应用,教师应为幼儿创设真实的、多样的、适宜的问题和情境。例如,在中班幼儿参观了西南大学的水稻实验基地后,教师将他们的学习延续到幼儿园的真实环境中。回到幼儿园后,孩子们在教师的指导下,开垦了一块"小水田",并亲自参与了水稻的播种、灌溉和收成等一系列活动。在这一过程中,幼儿不仅复现了在实验基地中学到的知识,还在实际操作中遇到了如何控制水量、应对杂草等问题,并通过团队合作和教师的引导找到了解决方法。这种体验式的学习活动,充分体现了高路迁移的特点——幼儿将参观中学到的抽象知识和技能应用于实际的情境中,从而实现了知识的有效迁移和深度理解。这一例子生动地证明了在"游学访馆"探究式课程中,为幼儿创设真实、多样的学习情境,能够有效促进他们将所学知识和技能迁移应用到现实生活中,从而更好地解决复杂问题。

在深入探讨"游学访馆"探究过程中如何为幼儿创设真实的问题与情境之前,我们必须认识到,教师在这一过程中扮演着关键的角色。为了确保幼儿能够有效地将所学知识和技能迁移到现实生活中,教师需要精心设计和引导学习活动,既要提供适度的挑战以激发幼儿的潜能,又要给予足够的支持与等待,让每个孩子都能在自己的节奏中完成学习任务。

策略一:通过有效提问来引发幼儿对问题的怀疑和思考

在"游学访馆"探究过程中,教师的提问不仅是活动的引导线索,更是激发幼儿好奇心和探究欲望的重要工具。好的提问可以促使幼儿对当前情境中的问题产生怀疑,并激励他们深入思考和探究。因此,教师应根据活动的具体情境和幼儿的发展水平,设计具有启发性的问题。这些问题既要紧密联系幼儿的已有经验,又要符合他们的思维方式,使他们能够在真实的情境中不断拓展思维、深化理解,最终实现知识的有效建构与迁移。

在"禾下乘凉梦"项目中,教师通过提问来引导孩子们思考与水稻种植相关的问题。教师提出"我们播种时,如何知道土壤是不是适合水稻生长?"这一问题促使孩子们对种植条件产生怀疑,并激发了他们对科学知识的探索兴趣。通过讨论和实验,孩子们逐步了解到土壤湿度、阳光等因素对水稻生长的影响。这种有效的提问不仅帮助孩子们深入思考水稻种植的条件,还促使他们通过实际操作进一步验证所学知识。

策略二:通过活动将学习与幼儿的个人经验相联结

皮亚杰的发生认识论强调,活动是幼儿认知发展的核心途径。他主张在教学中采用活动的方法,以帮助幼儿将学习内容与真实生活紧密联结。在"游学访馆"探究式课程中,活动不仅是幼儿建构知识的重要方式,更是他们将所学知识应用于实际生活的桥梁。通过精心设计的活动,幼儿可以将已有的个人经验与新的学习内容相结合,在实践中进一步拓展和深化理解。这种将学习活动化的过程,不仅使幼儿获得了知识的迁移能力,还帮助他们在不断地联结与延伸中提升解决问题的能力,真正实现知识的内化与应用。

在"小小蚕宝,大大梦想"项目中,孩子们通过观察蚕宝宝的生长过程,结合自己在家庭中照顾宠物的经验,设计了一系列保护蚕宝宝的措施,将他们的个人生活与课堂学习紧密结合。例如,一个孩子提出:"就像我照顾我的小猫一样,我们要确保蚕宝宝有足够的食物和安全的环境。"通过这一活动,孩子们不仅加深了对蚕的了解,还实现了知识与生活的联结。

策略三:通过适度挑战与等待,引导幼儿在问题情境中进行深入探究

在"游学访馆"探究式课程中,教师可以通过设计具有适度挑战的问题情境,将幼儿置于一种复杂且结构不良的情境中。这种情境鼓励幼儿以"研究者"的角色进行探索,使他们能够主动运用已有的知识和经验来分析问题并寻找解决方案。在这一过程中,适度的挑战不仅能够激发幼儿的探索欲望,还能帮助他们在应对困难时发散思维,解决问题。同时,教师应给予幼儿足够的时间和空间进行思考和尝试,耐心等待他们在自主探究中逐步形成理解问题的能力。通过这样的方式,幼儿不仅能够在真实情境中应用和拓展所学的知识,还能够通过反复实践和调整,进一步提升他们解决问题的能力,真正实现知识的内化与迁移。

在"小小宇航员"活动中,教师为孩子们设计了一个具有挑战性的问题情境:"如何让火箭模型发射得更远?"这个问题具有一定难度,需要孩子们综合运用他们对空气动力学的初步理解。在整个探索过程中,教师没有直接给出答案,而是鼓励孩子们通过不同的火箭模型设计进行实验,并耐心等待他们得出自己的结论。经过多次尝试和调整,孩子们最终发现了不同设计对火箭模型发射距离的影响。这一过程不仅增强了孩子们的探究能力,还让他们在挑战中学会了如何思考和解决问题。

5.反思促动策略:引领积极的评价与反思

有引导的自我评价与反思是促成"游学访馆"目标达成的有效途径,反映了幼儿对其学习活动中的注意与联想、活动与体验、建构与转化、迁移与应用等环节的认识、判断及调整等,体现了幼儿的元认知能力,即对认知的认知能力。因此,教师在"游学访馆"探究过程中引领幼儿进行积极的自我评价与反思,实质上也是在发展幼儿的元认知能力。

为提高幼儿在"游学访馆"中的自我评价能力,教师可采取以下支持策略:

策略一:引导幼儿进行正确的自我评价,以促进其元认知能力的发展。

在"游学访馆"探究过程中,幼儿的自我评价往往受到其认知水平的限制,因此教师需要通过引导帮助幼儿梳理思路,形成更加准确的自我评价。例如,在西南大学天文馆的"寻找我的星座"活动中,大班幼儿由于无法准确辨识星图,可能会对自己的问题解决能力产生过低的评价。此时,教师可以引导幼儿回顾和思考"我在遇到困难时,采取了哪些策略?做出了哪些努力?"通过这种引导,幼儿不仅能够认识到自己的努力和付出,还能逐步培养起正确的自我评价能力,从而进一步提升他们的元认知能力。这一过程不仅有助于提升幼儿在活动中的自我认知,还为他们未来的学习提供了重要的思维工具。

在"小小蚕宝,大大梦想"活动中,孩子们通过对蚕宝宝的观察记录,逐渐学会反思自己的观察和记录能力。教师通过提问"你觉得蚕宝宝今天的变化是怎么发生的?"引导幼儿回顾自己的观察内容,并让他们反思记录过程中的细节。通过这种方式,幼儿不仅学会了如何进行自我评价,还提升了他们对实验的理解和认识。这种自我评价的过程帮助孩子们发展了元认知能力,逐步掌握如何更准确地进行观察和记录。

策略二:引导幼儿开展客观的同伴评价,以促进自我认知的平衡发展。

幼儿在进行自我评价时,往往带有较强的主观情绪,可能会出现对自己评价过高或过低的情况。因此,教师在"游学访馆"探究过程中,可以通过组织同伴评价的活动来帮助幼儿更全面地理解自己与他人的表现。通过引导幼儿在相互评价中客观、公正地看待他人,幼儿不仅能够获得来自同伴不同视角的客观评价,还能反思自身表现的优势与不足。这种同伴间的反馈与评价,不仅有助于幼儿发展对自己和同伴之间相互的正确认识,还能进一步促进他们的元认知能力,使他们在今后的学习活动中更具反思性和自我调节能力。

在"禾下乘凉梦"活动中,教师引导孩子们在展示自己画作时相互进行评价。每个幼儿通过分享自己心中的水稻梦想,并对同伴的作品从颜色、形状、创意表现等方面进行客观评价。通过这样的评价,让幼儿学会了在欣赏他人的作品的同时反思自己的创作过程。这种互动不仅帮助幼儿更加客观地认识自己,还促进了他们的自我调节能力。

策略三:提供多元化的教师评价,以支持幼儿的自我认知与发展。

在"游学访馆"探究过程中,幼儿的自我评价常常依赖于教师的反馈和引导。为了更好地促进幼儿的元认知能力发展,教师应在深入了解幼儿个体差异和行为表现的基础上,及时地捕捉幼儿在探究过程中的闪光点。通过教师具体而有针对性的鼓励和肯定，不仅能够增强幼儿的自信心，还能引导他们正确认识自己的努力和进步。这种多元化的评价方式，不仅帮助幼儿在活动中获得积极反馈，还为他们提供了一个反思自身表现、调整学习策略的重要契机，从而进一步推动他们在“游学访馆”中的学习和成长。

在“小小宇航员”项目中，教师通过多样化的反馈方式帮助幼儿反思自己的表现。教师在每个小组完成火箭模型制作后，给予具体的评价，如“你们在发射过程中加入了更多的空气动力学设计，这是非常好的尝试。”这种有针对性的评价，不仅帮助孩子们明确了自己的进步，还增强了他们对火箭模型设计的理解。这种具体的评价方式，帮助幼儿在反思中改进自己的设计，进一步发展了他们的探究能力。

幼儿的自我评价是对自身学习能力“行不行”的判断，而对自身学习策略“对不对”的看法则体现在幼儿的反思上。

为提高幼儿“游学访馆”过程中的反思能力，教师可引导开展以下反思：

策略一：引导幼儿进行个人反思，提升其元认知能力。

在“游学访馆”探究过程中，教师可以通过提问的方式，引导幼儿回顾并反思他们的认知过程。例如，教师可以询问：“在活动时，你是怎么想的？你为什么会这么做呢？”这种提问不仅帮助幼儿梳理他们在活动中的思维过程，还促使他们对自己的行为进行深入的反思。此外，教师还可以鼓励幼儿思考其他可能的策略，例如：“如果再遇到这样的情况，我还能怎么做呢？”通过这样的引导，幼儿能够更加清晰地认识到自己的思维方式和决策过程，从而进一步提升他们的反思能力和解决问题的能力。这种自我反思不仅有助于幼儿理解和改进自己的学习策略，也有助于他们在未来的探究活动中更加自信和有效地运用这些策略。

在“小小宇航员”活动中，教师通过提问帮助孩子们反思他们的火箭模型设计过程。例如，在火箭模型发射后，教师问道：“你们觉得火箭模型发射时出了什么问题？为什么会这样？”这些问题引导孩子们思考他们的设计方案和操作过程，促使他们分析成功与失败的原因。通过这种个人反思，幼儿能逐步了解自己的思维方式和决策过程，进一步提升了他们的元认知能力。

策略二：组织幼儿进行集体反思，深化对学习策略的理解与改进。

在“游学访馆”探究过程中，集体反思是帮助幼儿互相启发、共同成长的重要方式。教师可以在角色扮演游戏或探究活动结束后，将所有参与活动的幼儿组成一个学习共同体，引导他们围绕游戏中遇到的问题展开讨论。例如，教师可以提出问题：“在游戏过程中，你们遇到了哪些挑战？你们是如何解决这些问题的？还有没有更好的方法？”通过这种集体反思，幼儿不仅能够从他人的经验中获得新的见解，还能够重新审视自己的决策过程。这种反思讨论不仅有助于幼儿集体智慧的激发，更能促使他们在未来的活动中不断改进和完善自己的学习策略，进一步提升他们的元认知能力与问题解决能力。

在"梦想的图书馆"改造项目中,教师组织了儿童议事会,孩子们集体讨论了在图书馆借书、还书过程中的问题。每个幼儿分享自己遇到的困难,并互相提出改进建议。通过这种集体反思与讨论,孩子们不仅从同伴的经验中获得了新的见解,还重新审视了自己的想法,改进了自己的设计方案。这种集体反思的方式帮助幼儿更加深入地理解问题,并通过融合集体智慧提升了解决问题的能力。

策略三:教师自我反思,优化教学策略与支持幼儿深度学习。

教师在引导幼儿进行自我评价与反思的过程中,自己的反思同样重要。教师应定期审视自己是否真正关注到了幼儿的兴趣与已有经验,并通过这些观察设计适宜的材料和环境,提供有效的支架与任务,创设富有挑战性的问题情境。同时,教师还应根据幼儿在"游学访馆"中的学习情况,不断调整和优化这些设计与策略,确保每个环节都能支持幼儿的深度学习与认知能力的发展。教师通过这种持续的反思,不仅能够更好地满足幼儿的学习需求,还能促进自身专业发展的提升,使教学过程更加有针对性和有效性。这种双重反思的过程,既是教师对幼儿元认知能力培养的支持,也是教师专业成长的重要途径。

在"小小蚕宝,大大梦想"项目中,教师通过持续观察和反思幼儿的探究过程,不断调整教学策略。在孩子们观察蚕宝宝的过程中,教师发现幼儿对蚕的变色现象表现出浓厚兴趣,于是及时调整活动设计,增加了对彩蚕宝宝的观察环节。这种教师自我反思的过程,不仅优化了教学内容,还帮助孩子们更好地深入探索他们感兴趣的现象,提升了活动的学习效果。

第四节 "游学访馆"探究式课程保障系统

为了保障"游学访馆"探究式课程的顺利进行,我们需要一个全面且有效的保障系统。"游学访馆"探究式课程保障体系主要由五个系统构成,各系统之间相互联系、相互影响,共同构成保障体系的整体框架。

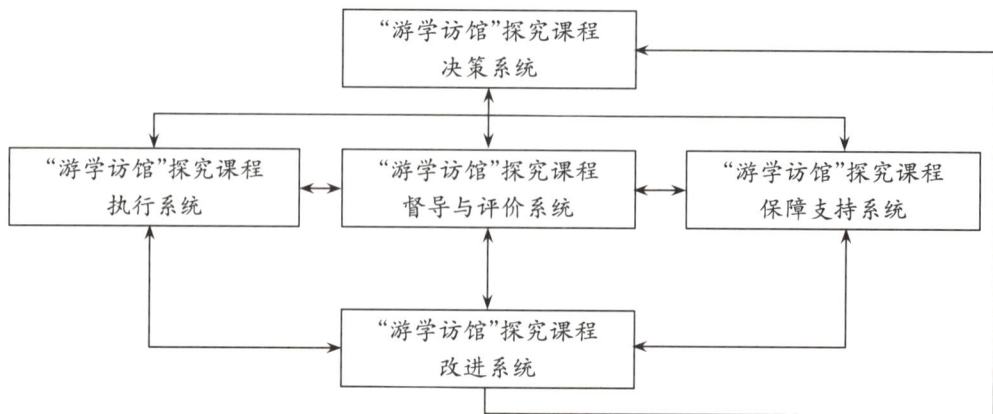

图3-4 "游学访馆"探究式课程保障系统

1."游学访馆"探究式课程决策系统

该系统由园长、副园长、保教副主任等负责,吸收热爱教育事业、关心课程质量、认同课程理念的教师参加。其主要任务是根据"游学访馆"培养目标及幼儿的身心发展特点,确定"游学访馆"探究式课程目标,制订有关"游学访馆"教育教学活动的决策性举措。虽然每个"游学访馆"探究式课程在教育目标、内容、实施方式以及评价体系上都具有独特的特点,但不能违背国家制定的教育目标。教育目标是评估"游学访馆"探究式课程质量的根本依据。

质量目标是构建"游学访馆"探究式课程标准的基础,课程内部的质量标准一般包括条件标准、领导与管理标准、课程与学习标准、教师标准、参与者发展标准、课程文化标准等方面。其中,条件标准是目前评估"游学访馆"探究式课程的重点,课程内容、参与者的学习方式等过程性因素是影响课程质量的核心。"游学访馆"探究式课程的质量目标应与国家教育目标的价值取向一致,即对幼儿实施体、智、德、美、劳全面发展的教育,促进其身心和谐发展。

在"小小蚕宝,大大梦想"项目中,决策团队依据幼儿的兴趣及课程培养目标,决定以养蚕为切入点,生成一系列活动,涵盖蚕的生活习性、蚕桑文化及手工制作。团队不仅考虑到了幼儿的身心发展特点,还通过吸收教师的意见,优化了活动内容,确保孩子们在探索中既能获得知识,又能锻炼动手能力。在"梦想的图书馆"项目中,园长和课程团队一起协调幼儿园与西南大学图书馆的合作,组织幼儿进行实地探访。在此过程中,团队细化了活动计划,明确了探访任务和分工,如通过采访图书馆管理员,让孩子们了解图书分类系统及图书管理方法。每个细节的设计,确保活动过程紧凑、有效,且符合幼儿的学习需求。在"禾下乘凉梦"项目中,团队特别注重过程性评估,通过观察幼儿在水稻种植过程中的表现,调整教学策略,确保课程目标的达成。孩子们亲身参与水稻种植、观察和记录,并通过定期的小组讨论分享各自的发现,课程团队据此优化了活动流程,确保孩子们在实践过程中获得深刻的学习与成长。

2."游学访馆"探究式课程执行系统

"游学访馆"探究式课程执行系统由副园长、场馆负责人和参与课程设计与实施的教师负责。其主要任务是督促教师贯彻和落实"游学访馆"探究式课程确定的质量管理目标,并将课程的教育目标进行分解,使之成为指导教师实践活动的主要依据。教师在这个过程中要充分考虑教育目标的全面性、连续性和一致性,坚持以幼儿的发展为核心取向。在具体课程活动实施过程中,要避免教育目标的技术化和机械化,注重培养幼儿的认知能力、情感发展、兴趣激发等多维度的综合素养。

在"游学访馆"探究式课程的执行过程中,场地选择和家校社支持是两个关键环节。首先,课程团队应根据课程内容和教育目标选择具有教育资源和文化背景的地方,确保场地安全且适宜幼儿的学习和探索。其次,家校社的支持对于课程的顺利实施至关重要。通过家长会和社区讲座等方式,使他们积极参与到课程的各个环节。社区资源的利用也能够丰富课程内容,提升幼儿的学习体验,为课程的成功实施提供有力保障。

在"游学访馆"探究式课程执行系统中,副园长、场馆负责人和教师共同负责,确保课程目标能够有效分解并贯彻落实。以下是课程执行系统中的三个关键环节,结合具体案例来说明如何运用这些系统。

在"小小蚕宝,大大梦想"项目中,课程团队细化了课程目标,将养蚕的内容分解为多个子任务,如观察蚕的生长过程、了解桑树的种植与管理等。通过分解目标,教师能够更加精准地指导幼儿的每一个活动环节,确保活动内容的全面性和连续性。例如,教师在观察蚕宝宝时,先引导幼儿观察蚕的身体变化,再让他们记录蚕的进食和活动情况,从而帮助幼儿在逐步地探究中达到课程目标。在"禾下乘凉梦"项目中,课程团队选择了幼儿园的"小水田"作为水稻种植场地。为了确保场地的适宜性,教师带领孩子们通过实地考察,评估了场地的大小、储水能力、光照条件等因素,最终确定了小水田是最理想的种植场地。通过产地考察,不仅确保了场地的安全和适用性,还增强了孩子们的实际操作能力和环境适应能力。在"梦想的图书馆"项目中,家校社的支持成为课程顺利开展的关键。课程团队通过家长会和社区讲座的方式,向家长介绍图书馆改造计划,并邀请家长和社区成员提供设计和施工方面的建议。家长不仅参与了实际的图书馆改造,还协助孩子们完成图书整理、分类等任务。这种家校社的联合支持,确保了课程的顺利推进,并为孩子们提供了更加丰富的学习资源。

3."游学访馆"探究式课程保障支持系统

幼儿园"游学访馆"探究式课程的保障支持系统由幼儿园的后勤部门及部分行政部门组成,包括财务室、保卫室、保健室等。该系统的主要任务是为"游学访馆"探究式课程的顺利实施提供全方位的支持与保障,确保课程在安全、稳定的环境下进行。具体来说,财务部门负责课程相关资金的管理与拨付,确保课程活动所需的资金及时到位;保卫室负责场地的安全保障,制订安全预案,确保师生的安全;保健室则负责课程期间卫生与健康的保障工作,提供必要的医疗支持和健康监测,他们的核心是对"游学访馆"探究课程的安全进行保障。

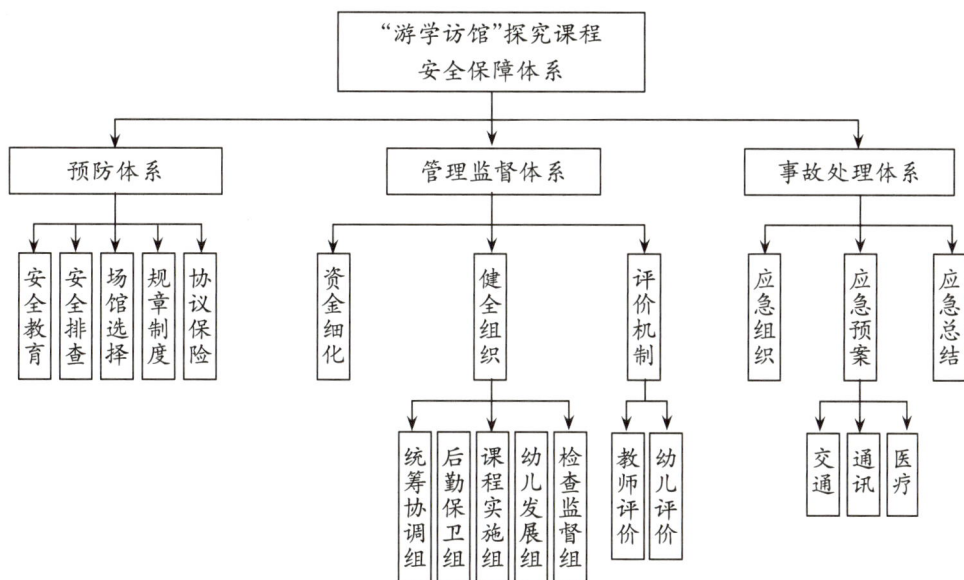

图 3-5 “游学访馆”探究式课程安全保障体系

　　“游学访馆”探究式课程的安全保障体系由预防体系、管理监督体系和事故处理体系三部分组成。预防体系通过安全教育、安全排查、场馆选择等措施来防范潜在风险；管理监督体系则通过资金细化、健全组织、评价机制来确保课程的安全性和持续性；事故处理体系通过应急组织、应急预案和应急总结来应对突发事件，确保在紧急情况下能够迅速有效地处理问题，从而保障课程的顺利进行和参与者的安全。

　　在“小小宇航员”项目中，财务部门的作用尤为显著。通过及时、透明的管理和拨付资金，该部门确保了所有所需材料和设备的采购得以顺利完成，使得课程能够按计划推进。在“梦想的图书馆”项目中，保卫室发挥了关键作用。他们不仅确保了场地的安全，还制订了详尽的安全预案，包括突发事件的应对措施，确保师生安全。虽然这种系统化的安全保障体系提升了家长和社区的信任，但同时对保卫部门的专业性和应急处理能力提出了更高要求，需要定期的培训和演练。在“禾下乘凉梦”活动中，保健室通过对参与幼儿进行健康监测和必要的医疗支持，保证了活动的顺利进行。尤其是在户外活动中，保健室的存在提供了必要的急救措施和健康建议，这对于防范和处理突发的健康问题极为重要。

4.“游学访馆”探究式课程改进系统

　　该系统由课程主管或课程协调员负责，执行主体为全体参与“游学访馆”探究式课程的教师和教育工作者。其主要任务是搜集课堂内外不同利益相关者的信息，如教师、家长、社区等，整理好信息并反馈给上述各个系统。其中，信息的畅通、客观性以及各系统间的紧密合作与沟通是保障课程质量稳步提升的必要条件，可以为“游学访馆”探究式课程的科学决策提供重要基础和参考依据。

此外,"游学访馆"探究式课程改进系统在资源协调方面也发挥着重要作用。通过有效的信息收集和反馈机制,课程团队能够及时了解不同场馆、社区资源的可用性和适配性,从而更好地协调和整合这些资源,以满足课程的实际需求。这种资源的优化配置不仅能够提高课程实施的效率,还能确保课程内容的丰富性和多样性,进一步提升幼儿的学习体验感和课程的整体质量。

在"小小宇航员"项目中,教师定期组织家长和幼儿进行反思分享会,通过家庭之间的互相参观和交流参加活动的心得,教师能够收集到关于火箭模型设计的反馈信息。这些反馈信息被汇总并应用于下一阶段的火箭模型改造任务中,帮助教师更好地指导幼儿如何优化火箭模型设计。通过持续的信息收集和反馈过程,课程得以不断改进。在"梦想的图书馆"项目中,课程团队通过与西南大学图书馆合作,收集了大量关于图书分类和管理的资源。通过收集并分析这些信息,团队对原有图书管理系统进行了改进,并在蓝花楹图书馆中实施了新的分类标识系统。这种资源的协调和整合提高了课程的丰富性,使幼儿不仅了解了图书管理的理论知识,还能通过实际操作进一步深化理解。在"禾下乘凉梦"项目中,教师根据幼儿在水稻种植过程中的操作表现,及时调整了课程内容。例如,在收割活动结束后,教师引导幼儿分享自己的感受,并提出了改进劳动工具的建议,这些反馈立即被采纳并准备应用于下一次活动中,以确保课程的连续性。

5."游学访馆"探究式课程督导与评价系统

"游学访馆"探究式课程质量督导与评价系统由教师和分管园长共同负责,再聘请一些责任心强、经验丰富的教育工作者,并邀请当地教育主管部门以及外部一些经验丰富的教育专家或教师参与。其主要任务是结合"游学访馆"探究式课程的质量管理目标,对课程活动的设计、内容、组织与实施等进行专业指导、评价和问题诊断,其中问题诊断是该系统的核心。具体应督促相关成员在观察和记录教师的课程实施情况以及理解参与者和家长对课程质量的看法的基础上,发现和分析课程质量存在的问题,并提出改进建议。

"游学访馆"探究式课程质量评价是以质量目标为标准的价值判断过程。为提高课程质量评价的科学性,必须对所要达成的目标进行分解,选择其中重要的、有代表性的项目组成评价的指标体系。探究课程的内部质量评价指标包括条件质量评价指标、过程质量评价指标和结果质量评价指标三个方面。结合"游学访馆"探究式课程发展的实际情况,条件质量指标和过程质量指标是关注的核心。探究课程质量评价指标体系的构建是一项专业性较强的工作,需要结合各地和课程的实际情况进行细化。具体来说:一方面,地方政府应高度重视探究课程的质量保障,为其提供良好的外部支持条件,如选拔和委派专业人员进行实地考察与指导;另一方面,课程设计团队应树立质量自律意识,以国家颁布的相关文件精神为指导,在借鉴国内外课程质量管理经验的基础上,结合自身的实际情况和学员发展特点,通过与当地高校和科研机构展开合作、聘请专家顾问等方式，构建适宜的探究课程内部质量评价指标体系来提高可操作性。

在"梦想的图书馆"项目中，课程设计初期，负责督导的教育专家对图书馆导视系统的设计提出了详细的指导建议，帮助教师在设计过程中充分考虑幼儿的认知特点和学习需求。例如，在导视标识的颜色和布局上，专家建议使用鲜艳的色彩和简单的图形，以便低年龄段的幼儿也能够轻松理解。通过专业的指导，课程设计更加符合幼儿的认知发展特点，增强了课程的实效性。在"小小宇航员"项目中，课程的执行过程中，督导团队定期进行观察和记录，针对课程实施的每个环节提出及时的反馈。例如，在火箭模型制作和发射的活动中，督导教师通过观察发现，部分幼儿在模型制作时存在情绪不高的问题。为此，他们建议在下一次课程中加强小组合作的指导，通过明确的分工引导幼儿更好地参与到集体活动中。在"禾下乘凉梦"项目中，督导团队对课程实施过程中发现的具体问题进行了深入分析。比如，教师在带领幼儿进行水稻种植时，幼儿的观察记录不够细致，导致他们在分享环节中无法准确描述水稻的生长变化。为此，督导团队建议教师在下次活动中增加更多观察记录的环节，指导幼儿更详细地记录水稻的生长过程，并通过图表呈现数据来提升幼儿的观察能力和记录能力。

"游学访馆"探究式课程保障系统由五大子系统有机整合，形成了一个环环相扣的整体架构。决策系统作为核心，负责制订课程目标和策略，并为其他系统提供方向指导。执行系统在此基础上，将决策具体化并付诸实践，与保障支持系统紧密配合，为课程的顺利开展提供全方位的支持。督导与评价系统则负责监督课程执行过程，及时发现问题和改进系统，并根据这些反馈不断优化课程设计，确保课程质量的持续提升。五大系统之间通过反馈与调整相互影响、协同运作，形成了一个动态的闭环，使整个保障体系具有连贯性和系统性，确保"游学访馆"探究式课程的有效实施。

第四章

让儿童的发展看得见——
"游学访馆"探究式课程评价探索

　　幼儿园课程评价体系作为幼儿教育质量保障的关键环节,其构建旨通过科学、系统的手段,全面且客观地衡量课程实施对幼儿全面发展的促进效果。该体系聚焦于幼儿成长的多维度框架,包括但不限于认知发展、情感培育、社交技能构建及运动能力提升,确保评价工作紧密围绕幼儿全面发展的核心理念展开。在当前教育改革的浪潮中,幼儿全面发展的有效评价已成为教育理论与实践探索的前沿议题。传统评价模式往往陷入知识本位与量化指标的桎梏,忽视了幼儿成长的动态过程与个性差异,难以全面反映其综合发展状态。因此,本章节聚焦于"游学访馆"这一创新探究式课程模式的评价策略,尝试通过理论创新与实践融合,探索出一套能够深刻揭示幼儿成长轨迹与全面发展的评价体系。

　　在"游学访馆"探究式课程评价进程中,我们秉承多元智能理论与建构主义学习观,采用质性评价相结合的复合式评价路径。这一模式不仅能关注幼儿个体在特定学习任务中的成就,更重视课程对幼儿群体整体发展潜力的激发与促进作用。通过幼儿作品中的可视化思维展示,直观洞察幼儿思维逻辑与创造力的演变,借助"马赛克里的秘密世界"等隐喻性手段,深入挖掘幼儿情感表达与社会认知的细腻变化,而"档案袋评价法"则作为个性化成长的忠实记录者,全面汇集了幼儿学习旅程中的点滴进步与独特风采。

> **第一节** 作品中的可视化思维:幼儿创造力与理解力的镜像 ·············

　　在"游学访馆"探究式课程中,鼓励幼儿通过创作各类作品来表达他们的所见所闻、所思所感。幼儿的作品,无论是绘画、摄影还是手工制品,都是幼儿内心世界和外部世界交互的桥梁,是幼儿思维可视化的重要载体。正如教育家杜威所强调的,艺术创作是幼儿认知和情感发展的直观体现。通过作品,幼儿能够将自己对世界的感知、理解和想象以独特的方式表达出来,这种表达过程本身就是一种学习和成长。通过对这些作品的分析和解读,教育者可以更准确地把握每个幼儿的独特学习路径和发展阶段。

1.借助作品分析法,捕捉童心点滴

在幼儿教育的探索之路上,我们始终致力于寻找那把能够解锁幼儿心灵秘密的钥匙。作品分析法,正如一把光芒四射的钥匙,引领我们深入幼儿的内心世界,捕捉那些稍纵即逝却又弥足珍贵的童心童趣。作品分析法,是通过对研究对象专门活动的作品进行定量和定性的分析,了解研究对象的心理活动,揭示作品背后隐藏的研究对象的行为、态度和价值观的一种办法。该方法有利于了解学生的认知水平、思维方式和学习习惯等。作品收集是表现儿童成就与努力过程的最佳方式。每个幼儿的作品都来源于对自身生活、游戏情境的真实感悟,作品中的差异汇集了成长的点滴印记,展现了幼儿认知、语言和表现力发展的线索。这一方法不仅基于对幼儿专项活动作品的系统分析,更蕴含了对幼儿全面发展轨迹的深刻洞察。

善用作品分析法,意味着我们要以一种全面而细致的眼光去审视幼儿的作品。这不仅仅是对作品完成度的简单评价,更是对作品背后幼儿思维过程、情感投入及创造力的深度挖掘。通过定量分析,我们可以直观地看到幼儿在特定技能上的进步与不足,而定性分析,则让我们得以窥见幼儿独特的思考方式、兴趣所在以及个性特征。

在这一过程中,教师应成为细心的观察者与敏感的解读者。要鼓励幼儿自由表达,无论是通过色彩的选择、形状的排列还是故事的构思,都是他们内心世界的直接反映。收集这些作品,就像是收集了一把把开启幼儿心灵之门的钥匙,帮助我们更好地理解他们的需求、激发他们的潜能,并为他们提供更加个性化和适宜的教育支持。

更重要的是,作品分析法还促进了家园共育的实现。家长通过孩子的作品,能够更直观地感受到孩子的成长与变化,从而加深亲子间的理解与沟通。家园双方基于对孩子作品的共同解读,可以携手为孩子营造一个更加和谐的学习环境。

2.倾听童"画","听"见创造力

幼儿的作品是用来"听"的,绘画是幼儿的一门语言,也是幼儿表达情绪的途径之一,成人不应浅表地直接用视觉判断,而是需要用心聆听。幼儿天性自由,思想尚未成熟,对世界充满好奇,他们的小脑袋里是天马行空的世界,但成人不同,成人有成熟的思维和逻辑,在现实社会的生存中,理性思考早已成为常态。因此,用成人的眼光去解读幼儿的作品,常常就是判断其画得像不像的问题,何谈"创造"。创造力是指根据一定的目的,运用已知信息,在独特、新颖且有价值的过程中表现出来的智能品质或能力。幼儿期恰恰是创造力萌芽的关

键阶段,幼儿的作品往往充满了天马行空的想象和创意。作品中的可视化思维鼓励幼儿用图像、色彩和形状来思考,这种方式对于他们的认知发展具有深远的意义,不仅能够促进幼儿观察力和想象力的提升,还能帮助幼儿更好地组织和表达自己的想法。

教师对于幼儿作品的可视化分析应先观察布局,布局是幼儿作品中最直观、最易于捕捉的要素之一,它反映了幼儿在创作时的整体构思和空间感知能力。观察布局时,教师应关注以下几个方面:

· 整体结构:注意作品的整体布局是否均衡、和谐,各元素之间的排列是否有序或呈现某种特定的模式。

· 空间利用:分析幼儿如何在二维平面上分配空间,包括元素的大小、位置以及它们之间的关系。

· 视觉焦点:识别作品中的视觉中心或主要元素,以及幼儿如何通过布局来引导观者的视线。

在观察了作品的布局之后,教师可以进一步深入分析幼儿作品的其他方面,以全面了解幼儿的发展状况。这些步骤包括:

· 色彩分析:色彩是幼儿作品中表达情感和氛围的重要手段。教师应关注幼儿使用的色彩种类、色彩搭配以及色彩的情感倾向,以了解幼儿的情感状态和审美偏好。

· 线条与形状:线条的流畅度、粗细以及形状的多样性都能反映幼儿的精细动作能力和创造力。通过分析这些元素,教师可以评估幼儿的手眼协调能力和对形状的认知水平。

· 主题与内容:了解幼儿作品所表达的主题和内容,有助于教师深入了解幼儿的兴趣点、生活经验和想象力。这要求教师具备敏锐的观察力和解读能力,以准确捕捉幼儿作品中的隐含信息。

· 创意与独特性:分析幼儿作品中的创意元素和独特之处,可以评估幼儿的创新思维和个性发展。教师应鼓励幼儿展现自己的独特视角和创意想法,以促进其个性和创造力的进一步发展。

一名中班幼儿在参观重庆自然博物馆后,对于馆藏的恐龙资源印象深刻,以此为题绘制了一幅作品。自然博物馆馆藏资源丰富,这位幼儿从小就是恐龙迷,对于众多恐龙骨架情有独钟,因此,他笔下的自然博物馆放大了恐龙形象,他告诉老师,在他心中,这就是一座"恐龙博物馆"。当幼儿尝试将自己的想法和感受通过作品呈现出来时,他们实际上是在进行一种自我探索和表达的过程,这对于他们的个性和社会性发展同样重要,不仅体现了幼儿的创造力,更是他们认知发展的重要标志。

图 4-1　儿童画　恐龙博物馆

　　一幅描绘游学访馆经历的绘画作品,不仅展示了幼儿的创造力,还反映了其对游学地点、活动及感受的理解和表达。中班的妮妮在跟老师和同伴一起参观了西南大学中心图书馆后,绘制了一幅设计图,将参观的所见所想转化为对幼儿园蓝花楹图书馆进行改造的想法。由此可见,教师应该高度重视幼儿作品中的可视化思维,将其视为激发幼儿创造力的宝贵资源。将欣赏、解读和支持幼儿的作品,作为深入了解幼儿发展路径的独特窗口,为幼儿提供更加丰富、多元的成长环境,激发他们的无限潜能,助力他们在未来的学习和生活中取得更大的成功。

图 4-2　儿童画　设计改造图书馆

画的象征意义不能用统一的标准来衡量,画的象征性可以很宽泛,但是其意义却因人而异,一幅画可能传达某种新信息,也可能在论证我们已知的某件事情。面对幼儿的纷繁画作,我们不能简单地与儿童的智能、情绪焦虑做出一一对应式,也不能理解为大脑简单"输出"的资料,而是要通过幼儿的绘画作品与幼儿"对话",透过幼儿的画作看到幼儿心灵深处,将作品与幼儿的生活背景联系起来加以分析,才能走进幼儿复杂的内心世界,真正理解一幅画的涵义。

3. 解读幼"言","理"解无限力

理解力是幼儿认知发展的重要组成部分,涉及幼儿对外部信息的接收、加工和解释能力。幼儿通过作品来反映他们对周围世界的观察和理解,这一过程有助于我们了解他们的认知发展水平。在环保主题的探究活动中,一名幼儿在参观了自然博物馆后,以蓝色、绿色、灰色为主色绘制了一幅看似抽象的涂鸦。幼儿向同伴介绍说这是他想象中没有"垃圾分类"的世界:本该是蓝色的海水变成了绿色,充斥着各种垃圾,角落里少得可怜的一点深蓝里挤着仅剩不多的海洋生物,一些海洋生物因为误食垃圾而受伤,让海水里混入点点鲜红,地面上的垃圾更是堆成了山。这幅作品展示了幼儿对色彩的独特运用,通过可视化思维将抽象的概念和想法转化为具体的图像和形状,还加入了自己对垃圾分类的理解。幼儿不仅理解了故事内容,还能对外部信息加工和解释,并将个人价值观融入其中,表达了对环保现状的批判和反思,促进了幼儿批判性思维和问题解决能力的发展,体现了理解力在幼儿认知发展中的重要作用。

图4-3　儿童画 没有"垃圾分类"的世界

尽管作品分析法在"游学访馆"探究式课程评价中展现出了显著的成效,它作为幼儿创造力与理解力的镜像,为教师了解幼儿、调整教学策略提供了丰富的信息,但在实施过程中也面临一些挑战。特别是在促进深度学习和全面理解方面,该方法可能受限于教师的解读能力和分析框架的完善度。若教师缺乏足够的敏感性和专业知识,可能难以准确捕捉到作品背后的深层含义和幼儿的个体差异,导致评价流于表面或失之偏颇。此外,过度强调作品分析可能忽视幼儿在创作过程中的及时反馈和互动需求,影响他们及时探索和表达的积极性。因此,教育者需不断提升自身的艺术素养和解读技巧,同时结合其他评价方法,如观察记录、幼儿自述等,以更全面、动态的视角理解幼儿的发展,确保场馆教育真正成为激发幼儿潜能、促进其全面发展的重要途径。

第二节 马赛克里的秘密世界:拼接幼儿成长的多元面貌

马赛克的美,是变幻无穷的,可素雅、可绚烂,可禅意、可趣味,以其碎片化的特点,象征着幼儿发展的多样性和复杂性。马赛克方法是由英国学者艾莉森·克拉克和彼得·莫斯提出的一种研究幼儿的方法。它将观察、访谈等传统研究方法与幼儿会议、幼儿摄影、幼儿园之旅、幼儿绘画等参与式工具结合使用,融合了多元方法、多重声音的研究方式,它把不同的视角结合到一起,充分激发幼儿自身观点的表达,以便和幼儿共同构建一幅有关幼儿世界的图景。研究者可以通过每一种方法获得幼儿不同角度的观念或看法,各种方法综合起来便可获得幼儿的完整看法。这种方法好比由一片片马赛克拼成的美丽图案,因此被称为"马赛克方法"。

在"游学访馆"课程评价探索中,教育者借鉴马赛克方法,将幼儿的每一次探索、每一次尝试都视为构成其成长画卷的一片独特碎片。通过收集、整理这些"碎片",如活动日志、同伴评价、自我反思等,教育者可以拼接出一幅反映幼儿全面发展状态的生动画卷,这种评价方式有助于揭示幼儿学习的多维度特征,使得其发展轨迹更加立体且易于观察。

马赛克方法建立在一种积极的、全纳的幼儿观的基础上,整个过程不仅帮助幼儿认识到自己的成长与变化,也为教育者提供了个性化的教学调整依据。

1.多维度收集信息

在"游学访馆"课程中,马赛克方法通过多种途径收集幼儿的信息,包括但不限于:

·观察记录:教育者在游学过程中仔细观察幼儿的行为、表情和互动情况,记录他们的学习状态和反应。

·幼儿访谈:在游学结束后,通过访谈了解幼儿对活动的感受、收获和困惑,获取他们的直接反馈。

·幼儿绘画与摄影:鼓励幼儿用绘画或摄影的方式记录游学中的所见所闻,通过作品表达他们的想法和感受。

·同伴评价:组织幼儿进行同伴评价,让他们相互分享学习经验,了解彼此的观点和看法。

2.综合分析幼儿发展

收集到的信息通过马赛克方法进行综合分析,形成对幼儿发展的全面评价。这包括:

·认知能力:通过分析幼儿的绘画、摄影作品和访谈内容,评估他们在认知方面的成长,如观察力、想象力和创造力等。

·情感态度:观察幼儿在游学过程中的情绪变化,结合访谈内容了解他们的兴趣、好奇心和积极性等情感态度的发展。

·社会技能:通过同伴评价和观察记录,评估幼儿在团队合作、沟通交流和社会适应等方面的能力。

3.制订个性化教学支持

基于马赛克方法的评价结果,教育者可以为幼儿制订个性化的教学支持计划。这包括:

·兴趣导向:根据幼儿在游学活动中表现出的兴趣点,设计相关的教学活动和学习资源,激发他们的学习动力。

·能力提升:针对幼儿在认知、情感和社会技能方面的发展需求,提供针对性的指导和支持,促进他们的全面发展。

·家园合作:通过与家长的沟通和交流,分享幼儿在游学活动中的表现和成长,共同制订适合幼儿需求的教育计划,形成家园共育的良好氛围。

以"小小蚕宝 大大梦想"主题中的游学活动——参观西南大学前沿交叉学科研究院生物学研究中心为例,马赛克方法的应用过程如下:

(1)活动前,探索共起航

出行前,教师与幼儿共同了解研学对象,西南大学前沿交叉学科研究院生物学研究中心成立于2018年8月,是遵照国家"双一流"建设总体要求,紧跟生命科学发展前沿,结合西南大学特色优势和发展需求,而成立的具有创新能力和开拓精神的研究机构。接下来向幼儿介绍游学活动的目的和内容,激发他们的参与热情。本次参观活动将通过实地参观了解蚕桑科研历程,了解彩色蚕宝宝的由来及家蚕基因改变的科学原理,增强科学探索兴趣;学习科研人员的工作方法和态度,勇于探索和提问,培养观察力和好奇心;增强对科学研究的认识和尊重,激发对生物科学的兴趣,师幼共同探索启航。

图4-4 科研中心

(2)活动中,捕捉"wow"时刻

游学访馆活动过程中,通过观察记录、幼儿绘画表征、摄影等方式收集信息。幼儿和老师共同使用相机捕捉参观科研中心时的惊喜瞬间,用画笔描绘出心中的科研工作者。在参观间隙多次组织小组讨论和同伴评价,让幼儿相互分享研学经验和解答疑问。

图4-5 "wow"时刻

（3）活动后，复盘促发展

教师对收集到的信息进行综合分析，形成对幼儿发展的全面评价。根据评价结果，教师为幼儿制订了个性化的教学支持计划，如组织幼儿对蚕的持续观察记录活动、开展亲子探究、小组合作绘制海报等，进一步激发幼儿对蚕桑科学的兴趣和好奇心，促进他们的全面发展。

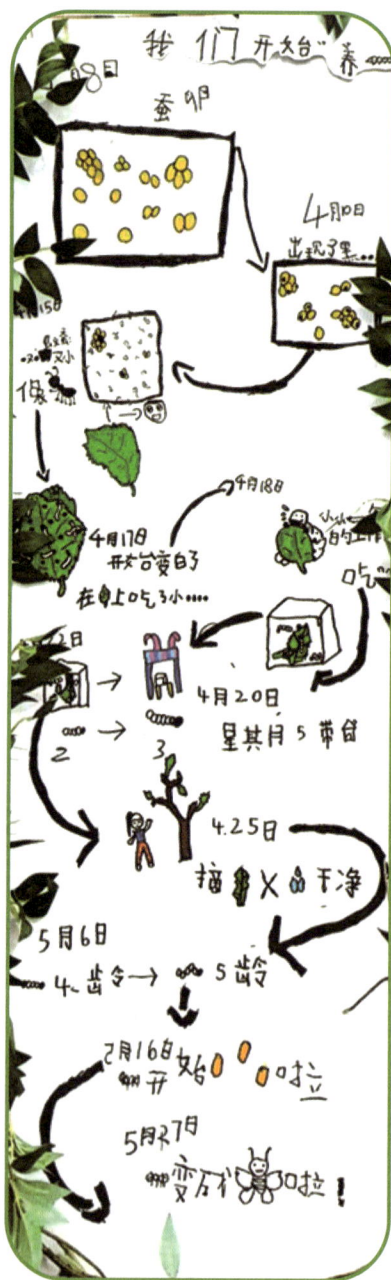

图4-6 观察记录

马赛克方法在"游学访馆"探究式课程评价中彰显出优势,它敏锐地洞察了幼儿的发展全貌,全方位、多层次地揭示了幼儿的发展状况,不仅有助于教育者全面、深入地了解幼儿,还为个性化教学提供了有力支持和明确方向。特别是在场馆教育情境下,该方法的应用潜力巨大,未来有望得到更广泛的推广。然而,实践过程中也面临一些挑战。如何高效整合并利用各种信息搜集工具,确保数据的准确性和时效性,成为教育者需要深思的问题。同时,马赛克方法的实施对教师的专业素养和时间管理能力提出了较高要求,教师需要在繁忙的教学活动中平衡好观察、记录、分析与反馈的环节。因此,教育者需在实践中不断优化策略,提升马赛克方法的应用效能,以克服这些挑战,并更好地服务于幼儿的全面发展。

第三节　档案袋里的个性飞扬:记录幼儿成长的独特轨迹

随着我国基础教育课程改革的深化,档案袋评价作为评价改革的重要成果之一,更是成为学前教育领域的热点话题。特别是自2001年《幼儿园教育指导纲要(试行)》颁布以来,其倡导承认和关注幼儿的个体差异,避免用划一的标准评价不同的幼儿。这一理念直接推动了幼儿成长档案袋评价的兴起与普及。

档案袋评价作为一种发展性评价工具,在"游学访馆"课程中发挥着重要作用。通过档案袋评价,幼儿可以展示自己的成长历程,反思学习过程中的得失,而教育者则可以通过档案袋真实、全面、动态地评价幼儿,并依据这些丰富的个性化信息,优化教育决策与教育行为,为每位幼儿提供更加精准化与个性化的成长支持。正如档案袋评价(Portfolio Assessment)理念的先驱所强调的,档案袋评价不仅为幼儿搭建了自我展示与成长反思的平台,也为家长和教育者开启了一扇深入洞察幼儿内心世界、携手促进其全面发展的窗户。

档案袋不仅是每个幼儿独特学习旅程的编年史,还囊括了其学习成果、挑战与突破、兴趣火花的绽放及个人偏好的细腻描绘。深入触及幼儿的学习态度、情感深度及社会技能的培养,构建了全方位、多维度的成长镜像。

1.建立和使用档案袋评价的原则

(1)尊重性原则

尊重是了解幼儿的基础,也是开展档案袋评价的基础。只有教师、家长、幼儿园管理者做到对幼儿的充分尊重,才能更好地体现幼儿的主体地位。档案袋不应全由成人为幼儿建立或仅供教育者作为记录和了解幼儿发展使用,幼儿应全过程地参与档案袋的构建与应用。我们应尊重幼儿对档案袋建立的意见,尊重幼儿对自己的可视化作品放入档案袋的选择,尊重幼儿对参与游学访馆课程经历的独特表达方式,观察记录幼儿的言行与评价时保持客观,尊重与接纳幼儿对自我的认知与评价,也应尊重幼儿对档案袋的使用与分享意愿。

（2）成长导向原则

教育的目标是追求幼儿的适宜发展,档案袋应该反映一段时期内幼儿的发展变化,以积极的态度捕捉和展示发展的信息,让幼儿看到自己各方面能力的进步和取得的成就。在游学访馆课程实施的过程中,教师要具备发展的眼光,不断找寻幼儿的最近发展区,以各种方式和策略帮助他们建立发展目标,学习自我发展和主动发展。在建立成长档案袋的过程中,成人要随时发现和肯定幼儿的主动行为,不断丰富他们的积极情感体验,如:积极参与档案袋建立、认真整理资料、愿意向他人分享、自信大方介绍内容等。在课程探究的过程中,教师通过提问、讨论、访谈等方式与幼儿互动,支持他们不断发现自己的新本领,并用各种形式记录在档案之中,通过回顾、反思全面地看见自己,为自己能力的进步而感到骄傲和自豪。

（3）协同性原则

一是多元合作。虽然幼儿作为成长档案袋评价的重要主体之一,但由于孩子缺乏相关的经验和相应的组织能力,需要得到成人(包括教师和家长)的支持与协助,鹰架他们相关技能与能力的发展。合作发生在教师与幼儿之间、幼儿与同伴之间、幼儿与家长之间、幼儿与其他人员之间,与多方合作的经历也将促进幼儿社交能力的发展,尤其是合作能力的增强。二是全面协同。即合作的内容应该涉及成长档案袋评价的方方面面,并贯穿制作和使用的整个过程,包括共同讨论形成档案袋的内容标准,在制作过程中共同做记录,基于档案相互交流和分享等。

（4）个性化原则

每个孩子都是独立的、独特的个体,他们的成长档案也具有个性化的特征,展现的是每个鲜活生命的独特历程和精彩时刻,具有不可复制性。通过富有个性的档案袋记录,发现每个孩子当前的兴趣、擅长的技能、喜欢的学习方式及对学习的态度等,成为因材施教的基础。游学访馆课程的实施基于特定环境与资源中,源自孩子们的问题提出,给予孩子们足够的问题解决畅想空间,更是让孩子们有充分的机会去探究,课程从缘起到问题解决,再到回顾与反思都是极具个性化色彩的。坚持个性化的原则,就是在档案袋制作的过程中避免整齐划一、批量生产的做法,力求收集在档案袋里的每一件作品或材料都是充满个性又富有意义的。

2.多主体共同创建充满生命力的成长档案袋

成长档案袋里包含有很多与幼儿本身及学习、成长过程的相关信息,如进步与潜能、兴趣点、学习路径与成长途径,由幼儿、教师、家长共同收集相应的内容创建而成。

（1）来自幼儿的内容

一是幼儿的可视化作品,包括图画、前书写表征、主要作品的照片、填写的表格等,这些可视化作品可以是紧扣当前课程探究学习过程的内容，也可以是幼儿自主、自由创作的内容，甚至还可以是同伴、家长、教师等他人赠与的。二是幼儿自身的反思与评论，包括运用马赛克方法收集的幼儿对课程实施过程中的讨论、评价（包括同伴评价）等观点表达录音、录像、照片等。

（2）来自教师的内容

一是为幼儿成长制订的教育方案，包含适宜性发展目标和个性化分析与发展目标等。二是课程实施过程中的学习故事，以及教师对幼儿的开放式的观察、记录和评价等内容。三是与幼儿和家长的谈话等记录。

（3）来自家长的内容

一是幼儿及家庭的部分基本信息，包括家庭趣事，以及利用家庭资源、社会及环境资源等开展的个性化学习、游戏活动的记录（如参访场馆、郊游等）。二是幼儿在家里独自或与家长共同完成的作品，或与课程相关的学习内容的记录（如调查表、统计表、故事讲述、问题讨论记录等）。三是对幼儿档案里所呈现的内容的感受、评论，以及与幼儿、教师互动交流的内容。

在教师、幼儿、家长三方的密切合作中，能通过各种方式收集和记录幼儿成长中的第一手资料，它们是每个幼儿生活的真实写照，也是充满了个人情感和经验的宝贵资料，幼儿通过参与记录的过程，能够不断进行自我发现与自我认识，从而增强对自身生活和经历的拥有感与掌控感。若仅由教师、家长主导，幼儿被动地接受着他人对自己行为和想法的解读与猜测，那么，他们对于这样的档案资料是难以产生共鸣的。幼儿的参与让成长档案袋充满生命力，记录过程成为其主动思考与选择的契机，赋予了档案袋真正的价值。

3.全面彰显幼儿个性风采的档案袋

一份个性化的独特的幼儿成长档案袋，包括哪些内容呢？这些内容由谁来完成，又应该如何呈现呢？

（1）封面

与幼儿共同选用其偏好的方式设计档案袋封面，融入童趣元素以提升识别度。封面的设计充分尊重与体现幼儿的个性，可以贴上幼儿的照片或者使用他们的绘画作品，根据幼儿的能力，还可以写上自己的名字，以及运用个性化色彩、形状、卡通图案作为封面标识。尽管风格各异，但均精准反映儿童个性与选择，确保个人档案的易识别性。

（2）幼儿的基本信息

主要是与幼儿个人简介及个性特征、基本能力等相关的具体内容。这些内容可以让幼儿对自己的潜能、兴趣点等进行思考，主要由幼儿完成，教师或家长在幼儿需要时提供帮助。为了让幼儿的成长与发展显而易见，这部分内容应该每年填写1~2次。这些记录方式可以是书写,也可以是图画,还可以辅以照片、录像和录音来进行记录。这样,幼儿可以按照自己的意愿进行不同的表达。这部分内容在填写后,幼儿的个性特点、潜能和观点能较为清晰地呈现出来,可以帮助教师和家长更好地了解幼儿。

表4-1 成长档案内容一:幼儿基本信息

板块	内容	呈现方式或材料(不限于此)
这就是我	我的名字	
	我的班级	
	我的样子	照片
	我的生日	
	我的家人	照片/图画
	我的老师	照片/图画/名字
我的自画像	我眼里的自己	绘画(标注日期)
	我对自画像的评论	记录幼儿对自画像的表述或评论语言
我的爱好	我喜欢……	用绘画(或前书写表征)记录自己喜欢的食物、事物、喜欢做的事等
	我喜欢……	
	……	
我能做的事	我能自己做……	用绘画(或前书写表征)记录自己能独立完成的事情
	我能自己做……	
	……	
棒棒的身体	幼儿体质测查报告	体检册、体质测查报告册

(3)幼儿的学习与发展过程

在幼儿园的日常生活、游戏与学习等过程中,依据幼儿园总体教育目标与游学访馆探究式课程的推进,会产生很多值得记录的过程性材料。通过照片、文字、幼儿作品、谈话记录、观察评价记录等方式,呈现幼儿学习与发展的进程。这部分内容需要教师在教育实践过程中深度思考,并与幼儿、家长共同完成。可以使用活页的方式,以确保幼儿个性鲜明的精彩内容都能被收录进档案袋。

表4-2　成长档案内容二：幼儿的学习与发展过程

板块	内容	呈现方式或材料(不限于此)
游学访馆地图	我们的游学访馆地图	图画呈现完整资源地图
	我去过的场馆	标注并记录
我的探究活动	我的问题	绘画(标注日期)
	我的探索与尝试1	用绘画(或前书写)、录音、录像、照片等方式记录 探究活动概览图,以及记录表、统计表等过程性资料 教师用文字、录音、录像等方式记录与幼儿、家长的对话内容
	我的新问题	
	我的探索与尝试2	
	……	
	讨论与思考	
	……	
我的"嬉游"印记	嬉游护照	由幼儿园统一根据实际选择性活动定制
	我的嬉游美好时光	用绘画(或前书写表征)记录,教师可记录与幼儿的对话或访谈内容
	……	
观察记录	观察记录与评价1	由教师填写(可在完成观察记录后与幼儿共同交流,可以记录不同的人对观察描述的评价)
	观察记录与评价2	
	……	
我的亲子时光	家庭快乐时光	家长与幼儿共同用各种方式记录
	我们一起去过的场馆	

(4)回顾与期望

在成长档案袋里,应包含对幼儿某一时段里成长与发展的整体性描述。一般每学期或每学年度记录一次。这部分内容可以来自幼儿与同伴、教师与管理者以及家长。可以包含幼儿身体素质、情绪情感、兴趣爱好、能力等发展水平描述,也包含对探究学习与发展过程的回顾描述,这样就能让所有观察者总体了解这个幼儿的潜能和强项,让教师对自己的教育策略和行为进行反思,也能让幼儿获得具身成长的自信,许下对未来发展的期许。还可以收集家长对幼儿园在各个方面的意见和建议。

表4-3　成长档案内容三:回顾与期望

板块	内容	呈现方式或材料(不限于此)
成长感悟	我长大了	图画、前书写、照片、幼儿谈话内容录音、录像等
	我学会了做这些事	
	我还想学会做这些事	
	我最喜欢的场馆	
	我最喜欢的作品	
	我最喜欢的……	
	我的愿望……	
同伴寄语	同伴这样评论我的档案袋	图画、前书写、照片、幼儿谈话内容录音、录像等
教师寄语	成长与发展的整体描述	文字、照片等
	教师的话	
家长寄语	家长的话:宝贝你真棒	照片、文字等
	对孩子成长档案袋印象深刻的部分	
	对幼儿园未来教育活动的想法和建议	家长问卷分析报告
	对于家园合作的想法和建议	
	……	
园长寄语	像科学家一样成长	照片、文字等

　　档案袋评价通过多元化的内容展示、个性化的学习过程记录、情感与态度的真实反映、自我认同与自信心的建立等方式,让幼儿的个性在档案袋记录与评价过程中得以充分展现。

4.档案袋评价工作的实施策略

　　幼儿成长档案袋旨在全面记录幼儿的成长历程,为教育评估和个性化教学提供依据,其实施是一个系统而细致的过程,以下是主要步骤与流程:

（1）准备阶段

①明确目标

召开教师团队会议，共同讨论并确定建立幼儿成长档案袋的具体目标，然后教师与幼儿及其家长沟通，明确建立成长档案袋的目的和意义，如记录成长轨迹、评估发展水平、提升个性化教学质量、促进家园共育等。

②制订详细计划

设计档案袋构建的详细时间表，明确每个阶段（如开学初、学期中、学期末或游学访馆探究式课程开展前、中、后的不同时期）的具体任务和时间节点。包括资料收集、整理、分析、反馈及更新的各个阶段。

分配教师职责，如资料收集负责人、整理分析负责人、反馈沟通负责人等，并明确各自的职责范围和协作方式。

③选择档案袋类型与材料

根据实际需要，选择合适的档案袋类型，如文件夹式、活页式等，便于随时添加和整理。设计档案袋模板，包括封面、目录、幼儿观察与发展记录页等，确保统一性和规范性。同时可以准备必要的材料，如彩色文件袋、标签纸、彩色胶带等，用于装饰和标注档案袋。

（2）收集阶段

①日常观察与记录

教师在日常活动中，以及游学访馆探究式课程开展进程中，对幼儿进行细致的观察，捕捉幼儿在日常活动中的自然表现，记录他们的行为表现、情感态度价值观、问题的提出与解决、学习状态和进步情况等。

制订观察记录表格或工具，确保每位教师都能以一致的方式记录幼儿的行为和发展。观察记录表格或工具可以来自园所统一模板，也可以由教师根据游学访馆探究活动开展的需要进行调整或创新。

通过访谈、问卷调查、家长观察记录等方式，收集家长对幼儿在幼儿园以外表现的反馈，了解幼儿在家庭环境中的成长情况。

②多样化资料收集

除了教师观察记录外，积极收集幼儿作品、家长反馈、幼儿自评等多种来源的资料。

运用好技术手段，保留幼儿在活动中的照片、录音和视频等多媒体资料，作为成长档案袋的补充材料，丰富档案袋内容，呈现更加生动的幼儿成长轨迹。

（3）整理阶段

①系统化整理

对收集到的资料进行系统化整理，按照不同的分类标准（如领域、时间等）进行整理，确保档案袋内容的条理性和系统性。

确保每份资料都有清晰的标签和说明,如使用标签纸或目录页对档案袋内容进行标注,便于后续查阅和检索。

②记录与分析

运用一定的教育评估工具和方法,对幼儿的发展状况进行客观分析,结合幼儿的具体表现,撰写详细的分析报告,指出其发展特点、优势及潜在改进空间,为制订个性化教育计划提供依据。

③定期更新

建立档案袋定期更新的机制,确保档案袋内容的时效性和准确性。

鼓励家长和幼儿共同参与更新过程,增强他们的参与感和责任感。

(4)反馈与运用阶段

①妥善保存

将制作好的成长档案袋存放在安全、干燥、易于查找的地方,确保档案袋的完整性和安全性。定期对档案袋进行检查和维护,防止资料损坏或丢失。

②及时反馈

定期向幼儿及其家长提供反馈,查阅成长档案袋,让他们了解幼儿的成长情况和发展变化。鼓励幼儿参与反馈过程,培养他们的自我意识和自我反思能力。

③个性化教学调整

根据档案袋中的资料和信息,以及分析结果,调整和优化教育计划,制定个性化的教育计划和教学策略,促进幼儿的全面发展。

④多方运用

将成长档案袋作为家园沟通的重要桥梁,加强教师与家长之间的沟通和合作,促进家长对幼儿园教育工作的理解和支持。在教育评估、幼儿发展、课程优化等方面充分参考档案袋资料,为幼儿的未来发展提供有力支持。

通过以上步骤与流程的实施,幼儿成长档案袋能够全面、系统地记录幼儿成长的独特轨迹,要充分利用评价结果促进幼儿发展、注重隐私保护与信息安全以及持续优化与改进等方面的工作。这些措施的实施有助于深入地了解和支持幼儿的个性化发展,让幼儿在成长的道路上展现个性飞扬的活力。

5.档案袋评价的未来展望

在"游学访馆"探究式课程的深入实践中,档案袋评价将不断融入新技术与新理念,成为连接幼儿、教育者、家长乃至社会之间的桥梁。以下是对档案袋评价未来发展方向的几点展望:

（1）数字化档案袋的巧妙运用

随着信息技术的飞速发展,数字化档案袋将成为主流趋势。通过电子平台,可以上传幼儿的作品、照片、视频记录、语音等多种形式的资料,使档案袋内容更加丰富多元,易于保存与分享。家长和教育者可以随时随地访问档案袋,及时了解幼儿的学习进展,进行互动。

（2）个性化学习路径的定制

基于档案袋中的大量质性资料数据,教育者将能够运用适当的分析技术,精准识别每个幼儿的兴趣点以及亟待提升的领域,从而为他们量身定制个性化的学习计划和资源推荐。这种定制化的学习路径将极大地激发幼儿的学习动力,促进其潜能的充分发展。

（3）家园共育的深化

档案袋评价将成为家园共育的重要工具。家长可以通过档案袋了解孩子在园内的真实表现,与教师共同讨论孩子的成长策略。同时,家长也可以将孩子在家中的学习、生活情况记录在档案袋中,形成幼儿园与家庭的双向协同,推动幼儿个性化健康成长。

（4）社区资源的整合利用

在"游学访馆"的探究式课程实施背景下,档案袋评价鼓励幼儿走出幼儿园,探索社区资源。通过记录幼儿在博物馆、图书馆、科技馆等公共场所的学习经历与体验,档案袋将成为连接幼儿园与社区教育的纽带。教育者将更好地引导幼儿利用社区资源开展探究式学习,拓宽学习视野。

（5）反思与自我评估能力的培养

档案袋评价强调幼儿的主体性和参与性。未来,教育者将更加注重培养幼儿的反思与自我评估能力,引导他们定期回顾自己的学习与生活历程,分析成功与失败的原因,制订改进计划。这种能力的培养将使幼儿成为终身学习者,为他们未来的学习和生活奠定坚实的基础。

在深入实施档案袋评价的过程中,我们也需要不断反思其在促进场馆教育中的潜在问题。尽管档案袋评价能够全面记录幼儿在游学访馆课程中的学习历程和成长轨迹,但也可能存在资料收集不够全面、分析不够深入等问题,从而影响对幼儿场馆学习效果的准确评估。此外,如何确保档案袋评价在场馆教育中的持续性和有效性,避免形式主义和表面化,也是我们需要关注和解决的问题。因此,在实施档案袋评价时,我们需要不断优化评价方法和流程,加强教师、幼儿和家长之间的沟通与合作,确保评价能够真正促进幼儿在场馆教育中的全面发展。

总之,在幼儿教育的沃土上,每一个孩子都是一颗亟待发掘的璀璨宝石,他们的个性与潜能如同待放的花朵,需要适宜的环境与正确的引导方能绚烂绽放。"游学访馆"探究式课程中的档案袋评价,不仅为幼儿创造了一个更加多元、个性化的成长载体,更是对儿童个性化成长与发展的深刻诠释。通过档案袋评价,我们能够更加全面、深入地了解儿童的学习过程、情感态度及个性特征,为他们提供更加个性化的教育支持。未来,我们应继续深化对档案袋评价的研究与实践,不断探索更加科学、有效的评价方式和方法,加强与家长、社会的沟通与合作,为儿童的全面发展与个性成长创造更加有利的条件。

综上所述,幼儿园课程评价的专业化进程要求我们不断探索理论与实践的融合,创新对幼儿发展的评价方法,以更加全面、深入、细致的视角审视幼儿的发展过程。我们希望通过"游学访馆"探究式课程评价体系的实践探索,实现对幼儿成长路径的清晰描绘与精准把握,为幼儿教育质量的持续提升提供有力支撑。

具体
活动案例

案例1

中班"游学访馆"探究式课程：梦想的图书馆

幼儿园里设立了一个专属于孩子们的"蓝花楹图书馆"，色彩温馨、藏书丰富。在开展一段时期的活动后，图书馆变得越来越冷清。自主游戏时间里，很少有孩子会主动选择去图书馆。"我不喜欢去蓝花楹图书馆，想看的书太难找了""还书时，我总是找不到我的代书板插在哪儿，得花很多时间""在那儿只能一直看书，想休息一下都不行"……为了让图书馆里的活动重新富于乐趣，更适宜孩子的需求，大家决定按照"梦想中的样子"改造蓝花楹图书馆。

让每个人都能便捷地在图书馆近万册藏书中找到喜欢的书，并用自己喜欢的方式阅读，成为梦想的起点，孩子们在观察发现问题—分析形成原因—探访搜集资源—拟定行动计划—多次实践并调整计划—完成改造的过程中，以解决实际问题为目标，勾画梦想的蓝本，逐步让梦想成为现实，在不断的实践与反思中进行了一场蓝花楹图书馆升级改造记。

图书馆是阅读的载体、是知识的集合。在当今高度信息化的时代背景下，传统书籍阅读在电子阅读及碎片化阅读中却逐渐缺位。孩子们对图书馆的深度探访与行动探究，是对"阅读"内涵及其价值的拓展与完善。而通过改造图书馆，孩子们能够重新审视图书馆的功能与价值，重构自身与书籍的关系。其间，孩子们在"解决问题"的任务驱动下自主学习，通过批判性思考、创造性实践以及反复验证，在循环递进的过程中逐步实现梦想，在"有书的地方"建构对阅读新的认知和体验。

二、场馆资源介绍

（一）西南大学中心图书馆

西南大学中心图书馆（西大图书馆）位于西南大学校内，整体环境绿意盎然，静谧安逸。中心图书馆主建筑为16层高楼，建筑面积3.7万平方米，容纳阅览座位约2800个，另有近500个沙发、矮凳类座位。1至5楼为主要借阅区域，每一层均划分为A、B、C三个区域。6楼及以上楼层为功能空间和馆藏空间。中心图书馆作为西南大学图书馆系统主体，藏书以综合类文献资源为主，1至5楼馆藏书刊约80万册。

西南大学中心图书馆作为"图书馆"场域的优质范本，为儿童提供了主题寻访、场馆探究和调查活动的丰富资源与全面支持。科学完善的场馆建设为儿童提供了深入了解图书馆功能与价值的参考；场馆中科学的区域划分与丰富的阅读内容和形式相对应，为儿童了解多样的学习方式和阅读形态提供借鉴与启发；先进的图书管理方法与设备为儿童参与书籍借还等活动提供了清晰指引。同时，图书馆中的研究学者、管理人员、相关读者等构成的社会场域资源，不仅为儿童感知阅读价值、体验求知氛围提供了生动的参考样态，也为儿童开展寻访、调查等活动提供了有力支持。

西南大学中心图书馆外观

阅读区

珍贵文献阅览室

专题研究室

电子书阅读点

咖啡厅

朗读亭

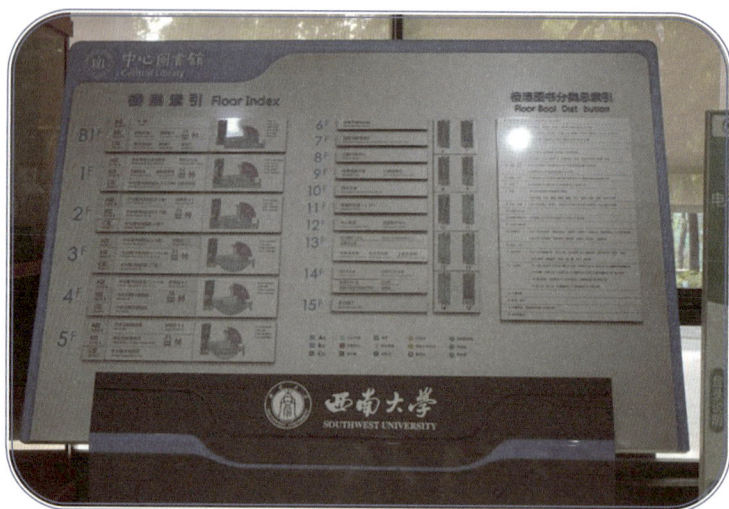

楼层导览牌

有台灯或隔断的阅读位置

还书箱

书报期刊架

借还书智能设备

(二)幼儿园蓝花楹图书馆

西南大学实验幼儿园蓝花楹图书馆成立于2014年,作为西南大学图书馆系统中的专业图书馆,以儿童阅读为核心,突出图书馆专业服务特色,由西南大学实验幼儿园与西南大学图书馆合作共建。蓝花楹图书馆位于西南大学实验幼儿园(南区)园内,目前有藏书4000余册,藏书种类多样,适宜于3~6岁儿童阅读。蓝花楹图书馆作为儿童阅读及开展相关活动的场所,配置有适宜于儿童使用的小书柜、矮沙发、儿童阅读桌椅、多媒体设备等。在蓝花楹图书馆开放期间,教师与儿童一同进行规范的图书管理及日常维护。图书馆开馆至今,已为8万余名儿童提供过阅读服务,深受孩子和老师们的喜爱。

图书馆区域图

三、课程目标

(1)知道图书馆的功能与价值,并能在改造中丰富其内容与形式;了解图书馆书籍管理的基本方法,并能灵活运用于蓝花楹图书馆的改造中。

(2)能根据图书馆的现有问题与需求,通过集体议事、探访资源、实地研讨等形式,分析问题、制订计划并调整改造项目;掌握绘制平面设计图的基本理念与方法,并能根据平面设计图进行工程规划与实施。

(3)能综合运用测量、估算、排序、比较等方法,并付诸蓝花楹图书馆改造的设计与实施中;能合理运用一些基本的劳动工具和简单的科技设备等资源解决改造中的问题。

(4)通过参与图书馆改造获得愉悦与满足的情感体验,进一步加深对阅读的喜爱;在活动研讨、行动探究和小组任务中勇于表达与尝试,能与同伴合作完成任务;在亲身实践梦想的过程中,不断提升胜任感和成就感。

四、课程概览

　　课程由儿童议事会收集并讨论原蓝花楹图书馆活动中的实际问题开始,师幼共同分析择选出两个亟待解决的方面——图书馆环境创设的优化问题,以及图书借阅及归还的管理问题。

　　为了解决"图书馆环境创设的问题",课程开始了第一阶段探究。孩子们希望获得更多的图书馆环境资源参考,由此,我们探访了西南大学中心图书馆,了解真实图书馆的环境设置及活动原貌。在探访后,孩子们整理归纳出蓝花楹图书馆环境中需要改造的具体事项,经历了以下的探究历程:第一,设计梦想中的蓝花楹图书馆环境。孩子们运用平面设计工作的理念及方法进行了实践尝试,形成了初步的设计图。第二,根据设计图实施改造工程。既包括验证设计的合理性(从空间布局与活动开展情况上审视并调整),也包括调整材料的适宜性(从材料运送方式到使用方法上进行讨论与调整)。这一阶段不仅增强了幼儿在团队合作、探究学习中的行动能力,也进一步激发了幼儿的情感投入与深度参与。孩子们通过对图书主题相关的歌曲、绘本的学习,进一步体会阅读与图书馆的联系,乐于求知、不断探究的精神也得以深化。

　　为了解决"图书的借阅及归还问题",课程实施迈入了第二阶段。首先,我们再次探访了西南大学中心图书馆,收集图书管理方面的资源。接着根据第一阶段的实施经验,团队合作机制继续沿用,大家对原有图书分类标识的设计与运用进行了改革,形成了蓝花楹图书馆新的图书管理方式。

　　在两个阶段的改造中,团体研讨活动作为课程开展中的重要推动节点,起着承上启下的联结作用。团体研讨活动以"常规+专项"的形式开展。常规团讨在每日开展,拟定"当日计划",明确执行事务;专项研讨则针对焦点问题开展实地研讨,形成"后续规划",辨析"下一步做什么? 怎么做?"等内容。

　　在两个阶段的改造完成后,我们将进行图书馆升级发布会。在制订发布会安排后,幼儿分组进行筹备,最终将升级改造完成的蓝花楹图书馆呈现给全园儿童。孩子们通过自主学习与探究,从"计划"到"实现",从"梦想"到"现实",从"游客"到"主人",完成了对梦想中图书馆的升级改造。

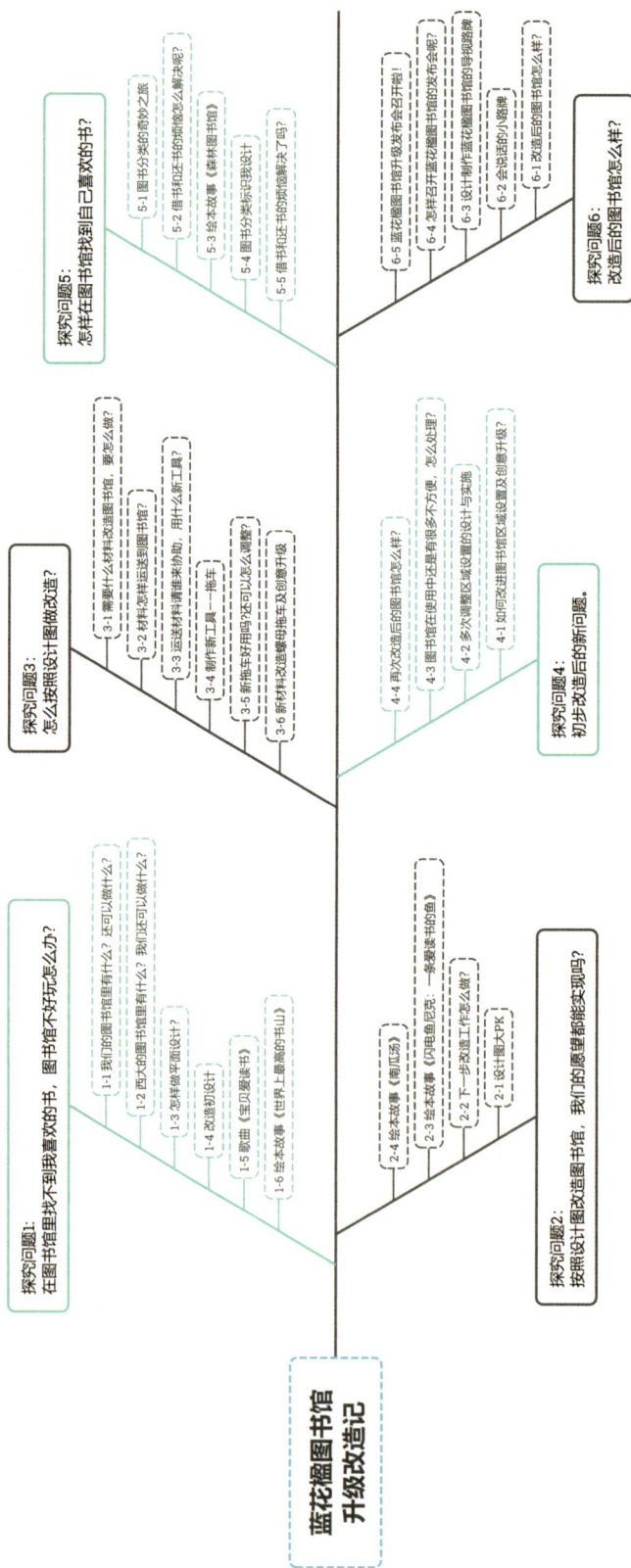

附图

蓝花楹图书馆升级改造记

探究问题1：在图书馆里找不到喜欢的书，图书馆不好玩怎么办？
- 1-1 我们的图书馆里有什么？还可以做什么？
- 1-2 西大的图书馆里有什么？我们还可以做什么？
- 1-3 怎样做平面设计？
- 1-4 改造初设计
- 1-5 歌曲《宝贝爱读书》
- 1-6 绘本故事《世界上最高的山》

探究问题2：按照设计图改造图书馆，我们的愿望都能实现吗？
- 2-4 绘本故事《南瓜汤》
- 2-3 绘本故事《闪电鱼尼克：一条爱读书的鱼》
- 2-2 下一步改造工作怎么做？
- 2-1 设计图大PK

探究问题3：怎么按照设计图做改造？
- 3-1 需要什么材料改造图书馆，要怎么做？
- 3-2 材料怎样运送到图书馆？
- 3-3 运送材料请谁来协助，用什么新工具？
- 3-4 制作新工具——拖车
- 3-5 新拖车好用吗？还可以怎么调整？
- 3-6 新材料改造螺母轮车及创意升级

探究问题4：初步改造后的新问题。
- 4-4 再次改造后的图书馆怎么样？
- 4-3 图书馆升级使用中还是有很多不方便，怎么处理？
- 4-2 多次调整区域设置的设计与实施
- 4-1 如何改进图书馆区域设置及创意升级

探究问题5：怎样在图书馆找到自己喜欢的书？
- 5-1 图书分类的奇妙之旅
- 5-2 借书和还书时你遇到怎么解决呢？
- 5-3 绘本故事《森林图书馆》
- 5-4 图书分类标识我认识了吗？
- 5-5 借书还书的烦恼临解决了？

探究问题6：改造后的图书馆怎么样？
- 6-5 蓝花楹图书馆升级开馆发布会会名开册！
- 6-4 怎样召开蓝花楹图书馆的发布会呢？
- 6-3 设计制作蓝花楹图书馆的导视和路牌
- 6-2 会说话的小路牌
- 6-1 改造后的图书馆怎么样？

附表

探究问题1	图书馆里找不到我喜欢的书,图书馆不好玩怎么办?
活动	1-1:我们的图书馆里有什么,还可以做什么? 1-2:西大的图书馆里有什么,我们还可以做什么? 1-3:怎样做平面设计? 1-4:改造初设计 1-5:歌曲《宝贝爱读书》 1-6:绘本故事:《世界上最高的书山》
探究问题2	按照设计图改造图书馆,我们的愿望都能实现吗?
活动	2-1:设计图大PK 2-2:下一步改造工作怎么做? 2-3:绘本故事《闪电鱼尼克:一条爱读书的鱼》 2-4:绘本故事《南瓜汤》
探究问题3	怎么按照设计图做改造?
活动	3-1:需要什么材料改造图书馆,要怎么做? 3-2:材料怎样运送到图书馆? 3-3:运送材料请谁来协助,用什么新工具? 3-4:制作新工具:拖车 3-5:新拖车好用吗?还可以怎么调整? 3-6:新材料改造螺母拖车及创意升级
探究问题4	初步改造后的新问题。
活动	4-1:如何改进图书馆区域设置及创意升级? 4-2:多次调整区域设置的设计与实施 4-3:图书馆在使用中还是有很多不方便,怎么处理? 4-4:再次改造后的图书馆怎么样?
探究问题5	怎样在图书馆找到自己喜欢的书?
活动	5-1:图书分类的奇妙之旅 5-2:借书和还书的烦恼怎么解决呢? 5-3:绘本故事《森林图书馆》 5-4:图书分类标识我设计 5-5:借书和还书的烦恼解决了吗?
探究问题6	改造后的图书馆怎么样?
活动	6-1:改造后的图书馆怎么样? 6-2:会说话的小路牌 6-3:设计制作蓝花楹图书馆的导视路牌 6-4:怎样召开蓝花楹图书馆的发布会呢? 6-5:蓝花楹图书馆升级发布会召开啦!

五、活动案例

探究问题1：图书馆里找不到我喜欢的书，图书馆里不好玩怎么办？

活动1-1：

我们的图书馆里有什么，还可以做什么？

（一）活动目标

（1）能运用分类思考的方法，有条理地梳理、明确图书馆目前的主要问题，归纳总结出需要改造的主要内容。

（2）知道团讨活动的目的与形式，能在活动中积极表达想法；能有逻辑地、观点明确地有序发言，愿意倾听和吸纳同伴建议，有良好的团体讨论机制。

（3）能运用图表等对商讨内容进行归纳记录，探寻图书馆存在的核心问题，并对应问题作出解决的规划。

（二）活动准备

（1）蓝花楹图书馆前期活动开展的图片或视频。

（2）收集整理全园幼儿对图书馆活动的意见和建议，用幼儿的绘画表征，或视频、录音等形式呈现。

（3）图书馆物资记录表、图书馆存在问题记录表、小组解决问题规划表。

（4）大白纸或黑板、彩色笔、便利贴等。

（三）活动过程

1. 集中研讨

我们的图书馆有什么？讨论辨析内容，用分类的方法将图书馆的环境及图书情况汇总为图书馆物资的记录，为明确图书馆的主要问题做准备。

（1）现场察看蓝花楹图书馆目前的环境及设施设备等，通过照片或视频回顾图书馆活动开展情况，激发幼儿参与讨论的愿望，将讨论的内容分类整理到图表中。

（2）现场观察研讨，了解现有的图书情况，为探寻与图书相关的问题做准备，将讨论的内容分类整理到图表中。

关键提问：

·图书馆有什么书？有多少书？

2.反思讨论

我们的图书馆有什么问题？根据大家对蓝花楹图书馆提出的意见和建议,整理问题及原因。

(1)按照不同素材的类型依次呈现大家对图书馆活动的意见及建议,并请提出该条建议的幼儿陈述自己的想法及提出的原因。

(2)互动研讨,通过因果思维的方法辨析图书馆目前的主要问题及产生原因。

关键提问：

·我们图书馆的×××是这样的,有什么问题,是什么原因造成的?

·我们可以怎样调整？这样做可以解决问题吗？

3.梳理记录

归纳明晰图书馆的主要问题及形成原因。

(1)展示讨论中记录所用的图表(思维导图或矩形图等),幼儿观察理解图表的填写形式及要求。

(2)教师将幼儿的讨论内容记录到图表中,幼儿进行补充,逐步找到共性问题,进行整体意见的梳理归纳。

(3)观察已记录完成的图书馆存在问题记录表,明确图书馆需要解决的问题,主要关注环境和图书管理两个方面。

4.分组讨论

讨论解决图书馆现有问题的办法,并就"我们还可以在图书馆做什么?"的想法进行讨论,形成解决问题及新活动丰富的初步规划。

(1)自主分组进行讨论,对前面梳理出的主要问题协商解决办法,并讨论对新活动的想法,在表格上进行记录。

(2)小组间自由分享交流,并从其他组的想法中获得启发,调整本组内容。

(3)在展示板上完整展示各组对于问题解决的规划,幼儿结合图书馆物资记录表、图书馆存在问题记录表的内容,讨论本组的想法,再次调整并完善规划。

5.小结各组的规划内容,初步合并同类项;发出任务邀请,自主报名参与,完成整理各小组规划内容的任务。

(四)活动延伸

设置图书馆改造工作的固定区域,将图书馆物资记录表、图书馆存在问题记录表展示在该区域中,参与规划整理任务的幼儿,通过小组合作研讨完成梳理,并进行整体规划的记录,整理成改造规划表展示到图书馆改造工作区。

活动1-2：

西大的图书馆里有什么，我们还可以做什么？

（一）活动目标

（1）能根据需求制订探访计划，有明确的探访目标和分工。

（2）能运用多种方法完成探访任务，并合理记录、收集相关资料。

（3）能根据探访结果，对改造图书馆的规划做出调整并完善。

（二）活动准备

（1）西大图书馆的相关资料，包括楼层平面图、图书分类标准等。

（2）幼儿实地探访中所需的表格及其他工具。

（3）外出探访的交通、安全、人员支持等保障。

（三）活动过程

1.回顾讨论

回顾图书馆改造的初步规划内容，讨论不足与疑惑，梳理需要获得支持的相关内容。

2.拟定计划

通过图片和视频等资料，了解西大图书馆的基本情况。拟定探访计划。

（1）围绕中心问题进行集中研讨，明确探访的需求及目的，通过思维导图或图表的形式进行记录。

关键提问：

·西大图书馆里有什么，我们还可以做什么？

·这个想法是改造环境还是丰富活动的建议？

（2）根据思维导图中呈现的探访需求和目的，拟定探访的具体安排。其中包括探访需要解决的问题，解决的途径，收集资料的方法等。

关键提问：

·为了解决相关的问题，我们可以在探访中做什么？怎么做？

·可以用什么方法采访？采访谁，为什么？

·采访中向他提出什么样的问题？

·他的回答需要记录下来吗？怎么记录？

·可以用什么方法记录下我们探访中收集到的资料？

（3）集中讨论完成计划的方法，估算探访中任务的完成时长及难度大小，引导做人员分工,并将整体探访计划中的个别部分调整为小组探访任务。

(4)按照个人探访意愿进行分组,各小组研讨完善探访任务的安排。重点讨论探访的方法,如观察、采访、询问等;小组间交流探访任务的安排,对照整体探访计划进行核验,确保每个探访需求都能做对应的任务安排。

3.图书馆实地探访

按照小组任务分工,各自完成实地探访,并对探访中的资料进行整理收集。

4.采访后集中研讨

通过沟通反馈各小组探访任务的完成情况,将收集到的资料做展示与交流。

(四)延伸活动

根据探访各小组的反馈将相关思考完善到整体改造规划中,调整改造规划表。

活动1-3:

怎样做平面设计?

(一)活动目标

(1)认识平面示意图,知道平面示意图由图例、设施设备、道路图形等要素组成。

(2)能够通过观察学习、讨论交流,在实际操作中采用大小、形状合适的平面图形或符号来表征物品。

(3)体会使用图形空间知识解决生活实际问题的快乐,体验设计平面示意图的成就感。

(二)活动准备

(1)在上次参观探访西大图书馆的过程中,发现有许多用于索引、查找图书和指路的图示、路标等。

(2)准备西大图书馆一楼的平面示意图,记录纸、绘画纸、水彩笔等。

(三)活动过程

1.情境导入

呈现一个"小班弟弟妹妹刚入幼儿园,不熟悉班级教室的布局,我们如何帮助他们在班级中顺利适应生活与学习?"的问题情境,激发幼儿讨论热情和探究兴趣。

关键提问:

·在西大图书馆里是怎样准确去到我们想要去的区域,还不迷路的?

（1）出示西大图书馆一楼的平面示意图。

（2）引导幼儿观察认识平面示意图中的物品、建筑和图例等要素。

（3）进一步总结示意图中图形和实际物品的空间表征关系，包括图形的类别、大小与其对应物品之间的邻近、分离、次序、包围等空间关系。

2.图纸设计

在西大图书馆平面示意图的启发下，鼓励幼儿尝试设计简单的班级平面示意图。

（1）引导幼儿进行实地体验和观察，统计、分析班级内物品空间布局。

（2）组织幼儿交流讨论，使用合适的形状、符号来表征班级中的物品、建筑等。

（3）尝试分组绘制班级平面示意图。

第一次绘制，遇到了画面大小比例不对、物品表征所选取的形状不具备典型性、物品的空间位置错误、物品视角不统一等等。

小组分析讨论解决这些问题，并对平面示意图做出调整。

3.实地勘验

拿着绘制好的平面图对比现场实际情况，修改并完善细节。

4.活动总结

表扬幼儿在班级平面示意图设计中积极动脑，集思广益，团结和智慧。

活动1-4：

改造初设计

（一）活动目标

（1）知道设计图在改造过程中的作用，对平面设计图的理念有初步理解，掌握一定的设计方法；能综合考虑各项现实条件，对设计图做完善调整。

（2）能用小方格纸绘制设计图，能将空间大小比例等因素较合理地体现到设计图中。

（3）能与同伴合作交流，听取他人良好建议，能对他人的良好表现表示赞赏。

（二）活动准备

（1）西大图书馆楼层平面示意图。

（2）不同大小规格的设计图方格纸。

（3）招募设计师的展示表、为设计师"点赞"的材料。

(三)活动过程

1.活动引入

回顾改造规划表中关于图书馆环境改造需求的内容,确认改造工作实施的第一步为绘制设计图。

关键提问：

·要实现改造规划,首先应该做什么？ 为什么？

2.初步绘制设计图,并研讨调整

(1)展示西大图书馆楼层平面示意图,观察讨论图书馆设计的优势,做初步设计思考,回顾设计图绘制的思考要点及绘制方法。

(2)自主在小方格纸上初步绘制设计想法,和同伴进行交流讨论后完善。

3.自主研讨

在图书馆现场就初步设计图进行实地观察、研讨。对各区域有改造想法的在现场分享自己的设计想法,其他同伴可做补充；根据现场区域的比例调整设计图,并根据集体研讨中的反馈对自己的设计做调整。

关键提问：

·为什么要在这个区域设计×××,有什么优点？ 有缺点吗？ 还可以怎么调整？

·你在设计图上用×××个方格表示了×××的尺寸。对比观察×××,那么需要用大约多少个方格表示×××的尺寸才合理呢？

4.自主分工

自主分组完成备选的平面设计图,集体对设计图进行最终择选,并完成设计任务的分工安排。

(1)各小组根据实地研讨情况完成备选设计图。各组内研讨分享个人的平面设计想法,并将大家赞同的方案绘制到大方格纸上,完成小组的平面设计。

(2)将各组的设计图展示到图书馆改造工作区,幼儿自主在工作区做设计图分享交流,并结合前期规划表、图书馆物资记录表的内容核验本组设计是否匹配,将分享交流后新的设计内容调整到本组的设计中。

关键提问：

·设计中怎么解决×××的问题？ 这样做会有其他影响吗？

·现在图书馆中的×××设计安排在哪里？ 为什么？

(3)集中研讨,任务分工。展示各组目前的设计图,明确下一步任务,形成全体赞同的整体设计图；分享交流设计师的工作职责与内容,愿意继续承担设计师任务的幼儿自主报名,成立设计组后大家将继续合作完成整体规划图。

（四）延伸活动

将各组的初步设计图展示到改造区中,在自主时间,幼儿可继续协调本组设计;将报名参与设计组幼儿的情况进行记录,并展示到改造区中,在规定时间内,幼儿可对自己喜欢的设计师做"点赞"记录,并在"点赞"结束后公布招募结果。

活动1-5：

歌曲《宝贝爱读书》

（一）活动目标

（1）理解歌词含义,知道歌曲中提到的角色特征。

（2）能根据歌曲风格续编歌词,发挥想象力与语言表达能力。

（3）通过多次跟唱练习,能感受歌曲的旋律和节奏,在音乐中感受阅读的乐趣,初步了解阅读的意义。

（二）活动准备

音乐播放器、音响设备、幼儿画纸及彩笔等。

（三）活动过程

1.情境引入

播放《宝贝爱读书》,初步感知理解歌词含义。

关键提问：

·歌曲主要讲了一个什么话题？

·出现了哪些角色？你能简单扮演一下吗？

再次播放《宝贝爱读书》,引导幼儿感受歌曲旋律与节奏,熟悉歌曲结构。

（1）讨论歌曲传达的情绪、情感和节奏。

关键提问：

·听到这首歌曲你的心情是怎样的？

·萌生了怎样的想法？

·歌曲的节奏是怎样的？

·能用什么符号或者图画表现呢？

（2）熟悉歌曲结构和唱法,反复跟唱练习。

关键提问：

·歌曲可以分为哪几部分？唱法有什么不同？

·用什么方法表现？

2.发挥想象,续编歌词

关键提问：

·歌词的意思还可以用什么方式表达？用绘画纸记录下来。

3.集体分享

展示续编的歌词,进一步理解宝贝与读书的关系、阅读的作用与意义。

(四)活动延伸

尝试用自己喜欢的符号与图画表达对阅读的理解,表达自己对于阅读的情感。

附歌谱

宝贝爱读书

熊永进 李戈 词
李戈 曲

$1=B$ $\frac{4}{4}$

| 3 5 5   3 5 5 | 6 6 3   6 5 5 | 1 3 3   1 3 3 | 2 2 1   2 - |
|蜜 蜂 蜜 蜂 天天采蜜, 宝贝 宝贝 天天读书。|

3 5 5 5 5   3 5 5 5 | 6 3 5 - | 1 2 3 2 - | 2 5 1 - |
一二三四 一二三四 五六七, 天地人和 日月星。

3 5 5   3 5 5 | 6 3 5 - | 1 3 3   1 3 3 | 2 1 2 - |
燕子 燕子 爱筑巢, 宝贝 宝贝 爱读书。

3 5 5 5   3 5 5 5 | 6 3 5 - | 1 2 3 2 - | 2 5 1 - |
一二三四 一二三四 五六七, 天地人和 日月星。

活动1-6：

绘本故事《世界上最高的书山》

(一)活动目标

(1)理解故事内容,知道读书的作用——能够激发想象力并帮助我们见识到更加广阔的世界。

(2)发挥想象力,能够根据绘本故事的内容,尝试续编故事内容。

(3)感受阅读带来的神奇性和趣味性,激发幼儿读书的兴趣和情感。

(二)活动准备

故事 PPT、记录纸、笔等。

(三)活动过程

1.出示绘本《世界上最高的书山》

介绍故事主人公,导入活动,引发幼儿讨论。

关键提问:

·世界上最高的书山是怎样形成的?给卢卡斯的生活带来了怎样的变化?

2.绘本阅读

引导幼儿边看图边讲述绘本故事,理解故事内容,知道阅读是人们隐形的翅膀,能够带领我们穿越时空,探索世界的各个角落。

关键提问:

·我们的主人公卢卡斯为了飞翔尝试了哪些方法?结果如何?

·最终卢卡斯学会飞了吗?他是怎样学会的?谁帮助了他?

·为什么读书让卢卡斯学会了飞翔?卢卡斯去到了哪里?

3.故事续编

卢卡斯从书山上下来的一百种方法。

(1)请幼儿联系自己通过阅读学到的经验,思考设计卢卡斯从书山上下来的方式,并记录在纸上。

(2)请幼儿根据自己的思考,尝试在班级中分享续编故事内容。

4.交流总结

阅读、续编绘本的感受,体验阅读带来的无穷无尽的乐趣与想象力。

探究问题2:按照设计图改造图书馆,我们的愿望都能实现吗?

活动2-1:

设计图大PK

(一)活动目标

(1)能清楚阐述小组的设计思路和优点,能对设计思路的相关问题做解答,能用"对比思考"的方式进行辩论。

(2)能综合多项因素评价设计图的优势,并客观具体地陈述评价内容。

(3)理解柱状图的内容及使用方法,能用柱状图统计投票结果。

(二)活动准备

(1)介绍小组设计图可能会用到的纸、笔、便利贴等工具。

(2)标线的柱状图底图,投票用的"单位量"选票,一人一票。

(三)活动过程

1.在改造区集中展示各组的设计图

幼儿整体了解各组设计,本小组研讨分析各组设计的优劣;引导幼儿明确需整合各组内容,形成集体统一设计思路,开展各小组设计PK的介绍和辩论。

2.小组设计图介绍及对设计图做调整完善

(1)自主协商介绍本组的设计人员和设计风格,做好小组设计图PK的准备。

(2)各组依次用自己的方式介绍本组设计图。在介绍后由其他组同伴提问,小组做解答或完善。

3.运用柱状图做自主投票记录,选出自己喜欢的设计图

4.集中研讨,整理完善设计

(1)自主对优胜的设计图提出补充建议,并说明自己的理由;优胜组做回应或现场调整。

(2)按照图书馆规划的内容匹配优胜组的设计图,进行研讨,核验设计是否能对应规划需求,如设计存在问题,可借鉴其他组的优势方案,或在该处设计上标注"待定"。

关键提问:

·×××的设计能解决×××的问题吗? 其他组的什么设计方案可以解决,为什么?

·其他人有不同意见吗? 为什么不同意? 和×××比为什么这个更好?

(3)观察整理后的设计图,对相关设计提出完善建议,其他幼儿表态是否调整;无法确定的内容保持待定。

(四)活动延伸

将设计图展示到改造区,待定区域留白。

活动2-2:

下一步改造工作怎么做?

(一)活动目标

(1)能运用提供的资料分析实施改造工作的步骤和方法。

(2)能在引导下运用数据分析法不重复、不遗漏地进行工作内容的梳理。

(3)能根据自己的优势自愿选择加入对应的工作小组,并对小组的工作内容提出建议。

(二)活动准备

(1)分析记录使用的大白纸等工具。

(2)分组人员表,小组工作任务记录表。

(三)活动过程

1.观察回顾

回顾改造规划表、改造设计图,初步研讨规划工作推进的内容,并作及时记录。

关键提问:

·根据改造规划表,我们基本完成了第一步的设计图。接下来可以进行什么改造工作?

2.有序研讨

分析改造后续的工作内容,运用数据分析法对工作内容做整体梳理,明确按设计图改造需完成的具体事项及方法,根据使用的分析方法做记录。

关键提问:

·按照规划表的内容应该先完成环境改造还是图书管理的改造?为什么?

·根据改造规划表,改造工作可以分为两个阶段进行。在第一阶段,在对环境的改造中应该先做什么,接下来的步骤是什么?这样安排是最快、最有效的吗?

·在第二阶段,在对图书管理的改造中应该先做什么,接下来的步骤是什么?

3.分析记录

梳理补充相关工作内容,重点研讨具体工作实施的方法和人员,对分组的人员和内容做记录。

关键提问:

·×××工作在实施中具体可以怎么完成呢?有哪些步骤?用什么方法?

·设计组需要在接下来的改造中做什么?待定的区域该如何处理?

·你能在实施中完成什么工作?为什么你觉得自己能完成这个工作?

·其他人还可以分成哪些组?各组的主要任务包括哪些内容?

4.分组记录

分小组进行现场研讨,对本组的工作内容及步骤做研讨记录。

关键提问:

·小组的工作计划从什么项目开始?为什么?

·工作的步骤是什么?用什么方法可以完成?谁可以来承担这个主要工作?

(四)活动延伸

将分组记录表、各组拟定的初步工作安排展示到改造区,各组可根据实际需要进行补充和完善。

活动2-3:

绘本故事《闪电鱼尼克:一条爱读书的鱼》

(一)活动目标

(1)观察绘本中尼克多种奇特的外形,拓展幼儿想象力,提升审美能力。

(2)关注绘本中的重复句式,领悟其中的人生道理——世界之大无奇不有。促进儿童语言表达能力提升。

(3)感受故事转折,迸发爱阅读、爱梦想的情感。也为后期幼儿坚持实现图书馆改造的愿望奠定情感基础。

(二)活动准备

绘本故事《闪电鱼尼克:一条爱读书的鱼》、不同种类鱼的图片、闪电鱼和泡泡鱼的头饰若干等。

(三)活动过程

1.出示绘本《闪电鱼尼克:一条爱读书的鱼》

介绍故事主人公,导入活动,引发幼儿讨论。

关键提问:

·闪电鱼尼克为什么爱读书?

2.绘本阅读

引导幼儿边看图边讲述绘本故事,理解故事内容,欣赏闪电鱼尼克不同造型的美。

关键提问:

·我们的主人公尼克变成了哪些种类的鱼?(一边出示不同种类的鱼的图片一边提问)

·最后尼克成为了什么样的鱼? 为什么?

3.角色扮演

请幼儿分别扮演闪电鱼和泡泡鱼,体验多样性的人生哲理。

(1)提问激发幼儿想象,创编绘本内容。

关键提问：

·你觉得还可以有什么样的鱼？你最喜欢什么样的鱼？

（2）请幼儿戴上不同角色的头套，开展角色扮演游戏。

4.交流总结

交流阅读、创编绘本的感受，体验阅读带来的无穷无尽的乐趣与想象力。

活动2-4:

绘本故事《南瓜汤》

（一）活动目标

（1）理解故事内容，知道团结协作力量大，每个人在集体中发挥自己的长处，共同协作才能办好事情。

（2）能结合生活经验和故事情境，提高问题解决能力。

（3）体验、感受与同伴合作的意义。

（二）活动准备

（1）幼儿在积木建构游戏中分工合作的视频。

（2）故事PPT。

（三）活动过程

1.出示绘本《南瓜汤》

导入活动，引发幼儿讨论。

关键提问：

·小朋友们，如果你们和朋友共同完成任务时发生冲突你们会怎么解决呢？

2.绘本阅读

引导幼儿边看图边讲述绘本故事，理解故事内容，体会合作的重要性。

关键提问：

·故事中有哪些小动物？他们共同做了什么事情？分工是怎样的？

·小动物们因为什么吵架？他们分别是怎么做的？

·你认为小鸭子这样做对吗？为什么？

·如果你是小鸭子，你会怎么做呢？为什么？

3.链接生活，拓展合作经验

(1)请幼儿讲一讲自己与他人合作完成任务的故事。

(2)播放一组幼儿在积木游戏中合作的视频。

关键提问：

·视频里的小朋友在做什么？他们的分工是怎样？为什么起冲突？是否可以通过平和的方式解决冲突？

4.交流总结

交流活动中的体会，最终商讨出由自己推荐和民主投票等方式来解决合作分工问题，为之后的图书馆改造分工问题积累经验。

探究问题3：怎么按照设计图做改造？

活动3-1：

需要什么材料改造图书馆，要怎么做？

(一)活动目标

(1)能清楚地陈述小组改造工作的想法和安排，并对相关建议择选采纳。

(2)能根据工作要求规划合理的改造材料；能结合真实环境设计简单的模拟实验，并得出实验结论，对材料的适用性做判断。

(3)能与同伴合作，有序地讨论及实施，感受团队的愉快氛围。

(二)活动准备

(1)材料实施组研讨确定本组的工作内容和安排，有疑问的项目标注"待定"。

(2)材料实施组确定介绍本组工作内容的人员和形式。

(3)材料实施组对实施改造中所需的材料进行初步规划，并做好对应记录。

(三)活动过程

1.安排分工

材料实施组根据小组工作安排表向大家介绍本组的工作安排。

2.集体研讨

其他人对实施组的工作内容做补充，小组将采纳的意见及时调整到安排中。

关键提问：

·你对实施组的工作内容有什么补充，为什么要这样做，优势在哪里？

·小组接受他的建议吗？为什么？

·针对他提出的这个问题,小组有什么安排？

3.完整呈现调整后的小组工作安排,根据工作项目思考改造中所需的材料

关键提问：

·改造工作的第一步应该是什么？

·×××的改造可以用什么材料呢？为什么？

·怎么验证这个材料适合做×××的改造呢？

4.实践小组研讨

收集整理大家对材料的建议,将准备的材料对应改造项目罗列到规划表中；待定的材料做实践探究或模拟实验,等待结果再确认最终使用材料。

关键提问：

·为了验证待定材料×××,可以怎么做实验探究？

·怎样模拟真实的环境？需要多少材料的样例,怎么安排位置和时间？

·假设实验结果为×××,材料就符合/不符合改造的要求呢？

(四)活动延伸

材料实践小组的材料规划表格展示到改造区；带上验证材料到图书馆现场做模拟实验或样例探究,得出结论后在材料表格上做标注；材料确认后开始准备改造所需的全部材料。

活动3-2

材料怎样运送到图书馆？

(一)活动目标

(1)能根据材料的特点及数量,结合运送路途中的实际情况规划运送的方式。

(2)能在实践中根据具体情况对运送方式做合理调整。

(3)能根据运送中的实际需求灵活使用多种运输工具；能结合其他辅助材料完善工具的用法。

(二)活动准备

(1)材料实践组幼儿查看材料的类型及数量,对材料进行清点并做材料清单。

(2)搬运中使用的劳动手套、围裙等工具。

(三)活动过程

1.情况介绍

在材料暂存现场,材料实践组的幼儿向大家介绍基本情况。

2.集体研讨

根据材料的特点、尺寸等因素做材料运送的初步规划。

(1)根据初步研讨,将材料按运送方式分类,分为人力运送和用工具运送两类。

关键提问:

·×××材料的运送需要用工具?

(2)按照两个类型进行分组讨论,明确运送材料的具体做法。

关键提问:

·人力运送×××需要多少人,怎么运送?

·需要多长时间完成全部材料的运送,人手足够吗?

·需要什么工具,为什么选这种工具,还可以选什么其他工具?

·几种工具要怎么在运送过程中使用?

·在哪里可以获得这种工具?

3.行动探究

按照两类材料的初步运送规划,选择几个材料进行初步尝试。发现运送过程中不同材料因坡地、楼道等因素造成的运输问题,现场协商解决办法。

关键提问:

·×××材料太重了,人力搬运上坡合适吗?

·×××材料太长了,在通过狭窄楼道时用什么方法? 需要怎么合作?

·用×××工具能够完成运送吗,需要什么工具协助,怎么组合使用两个工具? 没有×××工具,可以用其他的材料替代吗?

·从这里到图书馆的路上有很多台阶,怎么处理材料运送上的问题?

4.根据初步尝试的结果调整运送方式

协调人力搬运的人数及技巧;寻找需要的工具,并对工具及其他辅助材料的使用重新作出安排。

关键提问:

·通过狭窄通道的时候需要几个人搬? 怎么站位比较合适,为什么?

·小车拉材料到台阶前,怎么上这段较长的台阶呢?

5.第一次材料运送的研讨小结

将运送过程中有效的方法做记录;对照材料清单,规划还未运送材料的安排。

（四）活动延伸

材料实践小组将已完成运送的材料在清单上做记录,并将清单展示到改造区;材料实践组计划好时间与人员分工,做持续的材料运送,在小组人手不够的情况下由材料组协调安排其他组成员轮流加入。

活动3-3：

运送材料请谁来协助,用什么新工具?

（一）活动目标

（1）能根据材料特点、运送途中的地形等因素,分析导致运送困难的原因。

（2）能自主协调可运用的人力资源,有礼貌地邀请他人加入,并合作完成运送。

（3）能根据需求对工具进行可执行的改造工作,在实践探究中不断完善工具的功能。

（二）活动准备

材料实践组整理材料清单,并研讨材料存在运送困难,协调小组成员陈述以上内容。

（三）活动过程

1.情况说明

材料实践组根据材料清单展示目前已经完成运送的材料。说明还未运送的材料存在的问题。

2.集中研讨

分析未运送材料存在的运送困难的形成原因,以及可能存在的其他困难。

关键提问：

·×××材料已经通过人力运送完成了一部分,但发现材料数量较多,按照现在的方法将会耗费很多时间,有没有其他更好的方法?

·可以请谁来协助完成运送,为什么?

·可以使用什么新工具? 怎么组合使用?

3.分组探究

需要邀请其他人员进行协助的,现场邀请并说明来意,等候回复,如不能实现则另想办法;需要新工具的思考可以在幼儿园或者其他哪些地方找到;如没有可用的新工具,思考还可以运用什么材料进行辅助或改装,现场寻找相关材料并实践尝试。

关键提问:

·×××材料的特点是×××,可以邀请谁来协助,为什么?

·现在需要的新工具是什么?怎么使用?

·新工具在这段台阶上怎么用?还需要配合什么装置才能完成?

·×××工具如果有×××就能很好地完成运送,怎么实现呢?

(四)活动延伸

材料实践小组协调人员继续参与材料运送。需要继续对新工具进行探究改造的继续完成此项任务,直至运用工具完成材料运送。

活动3-4:

制作新工具:拖车

(一)活动目标

(1)培养幼儿的动手能力、空间想象能力和问题解决能力。

(2)增强幼儿对螺母、螺栓等简单机械部件的认识与操作能力。

(3)激发幼儿对机械的构造和原理的好奇心与探索欲,促进幼儿间的合作与交流,共同完成任务。

(二)活动准备

(1)关于拖车的PPT。

(2)各种大小的螺母、螺栓、型号统一的木板(作为拖车底板)、轮子、连接部件。

(3)设置室外搭建区,确保有足够的空间供幼儿操作和移动拖车。

(三)活动过程

1.故事引入

讲述一个关于小动物用自制拖车帮助朋友搬运物品的故事,强调拖车的重要性和制作的乐趣。

2.出示PPT,简要介绍各种拖车及基本结构

拖车构造讲解:基本结构,如底板、轮子、连接部件等。

3.引发幼儿对拖车材料的探究

回顾思考园所内适合用于制作拖车的材料——螺母玩具。

4.示范组装

教师示范如何用螺母、螺栓将轮子固定在底板上,强调安全操作流程和安装方法。

5.实践操作

(1)创意启发:鼓励幼儿思考如何设计独特的拖车。

(2)分组合作:将幼儿分成小组,每组分配一套材料和工具。

(3)动手制作:幼儿在教师指导下开始组装拖车,教师进行巡回指导,帮助解决遇到的困难。

(4)创意设计:鼓励幼儿发挥创意,在拖车上添加个性化功能。

6.展示分享成品,测试与调整

(1)成品展示:每组幼儿代表展示拖车,并简单介绍设计思路和制作过程。

(2)拖车测试:幼儿在平坦的地面上测试拖车的稳定性和移动性,发现问题并及时调整。

(3)推选出最佳拖车,投放在图书馆材料运输区,以备下一步材料运输使用。

(四)活动延伸

鼓励家长与孩子一起利用家中的废旧物品制作更多机械玩具,如简易小车、机器人等。组织幼儿进一步探索机械原理,如齿轮传动、杠杆原理等,通过小实验加深理解。

活动3-5:

新拖车好用吗? 还可以怎么调整?

(一)活动目标

(1)引导幼儿通过观察、比较和调整,探索更多材料和结构的可能性。

(2)培养幼儿的动手能力和创造力。

(3)促进团队协作能力和问题解决能力的培养。

(二)活动准备

(1)螺母小推车成品。

(2)观察结果及改进计划记录表。

(3)改造图书馆的部分材料。

(三)活动过程

1.活动引入

教师展示搭建的拖车,引导幼儿观察并讨论拖车的结构和功能

关键提问：

·用螺母玩具组装的拖车好用吗？能运输材料吗？

2.探索与实践

将幼儿分为观察小组和实验小组。

(1)实验小组：选取部分材料进行拖拉，测试拖车的承载能力和稳定性。

(2)观察小组：观察拖车在移动过程中的表现，记录下哪些部分好用，哪些部分需要改进。

3.讨论与反思

(1)分组团讨：实验小组与观察小组分别分享观察测试结果和遇到的问题。

(2)反思：引导幼儿思考如何调整拖车的设计，以提高其功能性和稳定性。

4.改进与再实践

(1)改进：实验小组根据讨论的结果，现场调整拖车的设计。

(2)实践：观察小组再次测试改进后的拖车，观察改进效果。

(四)活动延伸

再次进行托运材料的试验，观察拖车在移动过程中的表现，进一步体验材料与结构的多种可能性。

活动3-6：

新材料改造螺母拖车及创意升级

(一)活动目标

(1)了解不同材料的特性及用途，掌握使用新材料改造拖车的基本方法。

(2)培养幼儿不断测试、观察、反思，持续聚焦和解决拖车有效托运材料的问题，深度优化拖车的材料、结构和功能。

(3)通过小组合作，培养其团队协作能力和问题解决能力。

(二)活动准备

(1)各种新材料：木板、扎带、粗麻绳、宽胶带。

(2)成品拖车。

(3)部分运送材料。

(4)问题记录纸、笔。

(5)螺母玩具。

(三)活动过程

活动引入

通过拖车托运材料的多次测试,引导观察组发现并记录其中问题,实验组思考原因并协助改进。

师:上一次活动改进优化了拖车的结构,现在要将材料一一运送至图书馆楼下,但材料运输组在使用拖车运输图书馆改造材料的过程中出现以下问题,请观察组的小朋友逐一记录。

(1)问题一:在托运过程中,拖车里的材料容易发生侧翻。

关键提问:

·为什么材料会倒出来呢?

思考原因:

·材料放的位置不对,重心太高。

解决方案:

·增加拖车轮子之间的距离,提高拖车的稳定性。将拖车的重心降低,将重一点的材料放置在拖车底部,轻一点的放在最上面。

行动探究:

·实验组现场改进,替换长一点的车轴,重新摆放材料,并再次实验测试效果。

(2)问题二:拖车在运输过程中易散架。

关键提问:

·为什么拖车会在行进过程中散架?

思考原因:

·拖车搭建得不牢固,运送的材料太多太重。

解决方案:

·增强拖车稳定性,加固拖车的车轴、连接点等,使用更多的连接件或更坚固的材料来增强拖车的结构强度。

行动探究:

·实验组现场利用新材料改进,如扎带、宽胶带等加固连接处,再次测试效果。

(3)问题三:拖车无法一次拖拉太多材料。

关键提问:

·为什么拖车一次只能运一点点货物?

思考原因:

·拖车车斗内部空间小,承受力有限。

解决方案:

·增加承载面积,扩大拖车的底板面积,优化载物方式。

行动探究:

·实验组现场改进,用木板重新组装推车车斗底部,再次实验测试效果。

(4)问题四:拖车与绳子的连接处容易断开。

关键提问:

·为什么拖车会和绳子断开?

思考原因:

·绳子不够结实,拖车与绳子之间连接不够紧密。

解决方案:

·改进牵引方式,优化绳子材料,确保拖车与绳子连接得更加牢固。

行动探究:

·实验组现场改进,选用粗麻绳替换之前的绳子,再配合扎带、宽胶带等加固连接处,再次实验测试效果。

(四)活动延伸

改进拖车设计的过程是一个持续迭代和优化的过程,需要幼儿在实践中不断测试、观察和反思,以找到最佳的设计方案。

探究问题4:初步改造后的新问题。

活动4-1:

如何改进图书馆区域设置及创意升级?

(一)活动目标

(1)了解图书馆空间规划与设计的基本方法。

(2)在使用新材料对图书馆进行改造后,观察发现区域的功能与布局存在问题,会做计划并按照计划进行逐一调整。

(3)通过参与图书馆区域改造的方案设计,培养幼儿发现问题、解决问题的能力。

(二)活动准备

(1)资料准备:图书馆设计案例、空间规划指南PPT。

(2)分组记录大白纸、笔

（三）活动过程

1. 导入与激发兴趣

情境创设：教师带领幼儿置身于改造后的图书馆。通过参观、体验阅读等相互交流感受。

关键提问：

·你们觉得改造后的图书馆怎么样？你有怎样的感受？还可以做哪些调整？

2. 需求分析与分享

幼儿分组讨论，明确对图书馆区域的使用需求和偏好，如希望有一个舒适的阅读角落、希望增加其他的互动区域、扩大活动空间等。

3. 研讨与设计

教师通过播放PPT引导幼儿了解其他图书馆的功能区域划分和空间设计原则。幼儿分组讨论并设计区域创意改造方案，增设功能区域，如阅读角、故事区、互动游戏区等。

4. 研讨发布会

每组幼儿代表展示设计草图，包括空间布局图、特色区域设计图等。

（四）活动延伸

教师小结，并推选出最优方案，提示幼儿围绕设计方案准备材料，完成改造图书馆的任务。

活动4-2：

多次调整区域设置的设计与实施

（一）活动目标

（1）通过调整图书馆区域设置，使幼儿能自主地在图书馆进行选择，从而提高空间利用率和阅读质量。

（2）通过观察和记录幼儿在图书馆中的行为表现，不断调整和优化区域设置，提高图书馆的实用功能，提高区域参与度。

（3）培养幼儿对自主收集问题、整理问题、分析问题和解决问题的能力。

（二）活动准备

方案设计图一张，根据设计方案准备所需的材料、工具等。

（三）活动过程

1.实施与调整

动手改造：在教师的指导下，幼儿使用家具模型进行初步布局，并分组实施改造计划，进行空间布局重组和局部的装饰美化。

空间布局重组：增设"听、说、读、写"四区，根据幼儿兴趣适当扩大或缩小部分区域面积。

装饰美化：对每个区域进行特定的装饰，如书写区域增加小桌椅、书写板等。

逐步实施：幼儿按照方案逐步实施调整，每做一些调整后便观察一段时间（如一周），以评估调整效果。

2.观察与发现

持续观察：持续调研图书馆的使用效果及反馈，增加意见簿、发放调查表等，收集并了解其他班级幼儿在使用图书馆后的意见和建议。

3.再次调整

根据其他班级幼儿的反馈，对设计方案进行微调，确保区域设置更加科学化，更符合幼儿需求。

活动4-3：

图书馆在使用中还是有很多不方便，怎么处理？

（一）活动目标

（1）深入理解图书馆的功能和重要性，培养幼儿观察和分析问题的能力，学会从不同角度思考图书馆的优化方案。

（2）提升幼儿对图书馆的归属感和责任感，通过团队合作，培养幼儿对图书馆有关问题的解决能力和创意设计能力。

（3）增强幼儿对图书馆探究活动的持久性。

（二）活动准备

图书馆改造意见簿及调查表；在馆内准备一个专门的研讨区域，供幼儿分组讨论和展示方案。

（三）活动过程

1.问题发现与讨论

现状观察：查阅图书馆改造意见簿及调查表里的内容，了解并讨论图书馆使用中的不便之处。

关键提问：

·为什么小朋友们会觉得图书馆环境不好,设备不会用?

2.小组研讨与需求分析

每组幼儿围绕问题集中进行深入讨论,教师引导幼儿进一步分析他人阅读需求,构思改进方案。

3.解决方案设计

鼓励幼儿设计具体的改进方案。确保方案能进一步提升他人阅读体验。包括阅读角的舒适性提升、互动设施的使用说明及便捷性。如增加阅读设备使用说明的表征图等。

4.方案实施计划的制订

教师协助各组将设计方案转化为可执行的行动计划,包括所需材料、具体步骤、时间表和分工,确保每一步都有明确的责任人。鼓励幼儿根据改造方案进行推进。

活动4-4：

再次改造后的图书馆怎么样?

(一)活动目标

(1)能对照设计方案利用现有材料,有计划、有目的地推进图书馆改造项目。

(2)能运用有效的实施策略解决他人了解图书馆新增阅读设备及设施的困境。

(3)发现图书馆改造后的变化,感受图书馆的新面貌,体验其带来的新变化和新乐趣,获得完成改造任务的成就感。

(二)活动准备

(1)环境布置:新增区域布置,阅读设施设备完善。

(2)彩笔、彩纸、工具等各种材料。

(三)活动过程

1.行动探究

幼儿分组进行现场布置,如张贴设备说明书、行经路线图等标识。

2.实地探讨

教师带领幼儿参观改造后的图书馆,请各组幼儿代表分别讲述负责区域改造后的变化,引导幼儿直观感受图书馆的新面貌,获得满满的成就感。

3.感受与体验

分组探索与任务导向：将幼儿分成若干小组，每组分别探索体验图书馆的不同区域，并布置不同的探索任务，如在故事角找到一本最喜欢的故事书，在科技阅读区体验电子阅读器等。鼓励幼儿用图画或简单的文字记录自己的发现。

4.分享阶段

小组分享：每个小组派代表分享自己的探索经历和发现。

关键提问：

·有的小朋友提出没有办法很快找到自己喜欢的图书？

思考原因：

·书架上的图书太多，大都没有分类。

解决方案：

·看看西南大学中心图书馆是怎样给图书分类的。

(四)活动延伸

做探究寻访西大图书馆的任务思维导图，为下次寻访活动做准备。

探究问题5：怎样在图书馆找到自己喜欢的书？

活动5-1：

图书分类的奇妙之旅

(一)活动目标

(1)了解西大图书馆的图书分类系统及图书分类方法，理解图书分类的重要性。

(2)培养幼儿的观察力、信息检索能力和团队协作能力，提升幼儿的交流技巧。

(3)激发幼儿对书籍整理、检索等知识探索的兴趣，增强对图书馆学习环境的尊重和好奇心。

(二)活动准备

(1)环境准备：与西大图书馆取得联系，安排实地参观时间，确保安全和有序。

(2)心理准备：通过故事、游戏等方式，激发幼儿对大学图书馆的好奇心和探索欲。

（三）活动过程

1.前期准备与激发兴趣

通过故事、动画或图书馆宣传片，介绍西大图书馆的规模和功能，激发幼儿的探索兴趣。

2.实地参观与探索

出发前对幼儿进行安全教育等心理建设。包括遵守图书馆规则，不大声喧哗、不随意触碰书籍和设备等。

3.实地参观

在教师和图书馆管理员的引导下，幼儿安静有序地参观图书馆，重点观察图书分类区域，了解不同类别的图书如何分类和排列。

4.互动体验

邀请图书馆管理员为幼儿做一次图书分类的现场演示，让幼儿尝试对图书进行分类。

5.实践操作与讨论

分享感受与收获：回园后引导幼儿回顾参观过程，鼓励幼儿分享参观大学图书馆的感受和收获。

图书分类游戏：组织幼儿进行图书分类游戏，使用幼儿园图书馆的图书尝试进行分类，增强实践能力。

6.小组讨论

基于西大图书馆与幼儿园图书馆在图书分类上的异同，思考如何改进幼儿园图书馆的图书分类，为下一步对幼儿园图书馆的图书分类做准备。

活动5-2：

借书和还书的烦恼怎么解决呢？

（一）活动目标

（1）以"书借书还大家谈"为儿童议事会议题展开讨论与决策，解决前期借书还书中存在的问题，如：不能快速找到自己想看的书；还书时找不到代书板等问题，学习倾听不同角度对同一问题的多种看法，懂得辩证思考问题。

（2）能在问题征集与讨论、现场观察与发现、寻访汇报与分析、办法提出与梳理表征中，发现问题、分析原因、找到办法、制订出解决借书还书烦恼的可行性方案。

（3）感受集体决策的民主、团结与智慧，体验成就感和自豪感。

（二）活动准备

（1）制作邀请函，提前向大班哥哥姐姐、图书管理老师、园长妈妈等多方人员发出议事会邀请，并请他们收集整理好蓝花楹图书馆借书还书时遇到的困难。

（2）录制一段在幼儿园蓝花楹图书馆关于借书还书体验的小视频，本班级幼儿带上前期寻访西大图书馆的记录表。

（3）准备议事会桌椅、标识、记录纸、笔等。

（三）活动过程

1.活动引入

教师以小视频导入会议议题，呈现借书还书烦恼的问题。激发幼儿讨论和探究兴趣。

关键提问：

·你们在借书还书的过程中还遇到过哪些困难和烦恼呀？

（1）大班幼儿代表就自己班级在图书馆借书还书中遇到的问题进行陈述。

（2）图书馆管理老师就当前借书还书方式做原因、效果、问题等陈述。

2.制订方案

主持人引导参会幼儿针对问题分析原因，找到办法，制订出解决借书还书烦恼的可行性方案。

（1）引导幼儿通过实地体验和观察，分析讨论遇到这些困难和烦恼的原因并表征记录。

（2）幼儿介绍寻访西大图书馆中发现的借书还书的方法或得到的启示。

（3）引导幼儿总结大家的建议，制订出解决借书还书烦恼的可行性方案。

蓝花楹图书馆的图书陈列没有规律。建议根据学期主题需要，按动、植物，交通工具、社会交往、情绪管理、思维迷宫、百科科普等类别分组陈列。

借书板使用起来浪费时间。建议按照图书上和书柜匹配的标记借、还书。还可以设置有相应标记，带轮子的还书筐，安排图书管理员，专门负责归还图书，避免看书的小朋友，特别是小班的弟弟妹妹还书时用太多时间寻找位置还书。

3.会议总结

表扬参会幼儿在议事会中的积极主动、集思广益，以及表现出的团结和智慧。

4.结束活动

制订下一步行动方案的思维导图。

活动 5-3:

绘本故事《森林图书馆》

(一)活动目标

(1)理解故事内容,知道团结协作力量大,每个人在集体中发挥自己的长处,通过共同协作才能办好事情。

(2)能根据路牌提示,正确辨别方位,提高空间方位感和观察能力。

(3)体验符号、标识在生活中的意义。

(二)活动准备

(1)幼儿通过观察、发现生活中的各种路牌,收集各种路牌的图片带到幼儿园。

(2)故事 PPT。

(三)活动过程

1.出示绘本《森林图书馆》

导入活动,引发幼儿讨论。

关键提问:

·你印象中的图书馆是怎样的?

·你理想中的图书馆又是什么样的呢?

·绘本中森林里的图书馆是不是你心中向往的样子呢?

2.绘本阅读

引导幼儿边看图边讲述绘本故事,理解故事内容,知道在图书馆里看书需要遵守规则,图书馆的设计需要考虑读者的习惯。

关键提问:

·小兔和小狐狸、山羊、雪貂、八哥等小动物分别遇到了什么困难? 都是如何解决的?

·图书分类索引图是如何设计的? 由哪些元素组成,分别代表什么?

3.操作体验:我是小小设计师

(1)请幼儿思考讨论,图书分类索引图还可以如何设计? 包括元素增减、形状、色彩搭配等方面。

(2)请幼儿结合自己的想法和创意,在纸上画出为森林图书馆设计的图书分类设计图。

4.交流总结

分享活动中的感受,体验标记、符号在生活中的意义。

活动5-4：

图书分类标识我设计

（一）活动目标

（1）根据儿童议事会制订的借书还书改进计划，设计适宜、美观的图书分类标记。

（2）能通过欣赏启发，讨论协商标志的风格和样式。分工进行图书标记的设计和绘制。

（3）能用图像、符号等进行创造性绘画表征，感受符号、文字在生活中的意义。

（二）活动准备

（1）鼓励幼儿积极、主动参加标记设计，征集小小标记设计师。

（2）前期调研蓝花楹图书馆的书籍种类，收集儿童活动场所标记范例图片若干。

（3）绘画纸、笔。

（三）活动过程

1. 活动引入

儿童活动场所标记范例图片欣赏导入，激发幼儿创作灵感。

2. 讨论协商标志的风格和样式

（1）鼓励幼儿发表自己的设计想法。

（2）讨论交流：怎样设计更合理。

关键提问：

·怎样的标记既能让小朋友们看懂，又能让管理员老师们看懂呢？

·怎样的色彩和构图，跟蓝花楹图书馆的风格更搭配呢？

3. 统一风格，达成共识

设计组成员分工进行图书标记的设计和绘制。

4. 集体分享

介绍设计作品的设计意图，展示设计作品。

（四）活动延伸

制作不干胶书柜大标记，以及若干相应书籍小标记。幼儿分工协作进行标记粘贴工作。购买带轮子的还书筐并贴上相应标记。

活动5-5:

借书和还书的烦恼解决了吗?

(一)活动目标

(1)在蓝花楹图书馆进行借书和还书的实地体验。

(2)能亲自介绍、体验并讨论交流,对前期关于借书和还书的改进行动进行总结和反思,提出还可以完善的方案。

(3)激发对验证和探讨的兴趣,体验问题解决的成就感。

(二)活动准备

(1)改进后的借书、还书小视频。(请一名幼儿参与录制并解说配音)

(2)记录纸和笔。

(三)活动过程

1.活动引入

播放改进后的借书、还书小视频,导入活动,激发兴趣。为幼儿即将进行的实地体验提供经验铺垫。

2.实地体验

在蓝花楹图书馆进行看书和还书的实地体验,进一步感受借书和还书的方法。

3.讨论交流

对前期关于借书、还书的改进行动进行总结和反思。提出进一步完善的方案。

关键提问:

·通过实地体验后,你还有哪些对借书、还书更好的建议呢?

解决方案:

·动植物类书籍建议临近放置;

·科普、思维迷宫类书籍建议临近放置;

·社会交往类、情绪管理类书籍建议临近放置;

·主题活动相关类书籍建议按小班、中班、大班分层放置;

·增加安全类书籍分类。

4.结束活动

制订下一步行动方案的思维导图。

探究问题6：改造后的图书馆怎么样？

> **活动6-1：**
>
> **改造后的图书馆怎么样？**

（一）活动目标

（1）以"升级后的图书馆大家谈"为儿童议事会议题，总结改进后的优点，提出更加完善的建议，学习倾听不同角度对同一问题的多种看法，懂得辩证思考问题。

（2）能感知体验、讨论交流、进行经验梳理，提升表达、归纳、分析问题的能力。

（3）在集体决策中感受民主、团结与智慧，体验成就感和自豪感。

（二）活动准备

（1）将改造后蓝花楹图书馆使用介绍的小视频发到各班级进行宣传介绍，便于各班级幼儿顺利使用蓝花楹图书馆，各班幼儿参加蓝花楹图书馆改造后的活动体验。

（2）制作邀请函，提前向各年级各班小朋友、图书管理老师、园长妈妈、西大图书馆工作人员代表等多方人员发出议事会邀请，并请他们收集整理好蓝花楹图书馆升级改造后的体验感受，并将优点和建议用照片、图画、文字表征记录在同一规格的记录表上。

（3）准备议事会桌椅、标识、记录纸、笔等。

（三）活动过程

1.活动引入

主持人邀请参会的代表们入场，将带来的参会记录表分别张贴在优点展示架、建议展示架上。

2.展示优点展示架、建议展示架

请代表们分别陈述自己班级的观点。

关键提问：

·蓝花楹图书馆升级改造后，你们在使用中感受怎么样？还有什么建议吗？

解决方案：

·小班的弟弟妹妹才入园不久，对幼儿园不熟悉，找不到蓝花楹图书馆，建议在沿途挂上醒目的导视标识。

·蓝花楹图书馆楼道的灯光太暗了，建议增加光照。

·我们不认识字，很多书看不懂，建议有可以听的书或者有人给我们讲书。

3.分享与倾听

园长妈妈、图书管理老师、西大图书馆管理人员分别陈述自己的感受。让幼儿倾听不同角度对同一问题的多种看法,学习辩证思考问题。

4.制订下一步行动方案的思维导图,结束活动。

活动6-2:

会说话的小路牌

(一)活动目标

(1)理解故事内容,知道误导会给他人带来困扰。去到不熟悉的地方通过看路牌指示就不会迷路。能看懂生活中常见的路牌。

(2)能根据路牌提示正确辨别方位,提高空间方位感和观察能力。

(3)体验符号、标识在生活中的意义。

(二)活动准备

(1)幼儿观察、发现生活中的各种路牌,收集各种路牌的图片带到幼儿园。

(2)故事PPT。

(三)活动过程

1.倾听故事《会说话的小路牌》

导入活动,引发幼儿讨论。

关键提问:

·你知道如果我们去一个陌生的地方,怎样做才不会迷路呢?

·你觉得路牌会说话吗?

·阿笨猫在大树下把两只胳膊伸得直直的。猜一猜,他在干什么呢?

2.故事欣赏

引导幼儿一边看图一边讲故事,理解故事内容,知道误导会给他人带来困扰。去不熟悉的地方看路牌指示就不会迷路。

关键提问:

·阿笨猫遇到了什么困难? 他遇见了谁? 发生了什么事?

·你认为阿笨猫这样做对吗? 为什么?

·如果你是阿笨猫,你会怎么做呢? 为什么?

3.情景体验:我会看路牌不迷路

(1)请幼儿分享介绍自己带来的路牌。

(2)幼儿给从班级去蓝花楹图书馆的沿途布置路牌,体验看路牌找到蓝花楹图书馆。

4.交流总结

分享活动中的感受,体验标记、符号在生活中的意义。

设计制作蓝花楹图书馆的导视路牌

(一)活动目标

(1)根据上一次儿童议事会代表们提出的"小班的弟弟妹妹才入园不久,对幼儿园不熟悉,找不到蓝花楹图书馆。"这一问题,以及会议中的改进建议,为蓝花楹图书馆沿途制作美观、适宜、醒目的导视标识。

(2)能通过欣赏启发,讨论协商导视路牌的风格和样式。分工进行导视路牌的设计和绘制。

(3)喜欢用图像、符号等进行创造性绘画表征,感受符号、文字在生活中的意义。

(二)活动准备

(1)鼓励幼儿积极,主动参与路牌设计,征集"小小标记设计师"。

(2)调研生活中各种导视路牌。收集范例图片若干。

(3)绘画纸、笔。

(三)活动过程

1.活动引入

生活中各种导视路牌范例图片欣赏导入,激发幼儿的创作灵感。

2.讨论协商导视路牌的风格和样式

(1)鼓励幼儿讲述自己的设计想法。

(2)讨论交流:怎样设计更合理?

关键提问:

·什么样的导视路牌能让小朋友们看懂呢?

·用什么方式摆放呢?

·什么样的色彩和构图,跟蓝花楹图书馆的风格更搭配呢?

3.统一风格,达成共识

设计组成员分工进行导视路牌的设计和绘制。

4.集体分享

介绍设计作品的设计意图,展示设计作品。

(四)活动延伸

(1)扫描并制作防雨、防晒的导视路牌,悬挂于蓝花楹图书馆沿途。

(2)为幼儿园各个户外活动区设计导视路牌。

活动6-4:

怎样召开蓝花楹图书馆的发布会呢?

(一)活动目标

(1)了解发布会的作用:要将一个新消息向大家做宣传,吸引大家的注意和参与。

(2)能分组协作、分工进行海报制作、场地美化、导游介绍、故事演讲、绘本剧展演等准备工作。

(3)体验改造图书馆带来的成就和喜悦,喜欢阅读及推广活动。

(二)活动准备

(1)收集一段发布会小视频。

(2)分工报名表。

(三)活动过程

1.讨论

我们要开一个蓝花楹图书馆升级发布会啦!

关键提问:

·你知道什么是发布会吗?

·为什么要开发布会呢?

2.欣赏视频

了解发布会的作用和意义。

3.讨论

我们的蓝花楹图书馆发布会可以怎样召开?

关键提问:

·我们的发布会要向小朋友们介绍什么呢?

·我们可以用哪些方式介绍呢?

4.协商

制订发布会方案,分工报名进行宣传海报制作、场地美化、导游介绍、故事演讲、绘本剧展演等准备工作。鼓励小朋友们积极准备。体验改造图书馆带来的成就和喜悦。喜欢阅读及推广活动。

活动6-5:

蓝花楹图书馆升级发布会召开啦!

(一)活动目标

(1)分工协作进行蓝花楹图书馆升级发布会的各项工作。

(2)能大胆参与、积极协作,主动分享进行海报展示、导游介绍、故事演讲、绘本剧展演等工作,顺利完成自己的任务。

(3)体验改造图书馆带来的成就和喜悦,喜欢阅读及推广活动。

(二)活动准备

(1)宣传海报设计师、小导游、小小故事员、绘本剧小演员分工。

(2)提前跟各班级做好时间、场地的沟通。

(三)活动过程

1.准备

宣传海报设计师、小导游、小小故事员、绘本剧小演员分工各就各位。

2.蓝花楹图书馆参观介绍

3.发布会会场集中活动

(1)幼儿代表宣布发布会开始。

(2)幼儿代表介绍图书馆升级改造过程中的故事。

(3)故事演讲活动。

(4)绘本剧展演活动。

(5)感谢活动:为参与过、帮助过图书馆升级改造活动的小朋友们、老师们送上爱心卡。

(6)集体歌唱:《宝贝爱读书》。

(7)发布倡议:为蓝花楹图书馆建设有声书库,招募小小故事员为弟弟妹妹讲故事。

(8)活动结束。

此案例由吴珺珺、甘秉春、李文馨、张杰、张璐琳、刘小娟提供

案例 2

大班"游学访馆"探究式课程：
小小宇航员，浩瀚星辰梦

近期，孩子们对神舟十七号载人飞船返回舱着陆的壮举产生了浓厚的兴趣，他们热烈而充满好奇地讨论着："宇航员是怎样飞上太空的？"为深入回应孩子们对航空航天技术的好奇心和求知欲，感受科技的魅力，激发探索未知的热情，班级开启了一场"小小宇航员，浩瀚星辰梦"的探究之旅。

通过"小小宇航员，浩瀚星辰梦"活动探索，引领孩子们踏上一场融合知识探索、实践操作与情感共鸣的航天之旅。孩子们亲手操作模拟实验，亲自体验宇航员的日常训练，自主设计并执行个人的航天探索构想，这一过程极大地提升了他们创新思维、实践操作及问题解决的能力，同时激发了孩子们对科学的无限好奇和主动探索未知世界的浓厚兴趣。

活动中，通过讲述中国航天先驱的感人故事，以及直观展示我国航天事业从"嫦娥奔月"的神话到现代载人航天、探月工程等辉煌成就的壮丽画卷，让孩子们深刻领悟到了航天精神蕴含的坚韧不拔、勇于探索的内涵。这不仅激发了他们内心深处的爱国情怀与民族自豪感，更在他们幼小的心灵中播下了为国家繁荣、民族复兴贡献力量的崇高理想的种子。

此外，孩子们对成为未来中国航天员的憧憬、对火箭设计与制造的执着追求，以及对中国航天历史与文化的热情传颂，正是对中华民族千百年来探索宇宙、追求真理的传承，也是对科学家严谨求实、勇于创新、团结协作、甘于奉献精神的生动实践。这一系列活动不仅丰富了孩子们的学习与生活，更在他们成长的道路上点亮了一盏科学探索的明灯，引领他们向着更加广阔的星辰大海进发。

二、场馆资源介绍

（一）西南大学天文馆

西南大学天文馆分为天文展览厅和天象演示厅。展览厅主要展示宇宙的精美图片、月球模型以及中国古代的天文仪器；演示厅通过天象模拟星空演示以及日月食等特殊天文现象。

西南大学天文馆

西南大学天文馆天文展览厅

西南大学天文馆天象展示厅

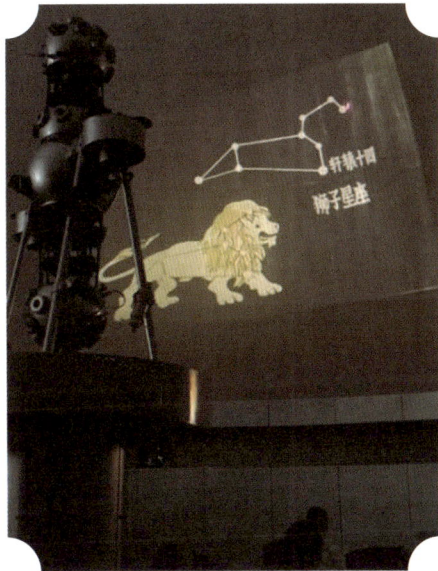

西南大学天文馆天象演示厅

（二）重庆星光航天科普展览馆

重庆星光航天科普展览馆是一个集航天科普、研学教育、多媒体技术展示为一体的综合性科普研学基地。通过全息光影体验、航天实物展示、航天场景体验等专业内容的集合。让实体宇航服、大型航天器等珍贵展品得以呈现，结合新一代的声光电技术，为观众提供了更具美感和震撼力的航天科普沉浸式体验。

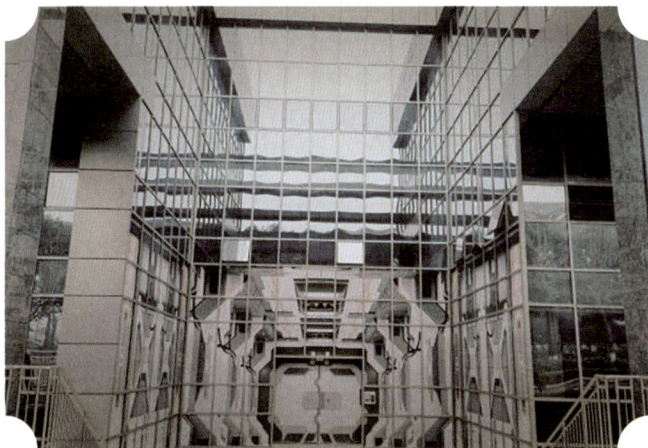

重庆星光航天科普展览馆

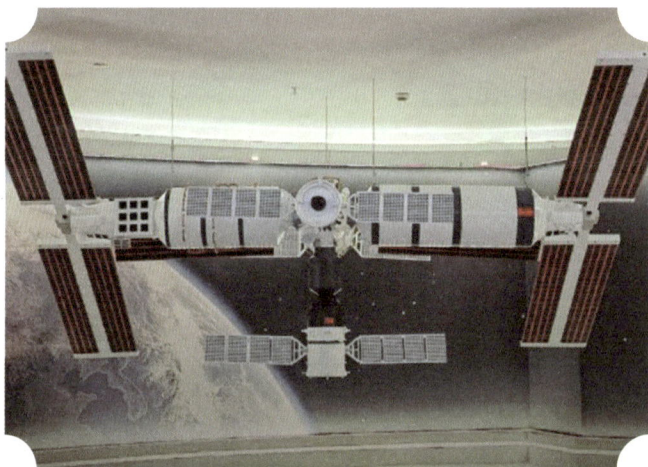

重庆星光航天科普展览馆展厅
（图片来源于重庆星光航天科普展览馆微信公众号）

三、课程目标

（1）通过议事会团体讨论、游学访馆、精选绘本阅读，以及科普小讲堂等方式，引导幼儿全面探索并深入理解中国航天员选拔标准、火箭发射背后的科学原理、中国航天事业的历史性成就及其面向未来的战略规划，拓宽幼儿对航天领域的认知视野。

（2）依托创客活动（如创意火箭模型设计与模拟发射、太空主题食品制作）、科学实验探索（聚焦于火箭升空机制的直观体验）及设计实践活动（如空间站微缩模型构建、人造卫星概念设计），促进幼儿动手实践能力的提升，激发创新思维火花，培养幼儿敏锐的问题发现意识与高效的问题解决策略，为未来的科学探索奠定坚实基础。

（3）通过组织科学实验探究、亲子互动学习以及团队合作项目（如共同策划并执行火箭发射模拟行动、创想未来星际探索计划)等形式,增强幼儿的信息搜集与筛选能力、资源整合以及在实际情境中应用所学知识的能力。同时,强化幼儿的团队协作和解决问题的能力。

(4)运用诗歌创编、故事讲播、戏剧表演等富有感染力的艺术形式,深化幼儿对民族文化的认同与自豪感,激发爱国情怀,树立热爱航空航天事业、立志报效国家的崇高理想。同时,通过这一系列活动,培养幼儿勇于探索未知、敢于创新突破的科学家精神,为其成长为具有社会责任感与创新能力的未来人才奠定坚实的情感与价值观基础。

四、课程概览

在对"小小宇航员,浩瀚星辰梦"的课程探究中,我们从"怎样才能成为一名宇航员?"这个核心问题出发,通过绘本阅读有关中国航天故事及航天英雄人物,初步构建对宇航员职业的认知框架;通过儿童议事会团体讨论,孩子们自主探讨并总结出成为宇航员所需的关键条件,同时,在趣味盎然的游戏中,进行成为一名宇航员所需的基本身体素质锻炼。此外,我们还巧妙融入儿童兴趣点,揭秘宇航员的日常生活细节,通过游学参观航天科技馆,进一步加深他们对这一职业的全面理解。

随着学习路径的自然延伸,我们的探究视角转向了浩瀚无垠的太空,聚焦于"怎样进入太空?""太空有什么?"两大核心问题。孩子们不仅了解了中国载人航天的发展历程与常见航天工具知识,还深入探究了火箭升空的科学原理,并亲手制作不同动力类型的火箭模型。通过模拟建构空间站、参访西南大学天文馆及参与亲子观星活动,孩子们亲身体验了探索太空的无限乐趣。同时,他们的认知边界不断拓展,从基础的"日—地—月"关系探索,逐步深入到对整个太阳系的认知。在深入理解宇航员太空生活与工作的基础上,孩子们大胆创意,共同创作了绘本《小小航天员》,展现了他们眼中的太空生活图景。

最后,课程聚焦于"我的航天梦",通过科学家故事分享会,激发孩子们对科学家精神的深刻共鸣。依托天文馆的学习体验,孩子们找寻自己心仪的行星,设计个性化的"探星计划",并了解我国人造卫星的发展历程,动手设计并制作自己的人造卫星模型。此外,他们还通过诗歌、绘画、信件等多元表达形式,抒发自己对太空的疑问与向往。随着课程的深入推进与拓展,我们将整个探究过程中的创意作品、精彩故事及生动表演整理汇总成展览,向外界展示孩子们心中的星辰大海,以及他们对宇宙无尽的探索与想象。

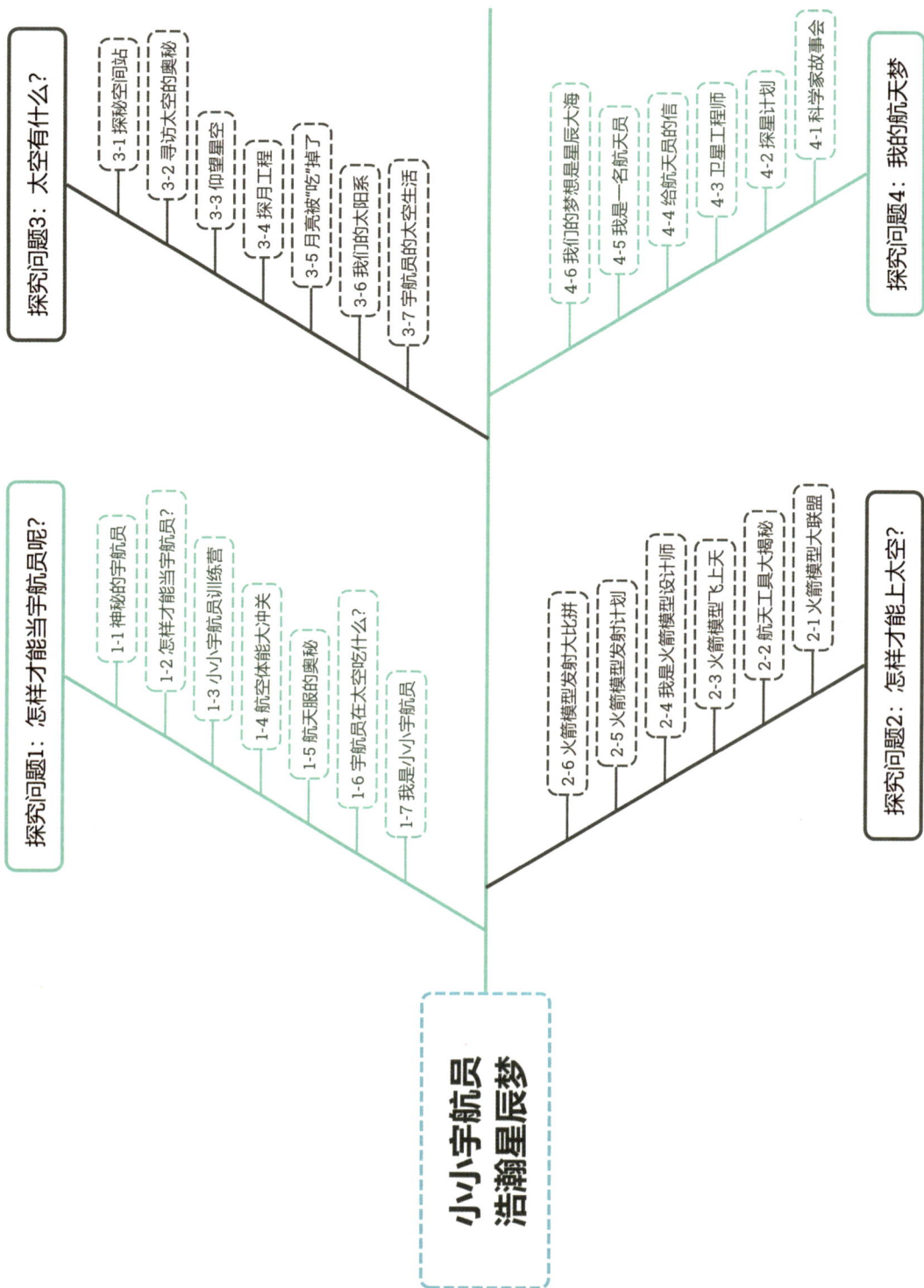

附图

小小宇航员
浩瀚星辰梦

探究问题1：怎样才能当宇航员呢？
- 1-1 神秘的宇航员
- 1-2 怎样才能当宇航员？
- 1-3 小小宇航员训练营
- 1-4 航空体能大冲关
- 1-5 航天服的奥秘
- 1-6 宇航员在太空吃什么？
- 1-7 我是小小宇航员

探究问题2：怎样才能上太空？
- 2-1 火箭模型大联盟
- 2-2 航天工具大揭秘
- 2-3 火箭模型飞上天
- 2-4 我是火箭模型设计师
- 2-5 火箭模型发射计划
- 2-6 火箭模型发射大比拼

探究问题3：太空有什么？
- 3-1 探秘空间站
- 3-2 寻访太空的奥秘
- 3-3 仰望星空
- 3-4 探月工程
- 3-5 月亮被"吃"掉了
- 3-6 我们的太阳系
- 3-7 宇航员的太空生活

探究问题4：我的航天梦
- 4-1 科学家故事会
- 4-2 探星计划
- 4-3 卫星工程师
- 4-4 给航天员的信
- 4-5 我是一名航天员
- 4-6 我们的梦想是星辰大海

附表

探究问题1	怎样才能当宇航员呢？
活动	1-1：神秘的宇航员 1-2：怎样才能当宇航员？ 1-3：小小宇航员训练营 1-4：航空体能大冲关 1-5：航天服的奥秘 1-6：宇航员在太空吃什么？ 1-7：我是小小宇航员
探究问题2	怎样才能上太空？
活动	2-1：火箭模型大联盟 2-2：航天工具大揭秘 2-3：火箭模型飞上天 2-4：我是火箭设计师 2-5：火箭模型发射计划 2-6：火箭模型发射大比拼
探究问题3	太空有什么？
活动	3-1：探秘空间站 3-2：寻访太空的奥秘 3-3：仰望星空 3-4：探月工程 3-5：月亮被"吃"掉了 3-6：我们的太阳系 3-7：宇航员的太空生活
探究问题4	我的航天梦
活动	4-1：科学家故事会 4-2：探星计划 4-3：卫星工程师 4-4：给航天员的信 4-5：我是一名航天员 4-6：我们的梦想是星辰大海

五、活动案例

探究问题1:怎样才能当宇航员呢?

活动1-1:

神秘的宇航员

(一)活动目标

(1)理解故事内容,了解宇航员的主要活动和宇宙探索的意义。

(2)能用完整、连贯且富有想象力的语言,表达自己对宇航员和宇宙的独特见解与感受。

(3)尊重与敬仰宇航员职业,对航天事业充满好奇,培养不怕困难、勇于探索未知世界的精神。

(二)活动准备

(1)绘本:《神秘的宇航员》。

(2)多媒体素材:PPT展示宇航员在太空中生活和工作的场景,精选宇宙星空视频、火箭发射视频、宇航员返回地面视频及宇航员访谈视频片段。

(3)创意材料:彩笔、画纸、太空主题贴纸等,用于创意绘画。

(4)环境布置:预先布置好"小小航天角",准备中国航天事迹展板、宇航员模型及图片等。

(三)活动过程

1.视频引入:星空梦想启航

播放一段震撼的宇宙星空视频,配以轻柔的背景音乐,引导幼儿进入宇宙探索的氛围。

关键提问:

·小朋友们,你们看到了什么?

·想不想知道在这片浩瀚、神秘的宇宙中,有哪些勇敢的探险家呢?

2.阅读绘本:了解神秘的宇航员

(1)幼儿分组阅读。

每组配备绘本和故事导读卡(提示关键信息点),教师巡回指导,解答幼儿疑问,鼓励幼儿相互讨论。提示幼儿关注故事中的关键信息。

（2）故事讲述与讨论。

教师结合PPT，生动讲述绘本内容，适时插入宇航员访谈视频片段，增强故事的真实感和吸引力。

关键提问：

·宇航员为什么要去太空？他们面临了哪些挑战？

·你认识哪些中国的宇航员？他们有哪些了不起的成就？

·如果你是一名宇航员，你想在太空做什么？

3.创意表达：我心中的航天英雄

（1）创意绘画。

鼓励幼儿自由创作，画出自己心中的航天英雄，或想象中的太空探险场景，可使用贴纸装饰作品，增加趣味性。

（2）作品展示与分享。

幼儿展示自己的作品，并用完整、连贯的语言讲述画中的故事和自己的想法。

4.情感升华：致敬航天英雄

（1）集体致敬：展示我国宇航员照片。全体幼儿起立，向为中国航天事业作出贡献的宇航员们致敬，表达对他们的敬佩之情。

（2）展望未来：引导幼儿思考，未来的自己能为探索宇宙做些什么，激发幼儿的梦想与责任感。

（四）活动延伸

在班级设立"小小航天角"。展示幼儿制作的航天主题相关作品，定期更新中国航天新成就，鼓励幼儿持续关注航天动态。在区域中投放宇航员角色服装、道具等，开展"小小宇航员"角色扮演游戏，让幼儿亲身体验宇航员的日常工作，加深对宇航员职业的理解与尊重。

活动1-2：

怎样才能当宇航员？

（一）活动目标

（1）了解宇航员的职业特性、训练过程及所需技能。

（2）能用连贯的语言清晰地表述成为一名合格宇航员需要的条件。

（3）培养探索未知世界的好奇心，激发敢于面对挑战、追求梦想的勇气。

(二)活动准备

（1）经验准备：提前一周通知家长，协助孩子搜集宇航员选拔或训练的相关资料，鼓励亲子共读相关书籍或观看纪录片。

（2）物质准备：宇航员在太空中的生活与工作PPT，航天员选拔与训练视频，互动白板及白板笔，记录本和彩笔。

(三)活动过程

1.情境导入

观看简短而引人入胜的宇宙探索视频或故事，激发幼儿的兴趣，引出主题"我也想成为宇航员"。

关键提问：

·小朋友们，你们想不想像视频里的叔叔阿姨一样，在浩瀚的宇宙中遨游呢？

·那我们要怎么做才能成为宇航员呢？

2.集体议事

组织幼儿围绕问题展开讨论，鼓励幼儿积极发言，分享自己与家长的探索成果，可以是宇航员的故事，也可以是自己的感受和想法。将幼儿的想法分类呈现在白板上。

3.观看PPT

了解宇航员在太空中的具体工作和需要的特别技能。展示宇航员选拔与训练的视频，包括身体训练、技能学习、心理挑战等。

关键提问：

·宇航员在太空里要做什么工作？

·完成这些工作，宇航员需要具备哪些特别的技能？

·宇航员为什么要进行重力适应训练？

4.圆桌议事

成为宇航员的必备条件。

关键提问：

·为什么宇航员需要这么强壮的身体？

·成为宇航员之前会进行哪些训练？

·宇航员需要掌握哪些科学知识？

·他们最需要的心理素质是什么？

5.总结回顾

教师带领幼儿一起总结宇航员的基本职责、必备条件和训练过程。强调梦想的力量，鼓励幼儿坚持梦想，勇于探索未知世界。

6.创意记录

幼儿分组用图文并茂的方式记录今天议事内容和收获,包括自己的感悟、未来的梦想、计划等,制作成宇航员成长手册。

活动1-3：

小小宇航员训练营

（一）活动目标

（1）通过模拟宇航员的身体素质训练,增强幼儿的平衡能力、协调性和反应速度。

（2）培养幼儿的团队合作精神和集体荣誉感。

（3）激发幼儿对太空探索的兴趣和想象力。

（二）活动准备

关于太空的背景音乐,平衡木,"星球"（可以用彩色气球或泡沫球代替）,"宇航服"（简易纸板或自制服装）,"火箭"（用纸箱或塑料桶制作）。

（三）活动过程

1.热身运动

宇航员准备操。

2.游戏介绍

我们是一群小小宇航员,要进行身体素质训练,准备探索神秘的太空！但太空探索并不容易,我们会遇到各种挑战,你们准备好了吗?

讲解游戏规则和注意事项。

3.游戏环节

（1）平衡大闯关。

玩法:设置一条平衡木,幼儿依次走上平衡木,尝试保持平衡并走到终点。可以设置不同难度的平衡木,如调整宽度、高度或设置障碍物（如小隧道、栏板等）,也可加快速度通过平衡木。

目的:锻炼幼儿的平衡能力和协调性,同时培养他们的挑战精神。

（2）星球探险。

玩法:将"星球"散落在活动场地内,幼儿分成若干小组,每组穿上"宇航服",依次跑到场地内捡起一个"星球"并带回起点,下一位队员接力,直到所有"星球"都被收集完毕。在采集过程中,可以设置不同难度的障碍路线,如增加攀爬梯、跳跃、穿越沙包阵等。

目的:锻炼幼儿的奔跑能力、团队协作能力和身体协调性。设置不同难度的障碍路线,可以增加游戏的挑战性和多样性。

4.放松与结束

(四)活动延伸

鼓励家长带孩子到科技馆,参观了解宇航员的训练和选拔相关内容。

> **活动1-4:**
>
> **航空体能大冲关**

(一)活动目标

(1)通过体能挑战,增强幼儿的身体素质,包括力量、速度、耐力和协调性。

(2)培养幼儿的团队合作意识、竞争意识和解决问题的能力。

(3)了解宇航员的基本体能要求。

(二)活动准备

航空背景音乐,障碍赛道(包括模拟的飞机跑道、爬网、平衡木、跳跃区等),宇航员装备(如头盔、护目镜等),计时器。

(三)活动过程

1.跟随音乐进行热身操

2.游戏介绍

"欢迎来到航空体能大闯关! 在这里,你们将像真正的宇航员一样,接受一系列体能挑战。准备好了吗? 让我们一起飞向天空!"

3.游戏挑战

(1)挑战一:飞机跑道冲刺。

玩法:设置一条模拟的飞机跑道,幼儿依次从起点冲刺到终点。

目的:锻炼幼儿的速度和爆发力。

(2)挑战二:爬网越障。

玩法:设置一个爬网区域,幼儿需要爬过网子,模拟航空员在飞机上的攀爬动作。可以在网子下方设置一些软垫,以确保孩子们的安全。

目的:锻炼幼儿的上肢力量和协调性。

(3)跳跃区挑战。

玩法:设置一个跳跃区,包括不同高度的跳跃平台。幼儿需要依次跳过这些平台,模拟宇航员在紧急情况下的跳跃动作。

目的：锻炼幼儿的下肢力量和跳跃能力。

4.放松运动

活动1-5：

航天服的奥秘

（一）活动目标

（1）了解航天服的特点及其对于航天员在太空环境中的重要作用。

（2）能设计并介绍自己想象中的航天服结构及其功能。

（3）对航天科技充满探索欲。

（二）活动准备

（1）经验准备：幼儿与家长一起查找关于航天服的相关内容。

（2）物质准备：航天服模型的高清图片，航天服各部分的展示板，如头盔、手套、生命维持系统、通信设备等，每部分附上简要说明。提供彩笔、纸张、剪刀、胶水等，供孩子们设计制作自己的航天服时使用。

（三）活动过程

1.提出问题并讨论

教师："小朋友们，你们知道航天员在太空中为什么要穿特制的衣服吗？这些衣服和我们平时穿的衣服有什么不同呢？它们是用什么材料做的呢？"

（鼓励孩子们分享自己与家长一起查找到的信息，引导他们思考航天服在太空环境中的必要性）

2.家长答疑，了解航天服的结构和功能

（1）结构介绍：详细讲解航天服的主要部分，如头盔（保护头部，提供视野和通信设备）、手套（保护手部，确保操作灵活）、生命维持系统（提供氧气、调节温度和湿度）、压力服（维持身体内外压力平衡）等。

（2）功能阐述：解释每项设计如何帮助航天员应对太空的极端环境，如低温、缺氧、辐射、微重力等挑战。

3.幼儿设计并分享自己的航天服

（1）设计：孩子们根据所学知识和自己的想象，设计一款航天服。

（鼓励孩子们在设计中融入创新元素，比如特殊的防护装置、便捷的操作界面、个性化的装饰等。）

（2）分享：每位孩子上台展示自己的设计，并讲解航天服的特别功能及设计理由。

关键提问：

·你们设计的航天服有什么特别的功能呢？

·为什么这样设计？

其他孩子和教师给予正面反馈和提问，促进互动交流。

（3）总结：教师总结孩子们的精彩设计，强调航天服背后的科学原理和工程师们的智慧。

活动1-6：

宇航员在太空吃什么？

（一）活动目标

（1）了解宇航员在太空中的饮食习惯和太空食品。

（2）尝试亲自设计并制作太空食物。

（3）对太空食品充满好奇并愿意动手探索。

（二）活动准备

（1）经验准备：幼儿与家长一起查找关于太空食品的相关内容。

（2）物质准备：太空食品样本或图片，太空食品包装展示，制作太空食品的材料和工具。

（三）活动过程

1.提出问题，激发兴趣

关键提问：

·宇航员在太空中吃什么？

·他们的食物和我们在地球上吃的食物有什么不同呢？

2.观看视频，了解太空食品的特点

关键提问：

·太空食品有哪些特别的设计？它们为什么需要这样设计？

·太空食品是如何保证宇航员的营养需求的？

·在太空中，宇航员的饮食习惯有哪些变化？

3.设计并制作自己的太空食品

幼儿与家长一起,使用准备好的材料和工具,制作出既符合太空食品特点又具有创意的食品。

关键提问:

·你们设计的太空食品有哪些特殊的功能? 为什么这样设计?

4.分享与展示,鼓励幼儿相互交流和学习

关键提问:

·你们觉得哪种太空食品最有创意? 为什么?

5.结束活动,强调科学探索的重要性

讲述宇航员在太空中的饮食对维持健康和工作效率的重要性,鼓励幼儿继续探索太空科技的奥秘。

(四)活动延伸

鼓励幼儿在家中尝试制作简单的太空食品,如使用脱水蔬菜和水果制作干粮,或者设计一种新型的太空食品包装,以培养他们的动手能力和创新思维。

活动1-7:

我是小小宇航员

在快速发展的航天科技时代,让孩子们近距离接触航天知识,不仅能够激发他们对科学的热爱和探索精神,还能培养他们的创新思维和解决问题的能力。本次活动旨在通过"我是小小宇航员"的主题,为孩子们打造一个寓教于乐、亲子共学的平台,让他们在轻松愉快的氛围中增长见识,增进亲子关系。

(一)活动目标

(1)通过参观航天科普展览馆,增强孩子们对航天科技的认识和兴趣,拓宽科学视野。

(2)促进家长与孩子之间的情感交流,共同体验学习的乐趣,增进亲子关系。

(3)鼓励孩子们亲身体验航天科技展览,激发探索精神和创新思维。

(二)活动准备

1.场馆联系与资源挖掘

(1)提前与航天科普展览馆沟通,确定可参观区域、特色展品及可借用资源(如讲解器、互动设备等)。

(2)了解场馆的安全规定和特殊要求,确保活动顺利进行。

2.活动流程设计

(1)根据场馆布局和展品特点,设计合理的参观路线和体验环节。

(2)准备探索任务卡、手工材料、竞答题目等活动所需物品。

3.人员安排

(1)确定教师、家长志愿者及科普馆工作人员的分工。

(2)确保每一位参与的孩子都有家长或教师陪同,保障安全。

4.宣传与通知

(1)通过班级群、学校公告等方式向家长宣传活动信息,明确时间、地点、注意事项等。

(2)收集参与人员的名单,做好签到准备工作。

参与人员:班级幼儿和家长,教师,科普馆工作人员。

(三)活动过程

1.开幕式

简短介绍活动目的、流程安排及注意事项,进行安全教育。

2.参观体验并记录

(1)参观宇航科技主题展厅。

设置探索任务卡,寻找特定的航天器模型、讲解航天服功能、制作太空食品等,家长和孩子共同完成。

任务卡:发放探索任务卡,引导孩子和家长寻找特定展品,可以在航天服展示区、太空食品体验区等。然后锁定自己最感兴趣的内容并做详细记录。

互动讲解:鼓励家长与孩子共同阅读展板内容,或向工作人员提问,深入了解航空航天知识。

(2)观看航天科普影片,了解航天历史和宇航员生活。

3.亲子互动环节

(1)亲子制作航天模型。

材料准备:提供简易火箭模型制作材料(如纸板、颜料、胶水等)。

制作过程:家长和孩子一起动手制作,发挥创意,完成作品。

(2)航天知识有奖竞答。

题目设计:围绕航天知识设计趣味问答,题目难度适中,适合儿童。

奖励机制:准备小礼品作为奖励,鼓励孩子积极参与。

4.分享环节

(1)幼儿和家长一起分享自己的探索发现,讲解自己记录的内容,以及想法、困惑等。其他小朋友、家长和工作人员可以谈谈自己的认识和想法。

(2)幼儿分享自己制作的火箭模型,创意与功能介绍。

探究问题2：怎样才能上太空？

活动2-1：

火箭模型大联盟

（一）活动目标

（1）以问题"火箭是如何飞上天的？"为起点，激发幼儿对火箭科技的好奇心与探索欲，回顾并讨论火箭的基本原理。

（2）组织幼儿围绕火箭主题发挥创意和想象，通过绘画、讲述等形式表征火箭的构造与功能，引导幼儿拓展思维至太空探索的广阔领域。

（3）梳理幼儿提出的问题，共同确立下阶段探究的核心点，如火箭的种类、历史上的重要火箭发射事件等，并绘制思维导图，明确探究任务与分工。

（二）活动准备

（1）教师搜集整理关于火箭发射、火箭种类、太空探索等科普视频、图片及绘本资料。

（2）准备画纸、彩笔、剪刀、胶水等手工材料，供幼儿制作火箭模型或绘制火箭图画。

（3）在教室或活动区布置"火箭模型大联盟"主题墙，展示与火箭相关的知识及幼儿作品。

（三）活动过程

1.问题陈述与兴趣激发

（1）教师以"火箭是如何飞上天的？"这一问题作为开场，讲述火箭发射的基本原理，激发幼儿的兴趣。

（2）邀请对火箭有浓厚兴趣的幼儿分享自己知道的火箭知识或疑问，作为问题产生的背景。

2.深入讨论与创意想象

（1）引导幼儿对"火箭是如何飞上天的？"进行猜想和讨论，教师记录幼儿的回答。

（2）鼓励幼儿提出更多关于火箭的问题。

如：火箭有哪些部分？火箭为什么要去太空？有哪些著名的火箭发射事件？

（3）教师通过提问引导幼儿深入思考

如：如果我们要设计一个火箭去参加"火箭模型大联盟"，它会是什么样子？有哪些特别的功能？

3.问题梳理与思维导图绘制

（1）与幼儿一起梳理提出的问题，选择几个核心问题进行深入探究。

（2）引导幼儿绘制思维导图,将火箭的构造、功能、历史等重要信息以图形化的方式呈现出来。

（3）讨论并确定下阶段探究的具体任务,如收集特定的火箭资料、制作火箭模型、编排"火箭发射"的小剧场等。

4.任务分配与计划制定

（1）根据幼儿的兴趣和特长,分组进行任务分配,确保每个幼儿都能参与到探究活动中来。

（2）引导幼儿讨论并制定完成任务的时间表和具体步骤,鼓励幼儿之间相互帮助、合作完成。

（3）强调在探究过程中要保持好奇心和探究精神,勇于提出问题并尝试解决问题。

5.总结与展望

（1）在活动结束时,邀请各组幼儿展示他们的探究成果,分享在探究过程中的发现和感受。

（2）教师对活动进行总结,肯定幼儿的努力和成果,同时鼓励幼儿继续保持对太空探索的兴趣和热情。

（3）展望未来的探究方向,激发幼儿对未知世界的好奇心和探索欲。

活动2-2:

航天工具大揭秘

（一）活动目标

（1）以"你知道哪些航天工具?"为引导,开展讨论,回应幼儿在前期调查中的疑问。

（2）组织幼儿围绕航天工具进行猜想和表征,激发幼儿拓展思维,引导其关注航天科学的发展历史、现状及应用。

（3）梳理讨论内容,确立下阶段探究的核心方向,生成思维导图,并明确个人及小组的探究任务。

（二）活动准备

（1）资料收集:教师收集整理幼儿前期亲子调查中关于航天工具的资料,包括图片、视频、简单介绍等。

（2）环境布置:在活动室内设置"航天工具探索角",展示航天工具模型、图片和幼儿调查成果。

（3）材料准备:彩笔、纸张、手工材料,用于幼儿制作有创意的航天工具。

(三)活动过程

1.主题陈述与背景追溯

(1)教师引导。

教师陈述"你知道哪些航天工具?"这一问题,并简要介绍问题的来源和背景。

(2)幼儿分享。

邀请几位幼儿分享自己在家与父母一起调查到的航天工具,包括名称、外观、功能等。

2.深入讨论与猜想表征

(1)集体讨论。

教师组织幼儿围绕航天工具进行深入讨论,鼓励幼儿提出自己的猜想和疑问。

关键提问:

·你觉得哪种航天工具最神奇? 为什么?

·你知道这些航天工具是如何工作的吗?

·有没有你特别想了解的航天工具?

(2)表征记录。

教师记录幼儿的猜想和表述,鼓励幼儿用图画或简单的文字进行表征。

3.拓展思维与衍生问题

(1)教师引导。

在幼儿对航天工具有了一定了解后,教师抛出衍生问题,引导幼儿向更宽广的知识领域探索。

关键提问:

·未来的航天工具会有哪些变化?

·航天工具在我们的生活中有哪些应用?

(2)幼儿猜想。

幼儿针对衍生问题进行猜想和表述,教师记录并引导其关注航天科学的更多方面。

4.梳理问题与制作图表

(1)问题梳理。

教师和幼儿一起梳理讨论中提出的问题和猜想,明确下一步的探究方向。

(2)制作图表。

绘制航天工具思维导图,将各种航天工具及其特点、应用、发展历史等以图形化的方式展现出来。

5.明确任务与时间结点

(1)任务分配。

幼儿根据自己的兴趣和特长选择感兴趣的航天工具进行深入研究,明确个人及小组的探究任务。

（2）讨论时间结点。

师幼共同讨论确定探究任务的时间结点,确保幼儿在规定时间内完成探究任务。

活动2-3:

火箭模型飞上天

(一)活动目标

（1）通过观察和实验,让幼儿理解火箭升空的基本原理,即反作用力和推进力的应用。

（2）引导幼儿观察火箭升空的现象,记录实验过程,培养幼儿的观察力和科学记录习惯。

（3）鼓励幼儿根据观察到的现象,提出自己的疑问和猜想,激发创新思维和解决问题的能力。

(二)活动准备

（1）实验材料:简易的火箭模型发射装置(可购买或自制,确保安全)、水、小苏打、醋(或其他安全易得的反应物)、托盘或盆子接收反应物、记录本和笔。

（2）安全准备:确保实验区域通风良好,成人全程监督,避免幼儿直接接触反应物。

（3）多媒体素材:火箭升空的视频、图片资料,用于讲解和展示。

(三)活动过程

1.引入话题,激发兴趣

（1）故事导入。

讲述一个关于火箭升空的小故事,引出火箭升空的话题。

（2）问题引导。

提问幼儿:"你们知道火箭是怎么飞到天上去的吗?"激发幼儿的好奇心。

2.原理讲解,经验铺垫

（1）视频展示。

播放火箭发射的真实视频或动画,让幼儿感受火箭升空的震撼。

（2）原理讲解。

用简单易懂的语言解释火箭升空的基本原理,强调反作用力和推进力的作用。

3.模拟实验,观察记录

（1）实验准备。

分发记录本和笔,让幼儿准备好记录实验过程。

（2）实验操作。

在成人指导下，进行火箭模型升空的模拟实验。将小苏打和醋混合产生气体，推动火箭发射装置上升。

（3）观察记录。

观察指导：引导幼儿仔细观察火箭发射装置上升的过程，包括发射前的准备、发射瞬间的变化、火箭上升的速度和高度等。

记录要求：鼓励幼儿用图画或简单的文字记录实验过程，包括实验材料、操作步骤、观察到的现象等。

分享交流：实验结束后，邀请几位幼儿分享自己的观察记录和感受。

4.讨论总结，提升认识

（1）小组讨论。

幼儿分组讨论火箭升空的原因，结合实验观察和记录的内容，深化对火箭升空原理的理解。

（2）集体总结。

教师引导幼儿总结火箭升空的基本原理，强调观察记录在科学探索中的重要性。

（3）科学态度。

强调科学探索需要耐心、细致和准确地记录，鼓励幼儿在未来的科学活动中继续保持这种态度。

（四）活动延伸

继续鼓励幼儿用绘画、手工或故事等形式，表达自己对火箭升空的想象和理解。

活动2-4：

我是火箭模型设计师

（一）活动目标

（1）鼓励幼儿结合火箭知识，设计独特的火箭模型，培养创新思维。

（2）通过观看卫星发射视频，增进幼儿对航天科技的认识和理解。

（3）在小组合作中，提升幼儿的沟通协作能力，共同完成设计任务。

（二）活动准备

（1）设置"火箭设计中心"，布置模拟火箭发射控制台、设计桌、材料区（包含设计纸、彩笔、模型参考图等)。

(2)准备卫星发射的高清视频或VR体验内容,确保每个幼儿都能清晰观看。

(3)为每个小组准备设计记录本、彩笔、剪刀(用于剪裁设计图边缘,非必要制作工具)、尺子等辅助工具。

(4)制作"设计师""观察员""记录员"等角色卡片,供幼儿选择,以促进角色分工和合作。

(三)活动过程

1.梦想启航:角色入场

教师介绍活动背景,幼儿根据兴趣选择角色卡片(设计师、观察员、记录员),佩戴后正式进入"火箭设计中心"。

2.创意碰撞:设计工坊

(1)"设计师"们围坐设计桌旁,使用设计纸和彩笔开始绘制火箭模型设计图,同时"记录员"在一旁用文字或图画辅助记录设计思路。

(2)教师鼓励幼儿自由发挥,可以相互参观交流,但保持各自设计的独特性。

3.科技探索:预览火箭发射过程

"观察员"们被邀请到大屏幕前,提前预览卫星发射的视频片段,用简短的语言或手势向其他幼儿传达即将看到的精彩瞬间。

4.震撼瞬间:播放火箭发射过程

(1)全班幼儿围坐一起,通过大屏幕观看卫星发射的完整视频或VR体验。

(2)教师引导幼儿注意观察火箭发射的各个阶段,鼓励"记录员"用设计记录本记录下关键信息或感受。

5.智慧分享:设计汇报

(1)各小组回到设计桌旁,结合观看的发射视频,对设计图进行最后的完善或调整。

(2)每个小组选派代表,向全班展示设计成果,并分享设计背后的理念、从发射视频中学到的知识以及未来改进的方向。

(3)其他幼儿和教师可提问或给予建议,促进知识共享和思维碰撞。

6.星空梦想:设计复盘

邀请幼儿谈谈在了解其他组的火箭模型设计思路之后,对于自己小组的火箭模型设计有没有可以改进的地方和新的一些思考。

(四)活动延伸

(1)继续小组合作完善火箭模型设计图纸。

(2)鼓励家长与孩子一起探索更多航天知识,共同制作家庭版火箭模型设计图。

活动2-5：

火箭模型发射计划

（一）活动目标

（1）通过动手搭建火箭模型，锻炼幼儿的精细动作能力、手眼协调能力和空间感知能力。

（2）鼓励幼儿在设计与搭建过程中发挥创意，培养独立思考和解决问题的能力。

（3）在小组活动中，加强幼儿之间的沟通与合作，共同完成任务，体验团队合作的乐趣。

（4）对发射成功与未成功的火箭模型进行复盘，分析原因，培养幼儿的批判性思维和问题解决能力。

（二）活动准备

（1）根据幼儿前期的设计图纸，准备相应的搭建材料，如纸板、吸管、塑料瓶、胶带、剪刀等。

（2）制作简易的发射装置，如使用气球作为动力源，或利用橡皮筋的弹力进行发射。

（3）确保活动区域无尖锐物品，提醒幼儿在操作过程中注意安全，避免受伤。

（4）提供记录本、笔或相机，用于记录搭建过程和发射结果。

（三）活动过程

1.蓝图再现与团队集结

（1）教师引导各小组重温上一活动中完成的火箭模型设计图纸，唤起幼儿的记忆并激发他们的自豪感。

（2）小组内成员重新集结，根据各自的特长进行任务分配，为接下来的创作做准备。

2.创意构造工坊

幼儿们进入"创意构造工坊"，根据设计图纸和分配的任务，开始动手搭建火箭模型。

3.发射前哨站

（1）火箭模型搭建完成后，各小组转移至"发射前哨站"，对火箭模型进行最后的检查与调整。

（2）教师讲解发射安全知识，确保每位幼儿都了解发射流程与注意事项。

4.星际启程仪式

（1）在全班的期待中，各小组轮流进行"星际启程仪式"，即模拟发射。

（2）发射过程中，幼儿们认真观察并记录火箭模型的飞行状态。

5.星空轨迹复盘会

（1）发射结束后，各小组围坐一起，召开"星空轨迹复盘会"。

（2）教师引导幼儿从多个角度进行反思与总结，鼓励幼儿分享发射过程中的所见所感，分析成功与失败的原因，提出改进建议。

（四）活动延伸

1.作品展示

在班级或幼儿园内举办火箭模型作品展示会，邀请其他班级的小朋友或家长参观。

2.改进创作

根据复盘反思的结果，鼓励幼儿对火箭模型进行改进和再创作，不断提升作品的质量。

活动2-6：

火箭模型发射大比拼

第一次活动：星际共创坊·动力火箭亲子探索

（一）活动目标

（1）了解火箭不同类型的动力机制（如气球反作用力、橡皮筋弹力、水火箭等），火箭的基本构造和基本原理。

（2）培养幼儿的观察力、想象力、动手操作能力和问题解决能力。同时，加强家庭成员之间的沟通与协作能力。

（3）增进亲子关系，培养幼儿勇于探索、敢于尝试的科学家精神。

（二）活动准备

（1）宇宙探索主题的高清视频或精心制作的PPT。

（2）实物或视频展示不同动力类型（如气球、橡皮筋、水火箭、压缩空气等）的火箭模型，每种类型配有简要工作原理说明。

（3）火箭设计蓝图图纸、彩色铅笔、蜡笔、剪刀、安全胶水等绘画和手工工具。

（4）丰富的制作材料，包括但不限于纸板、吸管、气球、橡皮筋、塑料瓶、打气筒、小型发动机模型（安全版）等。

（三）活动过程

1.星际任务发布

播放关于宇宙探索的视频，引发幼儿对航天的兴趣，介绍活动主题"星际家庭工程师"。

2.动力类型探索站

设立探索区域，展示并操作不同动力源的实验模型，亲子共同了解每种动力的基本原理。

3.家庭讨论与设计

家长与幼儿组成小组,讨论并选择一种或多种动力类型,进行火箭模型设计。

4.创意蓝图绘制

家庭为单位绘制火箭模型设计蓝图,标注动力类型及创新点。

5.星际工坊启用

以家庭小组根据设计蓝图开始制作火箭模型,教师巡回指导并记录问题。

第二次活动:星际改造师·火箭性能优化

(一)活动目标

(1)深入探索火箭模型性能优化的原理和方法,如调整重心、增加尾翼稳定性、改进动力系统等。

(2)发展幼儿的批判性思维、实验设计能力和数据分析能力。

(3)培养幼儿面对挑战时的耐心、毅力和团队合作精神。

(二)活动准备

(1)初步制作的火箭模型。

(2)挑战任务书,明确升级改造要求。

(3)额外的制作材料和工具,供幼儿尝试新方法。

(三)活动过程

1.成果巡礼

(1)设立"星际展览区",展示各家庭初步制作的火箭模型。

(2)家庭间相互参观,交流制作心得,提出改进建议。

2.挑战任务书

(1)教师发放"挑战任务书",提出具体的升级改造要求,如增加稳定性、提高升空高度等。

(2)家庭讨论并制订改造计划,教师提供必要的指导和支持。

3.星际工坊深加工

(1)家庭进入"星际实验室",根据改造计划对火箭模型进行升级。

(2)教师鼓励幼儿尝试新材料、新方法,培养创新思维和解决问题的能力。

4.测试与优化

(1)家庭在户外试飞区域对升级后的火箭模型进行安全检查,准备试飞。

(2)在安全区域进行火箭模型试飞,记录数据,并根据测试结果进一步调整优化。

第三次活动：星际竞技场·火箭发射大比拼

(一)活动目标

(1)激发幼儿的竞争意识与团队合作精神。

(2)培养幼儿面对失败不放弃、勇于探索的科学家精神。

(二)活动准备

(1)各家庭小组升级后的火箭模型。

(2)室外安全发射区布置,确保观众与发射区保持安全距离。

(3)专业测量工具(测距仪、秒表)。

(4)《小小宇航员》音乐及表演道具。

(5)观众席布置,邀请大班其他班级教师及幼儿作为观众。

(三)活动过程

1.星际观众入场

大班其他班级教师及幼儿有序入场,就座观众席。

2.星际启航仪式

幼儿表演《小小宇航员》,迎接观众到来,小主持人介绍比赛规则。

3.星际竞技场对决

(1)按照抽签顺序,各家庭小组轮流介绍自制的火箭动力类型并发射火箭模型。

(2)裁判使用专业工具记录火箭的升空高度和飞行时间。

(3)观众为参赛家庭加油助威。

4.星际荣耀时刻

(1)根据记录的数据,现场评选出"升空高度最高""飞行时间最长"等奖项。

(2)颁发奖品和证书。

(3)邀请获奖家庭分享制作和改造经验,教师总结活动亮点,鼓励幼儿继续探索科学奥秘。

(4)邀请小观众上台分享观看感受。

(四)活动延伸

星际探索日记:鼓励幼儿用前书写的方式记录火箭制作和发射的全过程,包括遇到的问题、解决的方法以及自己的感受和收获。

探究问题3：太空有什么？

活动3-1：

探秘空间站

（一）活动目标

（1）组织幼儿通过资料搜集、分享、知识竞答等多种方式，内化整合航天经验，了解空间站的相关知识。

（2）梳理问题，形成关于空间站的"幼儿问题地图"。

（3）探索空间站奥秘，激发幼儿的好奇心和求知欲。

（二）活动准备

（1）幼儿通过亲子阅读、查阅资料等方式搜集关于中国空间站的相关知识。

（2）"探秘空间站"PPT。

（3）A3白纸和勾线笔。

（三）活动过程

1.幼儿讨论：什么是空间站？

（1）幼儿分组分享自己搜集到的关于中国空间站的相关知识。

（2）各组选取代表在集体中进行分享讲述。

（3）教师分享PPT"探秘空间站"，重点介绍中国空间站的功能构造、发展历史和作用。

2.知识问答

（1）教师组织幼儿进行中国空间站知识竞答比赛。

（2）梳理已经获得的关于空间站的知识，组织幼儿讨论"我的问题"。

关键提问：

·宇航员在空间站怎么生活？关于空间站，你还有什么别的问题？

小组汇总，各组讨论后将问题记录纸上，形成"幼儿问题地图"。

3.记录总结

各小组针对本组问题，自选方式寻找答案并记录，形成"儿童海报"。

活动3-2:
寻访太空的奥秘

（一）活动目标

（1）开阔眼界，了解天文知识，探索浩瀚宇宙的无穷奥秘。

（2）能在参观中根据所制作的问题清单，通过看、听、问等多种渠道寻求答案并记录。

（3）激发幼儿崇尚科学、探索未知的热情。

（二）活动准备

（1）提前与西南大学天文馆沟通，协调研学时间和具体方案。

（2）与幼儿园报备，落实外出交通、随行人员。

（3）发送通知提醒家长研学家园配合工作。

（4）师幼共同制作参观问题清单。

（三）活动过程

1.寻访前

（1）进行安全教育，跟随参观队伍不掉队，不单独行动；提醒幼儿文明参观，未经允许不要随意触碰馆内标本及展品。

（2）教师对天文馆做简单介绍，引发幼儿好奇心和探究欲望。

（3）幼儿想象"我眼中的太空"。

关键提问：

·太空是什么样子的？太空里有什么？

（4）师幼共同制作参观问题清单。

关键提问：

·我想知道什么？我有什么问题想问科学家？

2.寻访中：游学访馆，直观感受太空奥秘

（1）到达天文馆，结合讲解仔细参观，按顺序参观地月系、太阳系、行星与恒星部分。

（2）沉浸式体验：参观天象厅。

在天象厅观星过程中，找到"我最喜欢的行星"。

听取讲解，认识星座，了解星座与季节、节气、时序的内在联系。

（3）与天文馆的科研人员互动，鼓励幼儿将自己的问题清单中的问题与科研人员大胆交流，并记录结果。

3.寻访后:记录整理参观收获

(1)小组交流讨论参观的收获。

关键提问:

·通过本次参观,你印象最深的内容是什么?

·通过参观,你的哪些问题得到了解决?

·你对太空还有哪些感兴趣的问题? 你准备通过什么方式去寻求答案?

(2)幼儿将自己新的好奇点记录下来,回家后与家长分享,邀请家长共同寻找合适的方法继续探索浩瀚宇宙的奥秘。

活动3-3:

仰望星空

(一)活动目标

(1)在专业天文望远镜的帮助下,幼儿近距离真实观测星空,感受宇宙浩瀚,提升对天文的兴趣。

(2)能使用望远镜或肉眼观察星空,对照星图,尝试辨认一些常见的星座和行星。

(3)在与同伴分享的经验心得过程中,共同交流学习,增进友谊。

(二)活动准备

(1)确定观星地点(远离城市灯光,视野开阔的地方),提前查询天气预报,选择天气晴朗、无云的夜晚。

(2)观星装备:望远镜、星图等。

(3)携带保暖衣物,预防感冒;准备食物、饮料,保持体力。

(三)活动过程

1.活动介绍

邀请天文馆的老师,在观星前进行简单的天文知识讲解,介绍星座、行星等基本概念。

2.观星准备

使用望远镜或肉眼观察星空,尝试辨认一些常见的星座和行星。

(1)亲子组装调试望远镜等观星工具。

(2)开始进行初步肉眼观星,感受星空的浩瀚。

(3)对照星图,尝试辨认一些比较明显的星座。

（4）用望远镜观测一些有趣的天体,如月球、土星、木星等。（配合讲解）

寻找流星雨。（在特定季节可以尝试进行此项活动）

亲子准备天文科普,在观星过程中与其他参与者分享,增加观星趣味性和知识性。

3.观星结束,收拾装备,带走垃圾

活动3-4:

探月工程

（一）活动目标

（1）了解探月工程（嫦娥工程）的相关知识和意义。

（2）能和同伴共同探究月亮的基本特征,用清晰的语言表达自己的认识。

（3）幼儿愿意自主探索、想象,对国家的科学事业发展有巨大的荣誉感。

（二）活动准备

（1）幼儿提前一月在家进行月相观测,记录月相变化。

（2）"嫦娥探月工程"PPT。

（3）超轻黏土。

（4）面粉、鹅卵石。

（三）活动过程

（1）幼儿分组展示交流自己的月相观察记录。

（2）各组选取代表在集体中进行分享讲述。

（3）组织幼儿想象与讨论,进一步了解月球。

集体讨论分享:月球上有什么? 教师记录幼儿猜想。

出示月球表面图片,引发幼儿思考月球表面的坑洼形成原理。

关键提问:

·月球上为什么会有一个一个的坑洼?

（4）展示用鹅卵石撞击面粉的实验,让幼儿理解月球表面坑洼形成原理（流星撞击月球在月球表面形成的陨石坑）。

（5）教师分享PPT"嫦娥探月工程",介绍嫦娥工程三阶段及对我国航天技术发展的意义。

（6）幼儿用超轻黏土制作月球。

活动3-5：

月亮被"吃"掉了

（一）活动目标

（1）通过实验让幼儿对月食现象产生进行观察和理解。

（2）通过科普讲解、实验操作，理解月相变化原因，认识月食是日、地、月三个天体运动形成的天文现象。

（3）对生活中的自然现象感兴趣，感受模拟实验对天文研究的重要作用。

（二）活动准备

（1）与科学家提前联系，确定科普讲解人员进校园的时间与主题。

（2）地球模型、电筒、泡沫球、小木棍。

（3）月食科普视频。

（三）活动过程

1.回顾月相观察结果，了解月相变化原因

关键提问：

·月亮是自己在发光吗？

2.请科学家进校园讲解日地月关系

3.模拟实验

通过模拟实验观察、验证月相变化原因，发现特殊天文现象：月食。

（1）教师操作日地月三球运动过程，幼儿观察。

（2）引导幼儿发现运行过程中天体间的一些有趣现象，比如月食。

关键提问：

·当月食发生时，会发生什么现象？

4.播放视频

月食相关的纪录片，了解月食形成过程。

5.幼儿进行模拟月食实验

（1）将手电筒、地球模型、小木棍支起来的泡沫球摆在一条直线上，分别代表太阳、地球、月球。

（2）模拟三球运动过程：打开手电筒，操作小木棍支起的泡沫球，使其围绕地球模型转圈。

(3)观察"地球"挡住"太阳"时,"月球"的光影变化情况,记录"月球"表面的光影变化过程。

6.幼儿分小组集体展示,分享观察结果

活动3-6:

我们的太阳系

(一)活动目标

(1)初步了解太阳系及八大行星的名称与特点。

(2)能积极动手操作,制作八大行星模型。

(3)萌发探索宇宙科学的好奇心。

(二)活动准备

(1)故事视频"我们的太阳系"。

(2)尺子、白纸、剪刀、绳子、水彩笔、打孔器。

(三)活动过程

1.经验回顾

拓展幼儿认知;由"日、地、月"延伸到"太阳系家族"。

关键提问:

·地球、月亮都是太阳系中的成员,太阳系家族中还有谁?

2.观看视频

结合视频"我们的太阳系",认识太阳系八大行星。

(1)认识八大行星的名称与特点。

(2)按照距离太阳由近到远的顺序排序。

(3)了解八大行星,根据组成物质可以分成固态行星(表面是岩石)和气态行星(表面是气体)。

3.操作活动:制作太阳系模型

(1)根据八大行星等比例缩小直径数据,幼儿用尺子画出八大行星模型直径。

(2)连接直径头尾,画出圆形。

(3)根据八大行星的特点涂色。

(4)按照距离太阳由近到远的顺序将八大行星连起来,串成串。

4.作品展示分享

活动3-7:

宇航员的太空生活

(一)活动目标

(1)阅读绘本,了解关于航天员在空间站里的生活工作内容。

(2)了解宇航员的一天,创作新的绘本——《空间站的一天》。

(3)激发幼儿对神秘太空的向往和探索未知的欲望。

(二)活动准备

(1)绘本《你好! 空间站》电子书和纸质绘本数册。

(2)彩色笔和大白纸贴纸等创作材料。

(3)太空背景音乐,营造氛围。

(三)活动过程

1.创设情景,引出"空间站"的话题

教师讲述:地球上的小太空迷们,我们的"天宫"空间站已经建好了! 有一群勇敢的宇航员,通过层层选拔,即将去空间站开始一段奇妙的时光。你们想不想知道他们在太空的生活是怎样的呢?

关键提问:

·宇航员在空间站的时光会是什么样的呢?

2.绘本阅读

(1)集体阅读绘本第一部分,了解宇航员一天的基本活动流程。

阅读内容:第1~19页

关键提问:

·宇航员在梦天实验舱(中国空间站的大型舱段之一)的主要工作是什么?

他们锻炼时穿的特殊服装是什么? 有什么作用?

在空间站怎样清洁身体? 洗发液又有什么特别的地方?

宇航员的卧室是什么样的? 太空中冷不冷?

在太空中,一天可以看到几次日出和日落?

(2)自主研读绘本第二部分,了解宇航员在太空中的其他活动。

阅读内容:第20~31页

任务:幼儿自主阅读,了解宇航员在太空中的其他活动。

3.分组讨论与分享

讨论议题:宇航员在太空中晨练的时候要注意什么?

在进行医学检测时,浅灰色宇航服的神奇之处是什么?

进行出舱活动时的感受是什么?

"太空快递员"是谁?它送来了什么?

分享:每组选一名代表,在集体中分享讨论结果。

4.创作绘本

(1)幼儿根据自己的想象和理解,创作属于自己的绘本——《空间站的一天》。

(2)教师巡回指导,鼓励幼儿发挥创意,描绘宇航员在空间站里的一天。

(3)幼儿展示自己的绘本,并简单介绍创作内容。

(四)延伸活动

将创作的绘本放在班级活动区,鼓励幼儿自选阅读与分享,鼓励幼儿继续保持对太空的好奇心和探索精神。

探究问题4:我的航天梦

活动4-1:

科学家故事会

(一)活动目标

(1)讲述中国航天领域专家的故事,让幼儿了解航天领域专家作出的重大贡献,初步认识到科学家对人类社会进步起到的关键作用。

(2)在聆听科学家故事的过程中,幼儿能够学会从故事中发现问题,提出自己的问题,培养幼儿的语言表达能力和倾听能力和初步的探究意识。

(3)让幼儿感受科学家面对挑战勇于探索、坚持不懈、为国奉献的精神,激发幼儿对科学家的敬佩之情。

(二)活动准备

(1)故事材料:准备关于中国航天领域专家的简短故事,如长征五号系列运载火箭总设计师李东、空间站系统总设计师杨宏、北斗卫星导航系统工程副总设计师谢军等的故事。

(2)图片与视频:相关科学家的图片、中国航天成就的视频片段。

（3）道具：简单的火箭模型、太空服玩具等，用于增强活动趣味性。

（4）背景音乐：轻松愉快的背景音乐，营造探索氛围。

（三）活动过程

1.引题谈话，激发兴趣

（1）提问引出话题。

我们头顶上的这片天空有什么神奇的地方吗？有一群非常了不起的人，他们用自己的智慧和勇气，去探索那片未知的领域，他们就是我们中国航天领域的专家们。

（2）激发幼儿倾听中国航天领域的专家们故事的兴趣。

2.讲述科学家故事

（1）介绍长征五号系列运载火箭总设计师李东。简述他带领团队克服重重困难，成功研制出长征五号运载火箭的过程。强调团队合作、坚持不懈的精神。

（2）介绍空间站系统总设计师杨宏。他从年轻时就投身航天事业，为中国空间站建设做出的贡献。强调责任担当、精益求精的态度。

（3）讲述北斗卫星导航系统工程副总设计师谢军。他面对压力和挑战，带领团队完成北斗卫星导航系统建设的故事。强调爱国情怀、勇于担当的精神。

3.互动环节

（1）故事大擂台。

邀请几位小朋友上台，用自己的话复述刚才听到的科学家故事，或者分享自己知道的其他科学家的故事。

（2）提问与讨论。

听了这些故事，科学家有哪些值得幼儿学习的精神？如果你将来也想成为科学家，你会怎么做呢？

4.观看视频与图片

（1）播放中国航天成就的视频片段，展示火箭发射、空间站建设等壮观场景。

（2）展示科学家的图片，让幼儿更直观地感受科学家的风采。

（四）活动延伸

（1）教师总结：中国航天领域专家为我们国家的航天事业作出了巨大的贡献。希望小朋友们也能像他们一样，勇敢探索、努力学习，将来为我们的祖国贡献自己的力量。

（2）鼓励幼儿回家后与家人一起查找更多科学家的故事，并在下次活动中分享。

活动 4-2：

探星计划

（一）活动目标

（1）巩固幼儿对行星、恒星、卫星等天文基本概念的认识,通过实际操作天文望远镜观察星空,增强幼儿的观察能力和空间想象力。

（2）引导幼儿在家长的协助下,使用天文望远镜进行观测,学会记录并分享自己观察到的行星特征,培养科学探究精神和团队合作能力。

（3）激发幼儿对宇宙的好奇心和探索欲,培养爱护自然、尊重科学的情感态度,鼓励幼儿勇敢追求梦想,设计未来探索计划。

（二）活动准备

（1）物质准备:小型便携式天文望远镜若干(确保安全使用)、观测记录本、彩笔、星空图、关于行星、恒星、卫星的简要介绍资料。

（2）环境布置:选择晴朗无云的夜晚,在空旷户外安全区域设置观测点,布置成小型天文观测站氛围。

（3）家园互动:提前告知家长活动安排,邀请家长参与,共同准备观测工具,并简单培训家长如何协助幼儿使用天文望远镜。

（4）安全教育:强调观测过程中的安全注意事项,如不乱跑、不直视太阳等。

（三）活动过程

1.活动导入

（1）故事引入:讲述一个关于勇敢小宇航员探索宇宙的故事,激发幼儿兴趣。

（2）回顾经历:引导幼儿回忆参观天文馆的经历,分享印象最深刻的星星或天文现象。

2.观测对象与方法

（1）简要回顾行星、恒星、卫星的定义及特点。

（2）教师或家长示范如何正确使用天文望远镜,强调观察时的注意事项。

3.亲子观测

（1）分组观测:幼儿与家长一对一使用天文望远镜观测星空。

（2）记录发现:鼓励幼儿用图画或简单文字记录自己观察到的星星特征,如颜色、亮度、形状等。

（3）寻找最爱:引导幼儿找到并确定自己最喜欢的星星,尝试识别其类型(如是否为行星、恒星等）。

4.分享交流

（1）亲子分享：幼儿分享自己观察到的星星，以及为什么喜欢它，家长可辅助说明。

（2）集体讨论：讨论不同行星的特点，加深幼儿对宇宙多样性的理解。

5.设计探索计划

（1）创意激发：引导幼儿想象如果将来有机会去探索自己最喜欢的那颗星星，要提前准备什么、怎么做？

（2）绘制计划：幼儿用彩笔在记录本上设计自己的"探星计划"，包括所需装备、探索路线、可能遇到的挑战及解决方法等。

（3）展示与点评：幼儿展示自己的计划，教师和家长给予鼓励和建议。

6.活动总结

（1）情感升华：强调探索宇宙需要勇气和智慧，鼓励幼儿保持好奇心，努力学习，为实现梦想而努力。

（2）安全提醒：再次强调观测星空时的安全注意事项，感谢家长的参与和支持。

（四）活动延伸

（1）在班级航天角区域中，增加"小小天文学家"板块内容，用于展示幼儿的观测记录和探索计划，鼓励持续观察和记录。

（2）组织后续的天文知识小竞赛或故事创作活动，进一步激发幼儿对天文的兴趣。

活动4-3：

卫星工程师

（一）活动目标

（1）培养幼儿的观察力、想象力和创造力，通过设计、绘画和手工制作人造卫星。

（2）锻炼幼儿的团队协作能力，体验团队合作的乐趣。

（3）让幼儿了解我国人造卫星的历史，激发对航天科学的兴趣。

（二）活动准备

（1）教学材料：关于中国人造卫星历史的图片和视频资料。卫星模型或图片（如"东方红一号"）。白纸、彩笔、剪刀、胶水、彩纸、废旧纸盒、塑料瓶等手工材料。小组活动所需的纸杯、小铁丝等辅助材料。

（2）环境布置：在教室或活动区域布置一个小型航天展览区，展示卫星图片和相关知识，准备好黑板或大白纸，用于展示和讲解。

（三）活动过程

1.导入部分

（1）故事引入，讲述一个简短的关于中国人造卫星"东方红一号"发射成功的故事，激发幼儿的兴趣。

（2）观看一段关于中国人造卫星历史的视频，让幼儿直观感受卫星发射的壮观场景。

2.观看图片资料

（1）展示不同类型的人造卫星图片，引导幼儿观察并描述卫星的特征。

（2）简要介绍人造卫星的基本概念、作用，以及我国在卫星技术方面的发展历程。强调卫星对现代生活的影响，如在通信、气象预报、导航中的运用等。

3.设计绘画

（1）教师引导幼儿想象自己是一名卫星工程师，要设计一颗独特的人造卫星。鼓励幼儿发挥想象，思考卫星的形状、颜色、功能等。

（2）幼儿使用彩笔和白纸进行绘画创作，画出自己设计的人造卫星。

（3）教师巡回指导，帮助幼儿解决绘画中遇到的困难。

4.创客制作

（1）将幼儿分成若干小组，每组分配手工材料。

（2）引导幼儿根据自己的设计图纸，结合手工材料（废旧纸盒、塑料瓶等）进行人造卫星模型的制作。鼓励幼儿互相协作，共同完成作品。

（3）幼儿在小组内分工合作，使用剪刀、胶水等工具进行手工制作。教师巡回指导，确保幼儿的安全和制作的顺利进行。

5.展示与评价

（1）作品展示：每组幼儿展示自己的作品，并简单介绍自己的设计理念和制作过程。

（2）集体评价：教师和幼儿共同点评各组作品，表扬创意独特、制作精美的作品。鼓励幼儿相互学习，共同进步。

（四）活动延伸

（1）教师总结本次活动的内容，强调人造卫星的重要性和我国航天技术的发展成就。鼓励幼儿继续关注航天科学，培养探索太空中其他未知领域的兴趣。

（2）在班级"小小航天角"，展示更多的航天知识和模型，供幼儿随时学习和探索。

（3）组织幼儿观看更多航天相关的纪录片或科普节目，拓宽他们的视野。

活动 4-4：

给航天员的信

（一）活动目标

（1）引导幼儿学习如何撰写简单的信件，表达对航天员的敬仰。

（2）鼓励幼儿表达自己的航天愿望，提升想象力和语言表达能力。

（3）激发幼儿对太空探索的兴趣，培养好奇心和探索欲。

（二）活动准备

（1）航天员工作、生活的图片或视频资料。

（2）太空知识的简单介绍卡片或PPT。

（3）彩色纸、笔、信封、贴纸等书写工具。

（4）示范信件模板或教师事先准备好的一封给航天员的信。

（5）准备一张大纸板作为"太空邮局"，用于展示幼儿的信件。

（三）活动过程

1.引入话题

（1）播放一段航天员在太空中的工作、生活视频或展示相关图片，引起幼儿的兴趣。

（2）引导幼儿简单讨论自己对太空的了解和想象，鼓励他们提出关于太空的问题。

2.了解航天员与太空

（1）介绍航天员：用简单易懂的语言介绍航天员的职责、训练过程以及他们在太空中的生活。

（2）分享航天知识：通过卡片或PPT展示一些基本的航天知识，如火箭发射、卫星绕地、月球探索等。

（3）鼓励幼儿提出自己的疑问，教师适时解答。

3.用前书写的方式给航天员写一封信

（1）教师展示一封自己写给航天员的示范信件，引导幼儿观察信件的格式和内容。强调信件中使用礼貌用语清晰表达问题或愿望的重要性。

（2）分发彩色纸、笔、信封等材料给幼儿，指导他们开始给航天员写信。

（3）鼓励幼儿在信中表达自己对航天员的敬仰之情，提出自己关于太空的问题或分享自己的航天愿望。

（4）教师巡回指导，帮助幼儿用适宜的前书写方式表达自己的想法。

4.分享与交流

（1）信件展示：请几位自愿分享的幼儿把信和大家分享。

（2）引导幼儿相互欣赏和评价，给予正面鼓励。

（3）针对幼儿信中提到的问题或愿望，组织全班进行简短讨论，增进对太空知识的理解。

（四）活动延伸

（1）教师总结本次活动的内容，强调探索太空的重要性，鼓励幼儿保持好奇心和求知欲。

（2）将所有幼儿的信件固定在"太空邮局"上，可以在后续活动中，模拟将信件"寄出"给航天员的仪式，增加活动的趣味性和仪式感。

活动4-5：

我是一名航天员

（一）活动目标

（1）培养幼儿的语言表达能力和想象力，通过集体创编活动，学会围绕"我是一名航天员"这一主题创作简单的儿童诗歌。

（2）增强幼儿的团队合作意识，体验集体创作的乐趣。

（3）激发幼儿对太空探索的兴趣和好奇心。

（二）活动准备

（1）物质准备：太空、星球、航天员等主题的图画或PPT。彩色纸、笔、剪刀、胶水等手工制作材料（用于后续延伸活动）。音乐《小星星》或其他轻松愉快的太空主题音乐。

（2）经验准备：幼儿已有关于太空、航天员的基本知识，如航天员的工作、太空服的特点、火箭发射过程等。已通过游学访馆等活动对星座、行星等概念有简单了解。

（三）活动过程

1.导入环节

（1）播放太空主题音乐，引导幼儿进入情境。

（2）出示太空图片或PPT，提问："小朋友们，你们看到这些图片想到了什么？有没有想过成为航天员，去探索神秘的宇宙呢？"激发幼儿兴趣。

2.知识回顾与分享

（1）复习与航天员相关的知识：请几位幼儿分享自己对航天员的了解，教师适时补充，确保信息准确。

(2)讨论航天员的一天:引导幼儿想象航天员在太空中的生活和工作,为接下来的诗歌创编做准备。

3.诗歌创编

(1)分组讨论:将幼儿分成若干小组,每组4~5人,鼓励幼儿围绕"我是一名航天员"这一主题,讨论并使用前书写的方式记录下想要表达的内容。

(2)教师引导:提供几个诗歌开头的示例,如"穿上闪亮的太空服,我梦想起航""在星辰大海中遨游,我是勇敢的航天员",引导幼儿模仿或创新。

(3)集体创作:每组选出一名代表,将小组讨论的内容整合成一段诗歌,并在全班面前朗读。其他幼儿和教师给予掌声和鼓励。

(4)整合优化:在所有小组展示后,教师引导全班幼儿共同讨论,选取最有趣、最富有想象力的句子,整合成一首完整的班级诗歌。

4.诗歌朗诵与展示

(1)全班朗诵:在教师的带领下,全班幼儿一起朗诵这首集体创作的诗歌,感受团队合作的成就感。

(2)创意表演:鼓励幼儿用肢体语言、简单道具(如手工制作的太空帽、星球模型)等,为诗歌朗诵增添趣味性。

(四)活动延伸

鼓励幼儿将今天学到的知识和创编的诗歌分享给家人,共同探索更多关于太空的知识。

我的太空梦

我是小小航天员，

穿上大大太空衫。

按钮闪闪亮晶晶，

飞船嘟嘟要上天。

星星对我眨眼睛，

月亮姐姐笑盈盈。

我说："嗨！你们好！"

它们回答："欢迎你！"

飞过高高大气层，

看见地球圆又蓝。

大海像块大宝石，

云朵是朵朵棉花糖。

我想摘颗星星糖，

送给妈妈尝一尝。

再和月亮捉迷藏，

太空里真好玩！

航天员的一天

早上醒来好特别，

枕头软软飘起来。

穿上宇航服去探险，

系好鞋带不怕摔。

飞船里面真神奇，

按钮多多像玩具。

我说"出发"，它就飞，

嗖嗖飞到云里去。

看见太阳大又红，

太阳公公早上好！

还有好多小行星，

排队跟我做游戏。

晚上星星当被子，

月亮弯弯像摇篮。

梦里还在太空游，

明天还要再去玩。

星星的朋友

我是航天员宝宝，

星星是我的好朋友。

它们一闪一闪的，

好像在对我笑呢。

飞船带我去旅行，

星星领路不迷路。

我们还玩捉迷藏，

我找星星它找我。

月亮是个大圆盘，

上面住着玉兔仙。

我轻轻说声嗨，

它害羞地躲云间。

太空里真好玩，

下次还要带朋友。

一起探险多快乐，

我们是勇敢的小小航天员！

活动4-6：

我们的梦想是星辰大海

在幼儿心中播下探索未知、追求梦想的种子,是幼儿教育的重要使命之一。本次"我们的梦想是星辰大海"作品展活动,旨在通过"我的航天梦"这一主题,激发幼儿对宇宙的好奇心与探索欲,鼓励他们用自己的方式表达对未来世界的憧憬与想象。通过多样化的作品形式,不仅锻炼了幼儿的创造力、动手能力及语言表达能力,还促进幼儿之间的交流与分享,共同营造一个充满梦想与希望的学习氛围。

(一)活动主题

我们的梦想是星辰大海——"我的航天梦"作品展。

(二)活动目标

(1)培养幼儿的创造力、想象力和动手能力。

(2)提供平台,让幼儿展示自己的才华与梦想。

(3)增强幼儿的自信心与表达能力,促进同伴间的交流与合作。

(4)激发幼儿对航天科学的兴趣与热爱。

(三)活动时间

××月××日(具体时间根据幼儿园安排)。

(四)活动地点

幼儿园多功能厅/展览室。

(五)参展作品形式及要求

1.手工及绘画作品

内容:围绕"我的航天梦"主题,可以是太空飞船、宇航员、星球、火箭等形象的设计或描绘。

要求:作品需由幼儿独立完成或在成人辅助下完成,鼓励创新,展现个人特色。

提交方式:作品需附简短介绍(可由家长协助撰写),说明创作灵感及寓意。

2.故事讲播

内容:自编或改编与航天相关的故事,讲述自己的梦想,以及对航天的理解。

要求:故事内容积极向上,富有想象力,适合幼儿听众。

展示方式:幼儿可通过单独或小组合作的方式进行故事讲播,可配合简单道具和背景音乐。

3.戏剧表演

内容:以航天探索为主题,编排小剧场或短剧,展现航天探索的场景或故事。

要求:角色分配合理,表演自然流畅,能够吸引观众注意。

准备工作:教师可提前指导幼儿排练,准备必要的服装、道具和布景。

(六)活动流程

(1)开场致辞:由园长或教师代表致开幕词,介绍活动意义及目的。

(2)作品展示。

手工及绘画作品区:设置展板或展台,展示幼儿作品,家长及幼儿可自由参观。

故事讲播区:设置小舞台,配备音响设备,幼儿轮流上台讲播故事。

戏剧表演区:安排在固定时间段进行戏剧表演,邀请全园师生及家长观看。

(3)互动环节:设置问答、投票等互动环节,增加活动的趣味性和参与感。

(4)颁奖仪式:根据作品质量、创意及观众反馈,评选出优秀作品并颁发证书或奖品。

(5)闭幕致辞:总结活动亮点,鼓励幼儿继续追寻梦想,期待下次相聚。

(七)注意事项

(1)确保活动现场安全,避免使用尖锐物品、易碎品等危险物品。

(2)提前与家长沟通,明确活动安排及注意事项,鼓励家长参与和支持。

(3)关注幼儿情绪变化,适时给予鼓励与帮助,确保每位幼儿都能积极参与并享受活动过程。

(4)做好活动记录与总结,为后续活动提供参考与借鉴。

此案例由刘净丹、李莎莎、郑晓宇、余玲、谢光梅、廖丽莉提供

案例3

大班"游学访馆"探究式课程：
小小水稻学家

一、课程缘起

在西南大学校园里，有一位老人的雕像，他怀里抱着一捆硕果累累的水稻，他和蔼的面容洋溢着丰收的喜悦。他就是中国杂交水稻之父——袁隆平。看着袁爷爷雕像前时常鲜花满地，孩子们很好奇，为什么大家都对袁爷爷充满思念与不舍呢？老师告诉孩子们，因为他播下了一颗小小的种子。孩子们想要将这颗种子也播种在幼儿园里，看看小小的种子会长成什么。于是，一场关于水稻生长和探究的旅程开始了。

在幼儿园里种水稻，这是从孩子们的好奇心中萌发的活动，又立足于探寻水稻播种、生长、防鸟、测量秧苗身高、收获的过程。由一粒小小的种子出发，孩子们在这片生命的稻田中，自由地接受阳光雨露，在自然与实践中发现问题、探究问题、解决问题。通过观察讨论、猜想碰撞、实验论证等方式，探究水稻的生长之谜。孩子们成长在袁隆平爷爷的母校，听着袁爷爷的故事长大，对袁爷爷用"一粒种子改变世界"的事迹充满崇敬之情。通过亲手播种、收获水稻，孩子们还能体会到粮食的来之不易与坚持的难能可贵。

"禾下乘凉梦，十里稻花香。"水稻起源于中国，现已成为全球一半人口的主食。水稻不仅承载着中华农耕文明的千年智慧，更成为中华人民脚踏实地，勤劳奋斗的象征。孩子们在插秧、除草、记录秧苗身高、收获稻谷、演绎"禾下乘凉梦"等一系列活动中，体验着袁隆平俯首躬行、一生坚守的禾下乘凉梦。孩子们在水田中种下水稻，更是在心田中种下一颗求实、创新、探究的种子。小种子长成大梦想，孩子们与种子一同成长，在科学启蒙中走向美好未来。

二、课程目标

（1）探究了解水稻的外形特征、生长过程与种植条件，水稻文化的起源、发展，水稻的用途等相关知识。

（2）通过观察、比较与分析，发现并描述水稻的特征，以及水稻秧苗的生长变化。能够正确、恰当地使用简单的工具，并按照程序进行相关的制作。

（3）用图画和符号表达自己的发现，并能在成人的帮助下制定简单的调查计划并执行。

（4）在活动过程中能与同伴分工合作、互相协商解决问题。

（5）在播种、照料与收获水稻的过程中感悟袁隆平爷爷与广大水稻研究者的禾下乘凉梦，体会科学家精神与民族自豪感。

三、场馆资源介绍

西南大学水稻研究所是国内知名的水稻科研基地，将所内真实的水稻生长环境作为我们探究式课程的园外场馆，便于孩子们认识水稻，探究水稻的秘密。通过带领幼儿参观水稻生长环境，学习插秧手法，激发幼儿们对自然科学的兴趣，所内还设置有知识科普区和实践体验区。在知识科普区设置了与水稻相关的科普展板、绘本和多媒体设备，以图文并茂的方式向孩子们介绍水稻的知识。实践体验区设置了农田体验区，让孩子们能够亲自参与水稻的种植、收割等农事活动，感受劳作的艰辛与乐趣。

通过游学访馆活动，我们与水稻研究所深度合作，努力打造了一个充满乐趣、知识与实践相结合的幼儿教育基地，让幼儿不仅可以学习到水稻的知识，更能让他们感受到农业的魅力和大自然的奥秘。

西南大学水稻研究所

　　幼儿园的小水田是专门为幼儿打造的水稻种植区域,在小水田周围的墙面上有袁隆平的照片以及幼儿种植水稻的图片。在小水田周围设置了明显的标识牌,介绍水稻的生长习性、种植过程等知识。在种植前,我们需要对小水田进行翻耕、施肥,确保土壤疏松、肥沃,适合水稻生长。我们将小水田作为水稻种植实践基地,安排孩子们参与水稻的种植、浇水、除草、施肥等日常管理工作。让孩子们亲身感受水稻生长的每一个阶段,增强他们的动手能力和责任感。我们还准备了观察记录本,鼓励孩子们在小水田内观察水稻的生长情况,并记录在观察记录本中。定期组织小组讨论,让孩子们分享在小水田观察到的现象和自己的感受。邀请家长参与到小水田种植和课程中,共同关注孩子们的成长。创新小水田与班级项目课程相关联,使孩子们在亲身体验水稻的生长过程中,增强对自然和科学的兴趣,同时也培养了他们的观察力、动手能力和跨学科思维。

幼儿园的小水田

在本次探究式课程中，我们营造了一个自由、合作、创新的氛围。我们鼓励孩子们自由地表达自己的想法，不受任何束缚地探索水稻的秘密。同时，我们也注重培养孩子们的合作精神，让他们在相互协作中学会沟通、分享和尊重。在这样的氛围中，孩子们的创新思维得到了充分发挥，他们不仅发现了水稻生长的秘密，还提出了许多富有创意的设想。

作为教师，我们不仅是孩子们探索世界的引路人，更是孩子们探究活动的支持者。我们与孩子们一同蹲下，观察水稻的生长，感受自然的韵律。在每一次的交流和分享中，我们倾听孩子们的声音，尊重他们的发现，鼓励他们的想象。孩子们则在我们的陪伴下，勇敢地提出问题，积极地寻找答案，不断地挑战自我。师幼关系如同水稻与土壤，相互依存，共同成长。

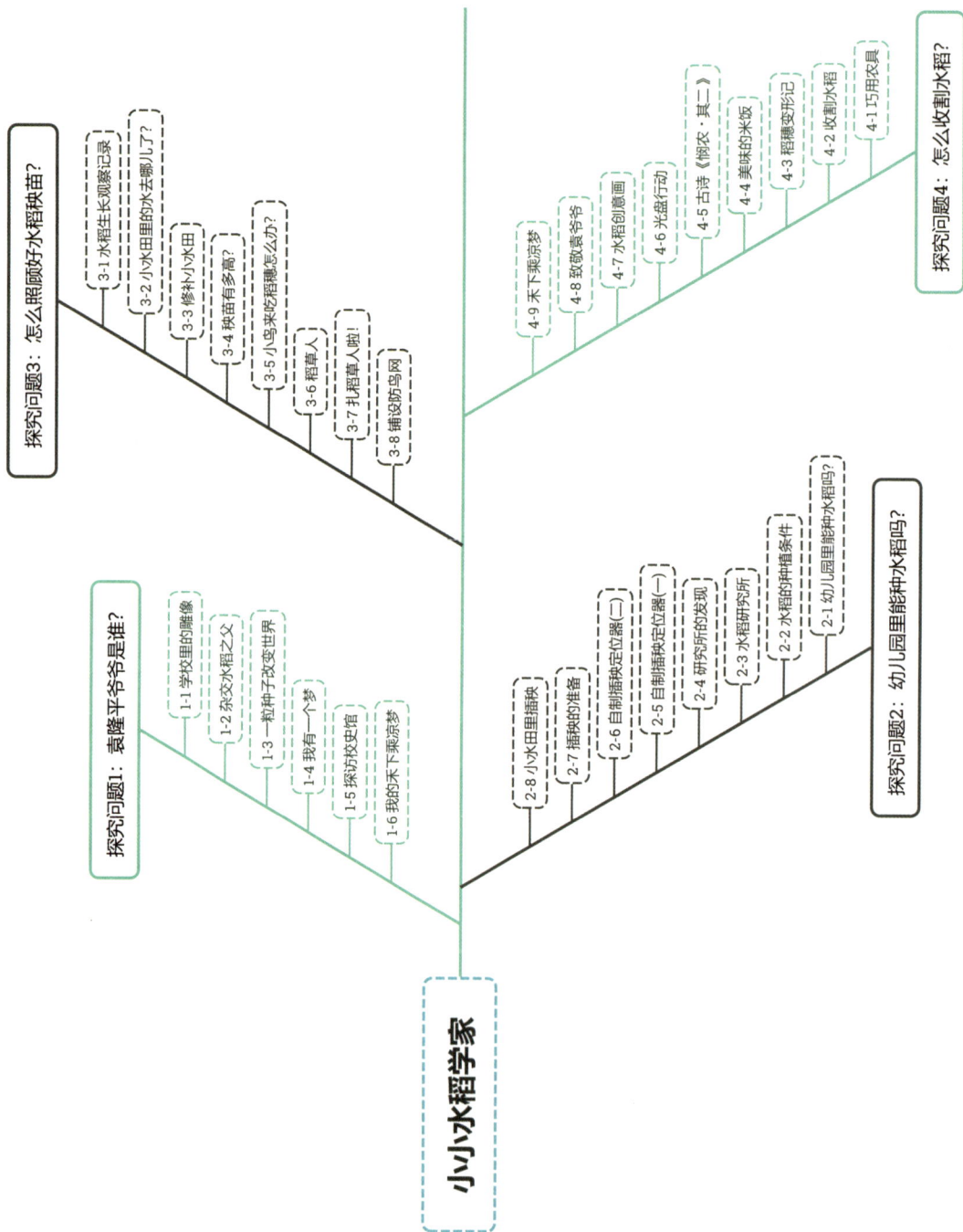

四、课程概览

附图

小小水稻学家

探究问题1：袁隆平爷爷是谁？
- 1-1 学校里的雕像
- 1-2 杂交水稻之父
- 1-3 一粒种子改变世界
- 1-4 我有一个梦
- 1-5 探访校史馆
- 1-6 我的禾下乘凉梦

探究问题2：幼儿园里能种水稻吗？
- 2-1 幼儿园里能种水稻吗？
- 2-2 水稻的种植条件
- 2-3 水稻研究所
- 2-4 研究所的发现
- 2-5 自制播种定位器（一）
- 2-6 自制播种定位器（二）
- 2-7 播种的准备
- 2-8 小水田里播种

探究问题3：怎么照顾好水稻秧苗？
- 3-1 水稻生长观察记录
- 3-2 小水田里的水去哪儿了？
- 3-3 修补小水田
- 3-4 秧苗有多高？
- 3-5 小鸟来吃稻穗怎么办？
- 3-6 稻草人
- 3-7 扎稻草人啦！
- 3-8 铺设防鸟网

探究问题4：怎么收割水稻？
- 4-1 巧用农具
- 4-2 收割水稻
- 4-3 稻穗变形记
- 4-4 美味的米饭
- 4-5 古诗《悯农·其二》
- 4-6 光盘行动
- 4-7 水稻创意画
- 4-8 致敬袁爷爷
- 4-9 禾下乘凉梦

附表

探究问题1	袁隆平爷爷是谁?
活动	1-1:学校里的雕像 1-2:杂交水稻之父 1-3:一粒种子改变世界 1-4:我有一个梦 1-5:探访校史馆 1-6:我的禾下乘凉梦
探究问题2	幼儿园里能种水稻吗?
活动	2-1:幼儿园里能种水稻吗? 2-2:水稻的种植条件 2-3:水稻研究所 2-4:研究所的发现 2-5:自制插秧定位器(一) 2-6:自制插秧定位器(二) 2-7:插秧的准备 2-8:小水田里插秧
探究问题3	怎么照顾好水稻秧苗?
活动	3-1:水稻生长观察记录 3-2:小水田里的水去哪儿了? 3-3:修补小水田 3-4:秧苗有多高? 3-5:小鸟来吃稻穗怎么办? 3-6:稻草人 3-7:扎稻草人啦! 3-8:铺设防鸟网
探究问题4	怎么收割水稻?
活动	4-1:巧用农具 4-2:收割水稻 4-3:稻穗变形记 4-4:美味的米饭 4-5:古诗《悯农·其二》 4-6:光盘行动 4-7:水稻创意画 4-8:致敬袁爷爷 4-9:禾下乘凉梦

五、活动案例

探究问题1:袁隆平爷爷是谁?

活动1-1:

学校里的雕像

(一)活动目标

(1)在对"学校里的雕像是谁?"的讨论中,了解袁隆平的生平事迹,回应幼儿前期关注点。

(2)组织幼儿围绕中心问题进行猜想表征,开拓思维,引导幼儿关注袁隆平的故事和杰出贡献,激发幼儿关于水稻应该如何种植的思考。

(3)在了解袁隆平生平的过程中,引导幼儿萌发对袁爷爷的缅怀之情,激发幼儿对科学家的崇敬之情,同时培养他们珍惜粮食的品德和热爱大自然的情感。

(二)活动准备

(1)物质准备:袁隆平雕像照片、袁隆平生平事迹和相关照片。

(2)经验准备:幼儿前期在家长带领下见过袁隆平雕像,幼儿通过多种渠道对袁隆平的生平故事有一定了解。

(三)活动过程

1.引入话题

教师出示袁隆平雕像的照片,引发幼儿思考与讨论。

关键提问:

·你们见过这座雕像吗? 他是谁呢?

引导幼儿大胆表述,将话题引向"学校里有一座袁隆平爷爷的雕像"。

2.问题讨论

教师组织幼儿针对中心问题深入讨论,引发幼儿对袁隆平的生平感到好奇。

(1)教师引导幼儿仔细观察袁隆平雕像,发现袁隆平怀抱着一捆硕果累累的水稻。

(2)教师引导幼儿向深向宽发散性思考并讨论,教师记录幼儿的表述。

关键问题：

·为什么要给袁隆平爷爷建立一座雕像？袁隆平爷爷手里抱着的是什么？袁隆平爷爷是做什么的？袁隆平爷爷种的超级水稻是什么样的？

3.问题梳理

梳理幼儿提出的问题，教师通过图片，向幼儿介绍袁隆平的生平事迹。

4.说一说你知道的袁爷爷

教师请幼儿向同伴分享，你知道的关于袁隆平爷爷的故事。

5.后续探究

请幼儿回家后，向爸爸妈妈请教关于袁隆平的更多故事，了解袁爷爷的超级水稻是什么样的，和父母合作制作"介绍袁爷爷"的主题海报。回幼儿园后，和自己的同伴分享主题海报。

活动1-2：

杂交水稻之父

（一）活动目标

（1）分享交流自己搜集到的有关袁爷爷生平事迹的相关资料，介绍自己搜集资料的方法，讨论如何向别人介绍袁爷爷。

（2）了解袁隆平的生平、贡献，杂交水稻对于我们的意义等内容，感悟并传承袁隆平精神。

（3）引导幼儿将搜集到的资料按照"袁爷爷的生平""袁爷爷的贡献""杂交水稻是什么？""袁爷爷的精神"等内容进行分类，形成思维导图，并尝试用小组绘制海报的方式向其他幼儿介绍袁爷爷。

（二）活动准备

（1）物质准备：幼儿前期与家长共同完成的主题海报、"杂交水稻之父"PPT。

（2）经验准备：幼儿对袁隆平的生平故事、杂交水稻的意义有一定了解。

（三）活动过程

1.海报分享

幼儿分组分享自己与家长共同完成的"介绍袁爷爷"主题海报，介绍自己获取资料的途径（博物馆、绘本等）。

小组推选2~3名幼儿向集体分享自己的主题海报。

2.分享PPT

教师分享PPT"杂交水稻之父",向幼儿全面系统介绍袁隆平的生平、贡献、杂交水稻是什么、袁隆平精神等内容。

小组讨论:怎么介绍袁爷爷?

(1)教师提出问题:很多小朋友不知道袁爷爷是谁,袁爷爷做了哪些事情,我们可以怎么向别人介绍袁爷爷呢?

(2)幼儿分组讨论并形成介绍方式。(海报)

(3)请幼儿集体讨论并分享海报的标题、内容、制作形式等。

(4)引导幼儿尝试将海报根据不同维度划分板块,确认每一板块中应囊括的内容,并形成海报制作的思维导图。

(四)活动延伸

(1)根据思维导图,讨论后期"杂交水稻之父"海报绘制的相关任务。

(2)明确分组,并根据每组制作需要进行后期材料收集和资料整理,做好绘制海报的前期准备。

活动1-3:

一粒种子改变世界

(一)活动目标

(1)在绘本阅读中了解袁隆平爷爷与杂交水稻的故事。

(2)通过了解袁隆平的生平和杰出贡献,引导幼儿学习袁隆平爷爷对科学研究的态度和不断探索的精神。

(3)知道粮食来之不易,培养幼儿珍惜粮食、热爱大自然的情感。

(二)活动准备

绘本《一粒种子改变世界:袁隆平的故事》,袁隆平爷爷雕像的照片。

(三)活动过程

1.谈话导入

通过激发幼儿的兴趣,引出袁隆平爷爷的故事。

关键提问:

·最近小朋友们都在讨论这座雕像,小朋友们知道他是谁吗?知道他的故事吗?

2.讲故事《一粒种子改变世界：袁隆平的故事》

讲述袁隆平爷爷从小时候就对园艺产生浓厚兴趣，并在长大后致力于实现这个梦想。在经历了一系列的挫折和困难后，袁隆平爷爷终于成功培育出高产杂交水稻，为解决我国粮食问题作出了巨大贡献。

3.提问引导幼儿理解故事

（1）是什么在袁隆平爷爷的心里种下了一个田园梦？

（2）长大以后袁隆平爷爷实现园艺梦了吗？他做实验种出来什么东西？

（3）袁隆平爷爷为了让人们吃好饭，决定培育什么？

（4）袁爷爷每天想着培育水稻，做了一个什么样的梦？

（5）袁爷爷一下子就找到高产水稻的种子了吗？

（6）来之不易的种子，有没有成功结出稻谷？

（7）袁爷爷有没有放弃？他又做了什么？

（8）他遇到了很多的困难（被人拔掉秧苗，恶劣的天气等），后来，他成功了吗？

4.致敬袁爷爷

让幼儿谈谈自己对袁隆平爷爷的看法，从他身上学到了什么，并对袁爷爷表达敬意。

5.珍惜粮食，光盘行动

教育幼儿粮食来之不易，汇聚了无数科学家的辛勤劳动，我们应该珍惜粮食，杜绝浪费，积极参与光盘行动。

活动1-4：

我有一个梦

（一）活动目标

（1）欣赏音乐，理解歌词内容，感受音乐中蕴含的袁隆平爷爷对中华大地的深沉爱意、对母亲与故乡的思念、对培育高质量水稻满怀殷殷期待。

（2）在感受音乐旋律美与歌词美的基础上，尝试用语言、动作、歌唱等方式表达自己对歌曲的理解。

（3）喜欢倾听歌曲，感受袁隆平爷爷在歌曲中表现出的对土地、家乡、亲人的思念之情，愿意用自己的方式大胆表现歌曲。

（二）活动准备

（1）物质准备："我有一个梦"音频、相关课件。

（2）经验准备：幼儿对袁隆平的生平故事有一定了解。

（三）活动过程

1.图片导入，激发幼儿活动兴趣

教师出示袁隆平与水稻的合影，引出关键问题："这是谁？""他有一个关于水稻的梦想，你们知道这是一个什么样的梦想吗？"

2.音乐欣赏

（1）第一次欣赏音乐，初步感知旋律与节奏。

关键提问：

·袁爷爷把他的梦写成了一首歌，来听一听这是一首怎样的歌。

（2）幼儿自主讨论，集体分享对音乐的感知。

关键提问：

·你在这首歌里听到了什么？你有什么感受？

（3）总结幼儿对音乐的感知与印象，第二次欣赏音乐。

（4）结合幼儿理解，引导幼儿理解歌词内容。

（5）第三次欣赏音乐，自主表现音乐情景。

关键提问：

·你想用什么动作表现音乐？

（6）第四次欣赏音乐，鼓励幼儿随乐律动、歌唱。

3.活动结束，教师小结

活动1-5：

探访校史馆

（一）活动目标

（1）在倾听展厅老师讲解的过程中，全面深入了解袁隆平的生平与贡献，理解"禾下乘凉梦"对于现实的意义。

（2）遵守场馆规定，文明参观，探寻袁隆平在西南大学中求学、钻研、探究的故事，萌发孩子们好奇好问、求知求真的精神。

（3）在亲身参观与探寻中激发孩子们对科学家团体的崇敬之情，启蒙孩子们的求实、创新、反思的科学家精神。

(二)活动准备

(1)物质准备:班旗,幼儿每人携带一定物资(餐巾纸、水杯、垃圾袋、卫生用品等),幼儿与教师统一穿园服。

(2)经验准备:幼儿有参观校史馆、博物馆等场馆经验,知道在场馆中要保持安静。做好幼儿防晒工作,如有相关过敏史,提前告知老师。提前向幼儿与家长介绍相关线路,引导幼儿遵守活动规则,保护好自己以及同伴的安全,时刻跟随教师。组织幼儿根据前期海报思维导图中所需收集的资料,做好记录与表征,以便后期完善海报内容。

(三)活动过程

(1)幼儿8:30吃早点,8:50乘坐大巴车出发前往西南大学校史馆。

(2)9:30到达目的地,整队,并强调安全与纪律。

(3)9:30~10:20听研究生哥哥姐姐讲解袁隆平的生平事迹、贡献、袁爷爷在西南大学的求学经历与奋斗历程。

(4)10:20~10:30幼儿分小组,根据本组"介绍袁爷爷"海报中的各板块和需要添加的内容,自主向研究生哥哥姐姐提问。

(5)10:30集合,清点人数,坐车返园。

活动1-6:

我的禾下乘凉梦

(一)活动目标

(1)在了解袁爷爷的梦的基础上,大胆与同伴讨论并表述自己的禾下乘凉梦是什么样的。

(2)发散创新、大胆想象,能用水彩笔画出自己心中的禾下乘凉梦,并向同伴介绍自己的作品构成。

(3)乐于参与绘画活动,愿意按照自己的理解表征禾下乘凉梦,在绘画中激发幼儿对袁隆平爷爷数十年坚守的禾下乘凉梦的崇敬与向往之情。

(二)活动准备

(1)物质准备:水彩笔若干、每位幼儿一张白纸、"禾下乘凉梦"相关图片。

(2)经验准备:幼儿对袁隆平的禾下乘凉梦有初步了解,见过水田、水稻等。

(三)活动过程

1.水稻图片导入,激发幼儿讨论兴趣

(1)出示水稻田图片,请幼儿讨论这片田野中种的什么植物。

(2)提出关键问题"有人想让水稻长得比高粱还高,稻穗比花生还大,你们猜猜,他是谁?"

(3)将话题引入"禾下乘凉梦",请幼儿讨论袁隆平心中的水稻田是什么样的。

2.出示"禾下乘凉梦"相关图片,引导幼儿观察与讨论

关键问题:袁爷爷的禾下乘凉梦是什么样的?

3.自主讨论:我的禾下乘凉梦

引导幼儿分小组自主讨论"我的禾下乘凉梦",并与集体分享自己的禾下乘凉梦是什么样的,自己准备怎样表征。

4.自主绘画,教师巡回指导

(1)与幼儿明确绘画时间、主题与规则,请幼儿在绘画时大胆创意。

(2)幼儿分组,教师发放绘画材料。

(3)幼儿自主创作,教师巡回观察并适时指导。

5.幼儿分享,培养幼儿自信心与成就感

探究问题2:幼儿园里能种水稻吗?

> **活动2-1:**
>
> **幼儿园里能种水稻吗?**

(一)活动目标

(1)以问题"幼儿园里能种水稻吗?"开展讨论,思考种植水稻的场地需要满足哪些条件。

(2)回忆、思考并表征出认为适合的场地,引导幼儿从场地大小、位置、储水条件、泥土多少等方面进行思考,寻找合适场地,汇总场地初选图。

(3)结合场地初选图制定考察路线,通过实地考察、对比选出最合适的场地。

(二)活动准备

(1)物质准备:稻田图片、稻田视频、大白纸1张、8开白纸若干、勾线笔若干。

(2)经验准备:教师通过前期活动观察记录幼儿的发现及提出的问题,了解幼儿的兴趣点及疑惑点。

（三）活动过程

1.陈述问题，说明问题来源

（1）教师结合前期活动开展的观察记录，说明问题由来。

（2）请提出问题的幼儿谈谈自己为什么想在幼儿园种水稻。

2.集体讨论

（1）围绕问题"幼儿园里能种水稻吗？"展开集体自由讨论。

（2）结合讨论情况，将认为"幼儿园里能种水稻"的幼儿分为一组，认为"幼儿园里不能种水稻"的幼儿分为一组。两组幼儿分别依次说明自己观点，教师做记录。

3.汇总讨论意见

结合稻田的图片和视频总结种植水稻场地需要满足的条件。

场地大小、位置、光照条件、储水条件、泥土多少、水源距离以及可改善情况。

4.场地初步选择并表征

引导幼儿结合水稻种植场地需要满足的条件进行考量，自己选出认为最适合种植水稻的场地，将自己所选场地通过图画的方式记录下来。

5.汇总初选场地，制定考察路线

（1）将幼儿选出的场地分类标注在大白纸上。

（2）请幼儿根据选出的场地及幼儿园实际情况，制订考察路线，然后对比选择一条最方便且能全覆盖初选场地的路线。

6.根据考察路线，实地考察初选出来的场地，并记录

（1）观察场地大小、形状，是否有泥土，能否储水，离水源的距离有多远，场地的平坦情况，并将以上情况记录下来。

（2）通过观察、记录和对比，最后发现"小水田"满足水稻种植场地的条件是幼儿园里最适合种植水稻的位置，小水田旁边就有水龙头、小水田还能储水、泥土厚实、能够接收到阳光的照射，而且每一块田都是平整的。

活动2-2：

水稻的种植条件

（一）活动目标

（1）幼儿和家人一起探讨水稻种植条件，并完成"水稻种植条件调查表"。

（2）集体分享自己的调查表，教师引导幼儿进行总结，并做相关记录。

（3）分析条件满足情况，以及思考如何满足未达成的条件，结合之前的记录形成思维导图。

(二)活动准备

(1)物质准备:水稻种植条件调查表、大白纸、勾线笔。

(2)经验准备:提前发放"水稻种植条件调查表",邀请家长带领幼儿一起完成,初步了解种植水稻需要的条件。

(三)活动过程

1.活动引入

回顾和家人一起完成调查表的情况,引导幼儿初步回忆相关过程。

2.情况描述

两人一组互相分享自己调查到的情况,引导幼儿有逻辑地描述自己调查到的情况。

(1)请幼儿仔细回顾自己调查到的所有关于水稻种植条件的情况。

(2)按照时间顺序或者种植条件和小伙伴分享自己调查到的情况。

(3)请幼儿尽可能用简洁、完整以及有一定逻辑顺序的语言分享自己调查到的情况,教师结合幼儿分享的情况在大白纸上做总结性记录。

3.结合记录的情况作分析

(1)根据记录情况,依次分析目前是否满足该条件。

(2)依次分析不满足的条件,并思考如何满足该条件;形成思维导图,为下一步提供明确的任务及方向。

4.总结

经过分析和讨论,发现以下条件是目前不满足的条件:

(1)不清楚如何选择适合的水稻。

(2)没有水稻种植的经验,不会种水稻。

大家总结的解决方案:向专业人士或有经验的人请教。

活动2-3:

水稻研究所

(一)活动目标

(1)亲近自然,开阔眼界,体验农耕的快乐,感受人与自然的和谐。

(2)观察水田里种植的水稻(秧苗),以及水稻(秧苗)的叶子,培养孩子的观察能力。

(3)让幼儿对插秧有更多的了解及更浓厚的兴趣,培养孩子动手操作能力。

（二）活动准备

（1）物质准备：班旗、连体防护服、幼儿所需用品（纸、垃圾袋、水杯、卫生用品等），幼儿、教师统一穿园服。

（2）经验准备：提前在家长群里通知，并得到家长同意；做好幼儿防晒工作，如有相关过敏史提前告知老师；介绍相关线路，遵守在活动中的规则，保护好自己以及同伴的安全；组织幼儿讨论与水稻有关的知识，并了解插秧的要求，做好记录表、调查表。

（三）活动过程

（1）幼儿8:30吃早点，8:50乘坐大巴车出发前往西南大学水稻研究所。

（2）9:30到达目的地，整队，并强调安全与纪律。

（3）9:30~9:50听研究生哥哥姐姐讲解水稻秧苗知识，并学习插秧的步骤与方法。

（4）10:00幼儿体验下田插秧。

（5）10:30集合，清点人数，坐车返园。

活动2-4：

研究所的发现

（一）活动目标

（1）回顾自己在水稻研究所的发现，说出自己的收获。

（2）结合前期的思维导图和在研究所的经验，讨论并再次梳理水稻种植条件的达成情况。

（3）表征自己的新发现或收获。

（二）活动准备

（1）物质准备：前期形成的"水稻种植条件"思维导图、"研究所的发现记录表"若干、大白纸、勾线笔、水彩笔、参观水稻研究所的视频。

（2）经验准备：参观水稻研究所，有过实际种植过水稻的经验。

（三）活动过程

1.回顾

回顾参观研究所的过程，请幼儿说说自己的收获。

（1）播放幼儿参观水稻研究所的视频，引发幼儿兴趣。

（2）回忆在水稻研究所的哪些地方、和哪些人一起做了哪些事，并记录在大白纸上。

（3）请幼儿说说在水稻研究所里自己印象最深刻的是什么，有什么新的发现和收获。最后说一说自己的感受。

2.讨论

结合思维导图再次讨论水稻种植条件的达成情况。

3.完善思维导图

出示前期形成的"水稻种植条件"思维导图，结合现有经验，完善"水稻种植方法""水稻选择"两方面的内容。

4.总结水稻种植的方法

（1）请幼儿说一说插秧的步骤、方法以及需要注意的事情。

（2）总结插秧的方法。

第一步：插水稻定位器。

第二步：手拿秧苗根部。

第三步：秧苗斜着插进泥土里，插深一点。

5.表征自己的新发现或收获

发放"研究所的发现记录表"，请幼儿根据自己的发现和收获进行记录。

活动2-5：

自制插秧定位器（一）

（一）活动目标

（1）了解水稻种植定位在种植水稻时的作用。

（2）小组合作，制作水稻种植定位器。

（二）活动准备

（1）物质准备：参观水稻研究所的照片，幼儿从家里带来的各种棍子、绳子。

（2）经验准备：参观西南大学水稻研究所。

（三）活动过程

1.经验回顾

（1）回顾在水稻研究所拍的照片时，孩子们发现了一个由两根棍子、一条长绳组成的一件特别的插秧工具，这激发了他们的好奇心。

（2）讨论插秧工具的作用。

2.水稻种植定位器设计图

幼儿根据参观时自己看到的插秧工具绘制设计图。

3.水稻种植定位器初尝试

（1）幼儿分组合作，自选绳子和棍子，将绳子两端分别固定在两根棍子上。

（2）一些孩子扶着两端的棍子，一些孩子负责在中间的长绳子上打结。

（3）制作完成后放到小水田进行实地操作。

4.问题发现

孩子们发现定位器上有的绳子离水面太高，有的绳子又太低会掉进水里，绳子上绳结间的距离也长短不一。

活动2-6：

自制插秧定位器（二）

（一）活动目标

（1）勇于尝试，愿意思考、动手解决问题。

（2）能够用自然测量的方法确定水稻种植定位器上绳结的位置。

（二）活动准备

插秧定位器的照片，幼儿从家里带来的各种棍子和绳子，白纸若干，勾线笔，水彩笔。

（三）活动过程

1.团队讨论，商量对策，解决问题

（1）怎样让绳子和水面的距离刚刚好？

需要测量泥土深度，将一根木棍插进泥土再取出，在泥巴印记处标记。

（2）怎么确定绳子长度？

先将棍子插到水田两边再系绳子。

（3）绳结位置不一样怎么办？

用小手当尺，一个手掌的距离打一个结；也可以用小尺子，隔相同的距离打结。

2.插秧定位器第二次下水试验

按照上次分组情况来分组操作。

主要试验绳子与水面的距离以及绳结的位置。

3.总结经验

引导幼儿回忆总结制作插秧定位器的步骤,以及需要注意的事项,并用图纸记录下来。

活动2-7:

插秧的准备

(一)活动目标

(1)知道插秧需要的物品准备和经验准备,教师记录并绘制成"插秧准备"思维导图。

(2)根据思维导图进行商讨,如何准备该物品。

(二)活动准备

插秧视频、插秧定位器、秧苗、插秧下水服、小锄头、小铲子、剪刀。

(三)活动过程

1.集体讨论插秧需要准备哪些物品

播放插秧的视频,结合视频引起幼儿讨论,插秧需要准备的物品及需要满足的条件。

(1)物品:插秧定位器、秧苗、插秧下水服、小锄头、小铲子、剪刀。

(2)条件:翻过地、储好水的水田。

2.记录并绘制思维导图

将需要准备的物品和插秧要准备的条件一一进行记录,并形成思维导图。

3.检查物品准备情况

(1)结合思维导图,一一确认所有物品及条件是否备好,还没备好的该如何准备。

(2)到小水田进行实地检查。

发现小水田未储水,于是进行堵洞、放水,并解决遇到的漏水问题。

4.查询天气预报

结合天气预报及实际情况选好插秧的时间。

活动2-8：

小水田里插秧

(一)活动目标

(1)感受插秧的乐趣,萌发对劳动的热爱之情。

(2)知道插秧定位器的作用,掌握插秧的步骤。

(3)能够画出水稻种植的步骤图,并且能够准确表征自己的图画。

(二)活动准备

(1)物质准备:PPT、大白纸、水彩笔、插秧视频。

(2)经验准备:已经初步试插秧以及制作了插秧定位器。

(3)情境创设:7个小组。

(三)活动过程

1.谈话导入

师:孩子们,我们上次已经去秧苗基地观察了农民伯伯种秧苗,你们自己也亲自体验了插秧过程,你们有没有发现自己插的秧苗和农民伯伯种的插苗有什么不同呢?

(农民伯伯中的秧苗是立在田里的,还十分整齐)

2.活动展开

孩子们,如何让秧苗插在田里是立起来又整整齐齐的呢? 老师为小朋友们准备了一段视频,请你看看视频里提到了哪些插秧的秘诀呢。

插秧秘诀1——插水稻定位器

师:为什么农民伯伯种的秧苗这么整齐?(用了水稻定位器)

师:我们在上节课已经和小伙伴们合作做出了水稻定位器(出示水稻定位器的图片)。上面的小绳子是用来干嘛的? 你们知道怎么用这个水稻定位器吗? 请小朋友来说一说。

教师总结:首先把水稻定位器拉开插到田里,然后找到水稻定位器的标志,在标志下方田里插入秧苗。

插秧秘诀2——手拿秧苗根部

师:这是上次我们去水稻基地拍的照片(出示图片),请小朋友们仔细观察,你觉得谁拿秧苗的姿势是对的? 为什么? 请你来说一说。

师:请小朋友们跟着图片学一学拿秧苗的正确手势。

教师总结:手应该轻轻地拿秧苗的根部,这样秧苗才不会断。

插秧秘诀3——秧苗斜着插进泥土里,插深一点

师:小朋友们都学会了怎么拿秧苗,但在插的过程中还是出现了问题(出示图片)。为什么农民伯伯插的秧苗立在田里,而有的小朋友插的秧苗飘在了水面上?请你来说一说。

教师总结:手拿着秧苗根部斜着插进泥土里,插得深一点。

师:请小朋友们动手跟着视频学一学这个姿势。

插秧步骤图

师:孩子们,刚刚我们已经学到了三个插秧的秘诀,请小朋友们来说一说,插秧需要哪些步骤,分别应该注意什么?

师:请你们把插秧的步骤画在纸上,等会儿我们就可以按照这个步骤图去插秧啦。

(提醒幼儿将纸分成四格,每个步骤前都打上序号)

3.幼儿园里种水稻

(1)回顾在研究所的经历,根据已有经验制订水稻种植计划。

(2)在调整后的插秧定位器和保安叔叔的帮助下,孩子们成功地在幼儿园的水田里种植了水稻。他们通过已有经验,根据定位器上绳结的位置,准确地将秧苗插入泥土。

探究问题3:怎么照顾好水稻秧苗?

活动3-1:

水稻生长观察记录

(一)活动目标

(1)以问题"一粒种子是怎么长成金黄稻谷的?"引发幼儿对水稻生长过程的好奇心和探索欲。

(2)学习观察水稻生长的不同阶段,并用图画或简单文字进行记录,培养幼儿的观察力和记录习惯。

(3)了解水稻种植与人类的联系,以及水稻种植的基本知识,激发对农耕文化的兴趣。

(二)活动准备

(1)实物材料:水稻种子、小盆栽、土壤、水、标签等。

(2)观察工具:放大镜、尺子、记录本、彩笔等。

(3)教育资源:水稻生长周期的图片、视频资料,以及关于水稻种植的简单绘本或故事书。

(4)环境布置：设立"水稻成长角"，展示水稻生长过程和幼儿的观察记录。

(三)活动过程

1.引入话题，激发兴趣

教师展示水稻图片或实物，引出活动主题，幼儿对此进行讨论。

关键提问：

·你们知道这是什么吗？它最后会变成什么？

2.种植水稻，开启观察之旅

(1)教师讲解水稻种植的基本步骤，引导幼儿一起动手种植水稻。

(2)为每盆水稻贴上标签，写上种植日期和幼儿的名字，提升幼儿的责任感和参与感。

3.制订观察计划，学习记录方法

(1)教师与幼儿一起讨论观察到的内容，如水稻的发芽、长叶、抽穗、灌浆等关键阶段。

(2)教授幼儿使用图画和简单文字记录观察结果的方法，鼓励幼儿发挥创意。

4.持续观察，记录变化

(1)设定固定的观察时间(如每周一次)，引导幼儿定期观察水稻的生长情况。

(2)每次观察后，幼儿将自己的发现记录在观察本上，并尝试用语言表达。

5.分享交流，总结成果

(1)组织幼儿进行小组分享，展示各自的观察记录和发现。

(2)教师引导幼儿总结水稻生长的主要阶段和特点，以及观察过程中的感受和收获。

(四)活动延伸

(1)提醒幼儿持续关注水稻的生长情况，直到收获稻谷。

(2)水稻收获后，组织"稻谷丰收节"，让幼儿亲手体验收割、脱粒等过程，进一步感受农耕文化的魅力。

活动3-2：

小水田里的水去哪儿了？

(一)活动目标

(1)以问题"小水田里的水去哪儿了?"引发幼儿对自然界水循环现象的好奇心和探索欲。

(2)观察小水田及其周围环境，进行猜想和表征，理解水蒸发、渗透等自然现象，探索更多关于水循环的知识。

(3)梳理问题,共同讨论确定下一步探究的核心问题,绘制思维导图,明确探究任务和时间安排。

(二)活动准备

(1)物质准备:小水田户外区域、记录本、彩笔、放大镜、透明塑料布、小铲子、任务板。

(2)经验准备:教师事先了解水循环的基本概念,准备相关图片、视频或绘本作为辅助教学材料。

(三)活动过程

1.问题引入,激发兴趣

陈述问题:小朋友们,你们看这片小水田,太阳出来后,水好像变少了,你们知道这些水去哪儿了吗?

幼儿分享:鼓励提出问题的幼儿分享自己发现这一现象的情境和初步思考。

2.观察与猜想

(1)实地观察:带领幼儿到小水田边,引导幼儿观察水面的变化、周围植物的状态以及土壤情况。

(2)猜想表征:幼儿分组讨论,并用图画或简单的文字记录他们的猜想,如"水变成云了""水被土吸走了"等。

3.深入探究,拓展思维

(1)蒸发实验:使用透明塑料布覆盖部分水面,一段时间后观察塑料布上的水珠,解释蒸发现象。

(2)渗透实验:用小铲子挖开土壤,观察水如何渗透进土壤。

关键提问:

·水为什么会蒸发? 水渗透进土壤后去哪儿了? 还有哪些因素会影响水的变化?

4.问题梳理与思维导图

(1)梳理问题:与幼儿一起回顾、整理他们的发现和问题,确定下一步探究的核心内容。

(2)绘制思维导图:引导幼儿参与绘制思维导图,将关于水循环的知识点串联起来。根据思维导图,与幼儿一起讨论并确定接下来的探究任务,如收集关于水循环的更多资料、制作水循环模型等。设定合理的时间结点,确保每项任务都有足够的时间来完成。

(四)活动延伸

鼓励幼儿按照计划进行后续探究,并在指定时间内进行分享和交流,展示他们的学习成果。通过这样的活动,幼儿不仅能够了解水循环的基本知识,还能在观察、猜想、实验和讨论中培养科学探究的能力和兴趣。

活动3-3：

修补小水田

（一）活动目标

（1）观察小水田水量减少的现象，激发幼儿对自然环境中水资源变化的好奇心。

（2）进行讨论和实验，探索修补小水田的方法，动手参与修补小水田的活动，培养解决问题的能力和团队合作精神。

（3）增强保护水资源和维护生态环境的意识。

（二）活动准备

（1）选择一处小水田作观察，准备修补所需的工具和材料。（如铲子、水桶、草席、土壤、防水布等）

（2）幼儿分成若干小组，每组分配一套修补工具和材料，以及记录本和彩笔用于记录观察和想法。

（三）活动过程

1.问题导入与观察

教师陈述：小朋友们，我们的小水田的水最近好像变少了，你们知道这是为什么吗？我们一起来找找答案吧！

幼儿观察：带领幼儿到小水田边，引导他们仔细观察水田的现状，包括水量、土壤湿度、植物生长情况等，并记录下自己的观察结果。

2.实验探索

动手实践：幼儿分组进行实验，记录实验过程和结果，并讨论通过实验发现如何修补小水田。

3.修补小水田

（1）方案制订：根据实验结果和讨论，幼儿分组制定修补小水田的方案，包括如何减少水分蒸发、增强土壤保水能力等。

（2）动手修补：幼儿按照方案动手修补小水田，如铺设草席可以减少水分蒸发、加固田埂防止漏水等。教师在一旁指导，确保安全。

4.总结与分享

（1）成果展示：各组展示修补后的小水田，分享修补过程中的经验和收获。

（2）反思讨论：引导幼儿反思修补过程中遇到的问题和解决方法，讨论如何更好地保护小水田和自然资源。

（四）活动延伸

设置观察记录表,让幼儿定期观察修补后的小水田变化,并记录下自己的观察和感受,进一步提高保护水资源的意识。

活动 3-4：

秧苗有多高？

（一）活动目标

（1）探索并制作水稻生长测量器,通过测量器上的数值记录水稻的生长情况。

（2）提高幼儿的观察力和测量技能,培养他们的创新思维。

（3）培养幼儿的合作精神和分享意识。

（二）活动准备

木棍,记号笔,水稻生长记录表。

（三）活动过程

1. 分组讨论

小秧苗长高了,怎么测量小秧苗？

回顾已有经验,利用班级资源区的材料,讨论测量秧苗身高的方法。

2. 制作水稻生长测量器

（1）孩子们在小组内分享自己对于测量水稻生长高度的想法和经验。在这个过程中,教师鼓励孩子们发挥创造力,提出各种可行的测量方法。

（2）在讨论的基础上,教师带领孩子们总结出几种可行的测量方法,如用木棍作为测量工具,记号笔用于标记等。并对每种测量方法进行简要说明,便于在实际操作时能够顺利进行。

（3）幼儿分组进行水稻生长测量器的制作。在制作过程中,教师关注每个孩子的操作,给予适当的帮助和指导。

（4）制作完成后,使用测量器实地测量水稻的生长高度,并及时记录测量数据。

3. 水稻生长记录表

讨论制定测量计划:水稻的生长速度较快,一次测量无法判断水稻生长情况,需要定期进行测量,共同商讨固定测量的时间和对象。

测量记录:每次测量完毕后,孩子们将数据记录在"水稻生长记录表上"。教师带领孩子们分析数据,帮助他们了解水稻生长的情况,提高观察力和测量技能。

4.交流分享

(1)组织幼儿进行总结交流,让他们分享在测量过程中的收获和感受,培养他们的表达能力和分享精神。

(2)教师对孩子们的表现进行点评,对他们的努力和进步给予充分的肯定,激发他们继续探索的兴趣。

活动3-5:

小鸟来吃稻穗怎么办?

(一)活动目标

(1)以"小鸟来吃稻穗怎么办?"的问题,激发幼儿对自然界生态关系的好奇心和探索欲。

(2)围绕问题展开讨论,提出多种解决方案,并思考其可行性和后果。

(3)在讨论过程中,渗透生态平衡和环境保护的重要性,培养幼儿尊重自然、爱护环境的意识。

(二)活动准备

(1)环境布置:在活动室一角设置稻田模拟区,用绿色布料或纸板制作稻穗模型,并放置一些小鸟玩具或图片。

(2)物质准备:纸张、彩笔、剪刀、胶水等手工制作材料,用于制作防护装置或海报。

(3)经验准备:教师提前了解鸟类习性、生态平衡等相关知识,准备一些简单的科普图片或视频资料。

(三)活动过程

1.问题导入与背景介绍

教师陈述:小朋友们,我们的模拟稻田里,稻穗长得多好啊! 但是,如果我们的小稻田里来了很多小鸟,它们不停地吃稻穗,我们该怎么办呢?

情境模拟:通过展示小鸟玩具或图片,让幼儿更直观地感受到问题的存在。

2.团队讨论

(1)幼儿自由发言:鼓励幼儿根据自己的经验和想象,提出解决小鸟吃稻穗的方法。教师记录并展示幼儿的观点。

(2)引导追问:针对幼儿提出的每种方法,教师适时引导幼儿思考其可行性和可能带来的其他影响,如"这个方法真的能让小鸟不吃稻穗吗?""会不会对小鸟或其他生物造成伤害呢?"

3.方案筛选与优化

(1)小组讨论:将幼儿分成小组,每组选择一种或几种方法进行深入探讨,并尝试优化方案。

(2)全班分享:各组派代表分享讨论结果,其他幼儿和教师提出意见和建议,共同完善解决方案。

4.动手实践

(1)制作防护装置或海报:根据讨论结果,幼儿选择感兴趣的方式(如制作稻草人、悬挂反光条、绘制宣传海报等)来防止小鸟吃稻穗。

(2)展示与评价:幼儿展示自己的作品,并简单介绍其原理和效果。教师和幼儿共同评价作品的创意和实用性。

(四)活动延伸

(1)实地观察:如有条件,可组织幼儿到真实的稻田或农场进行参观学习,观察真实的防护措施和生态平衡现象。

(2)家园共育:鼓励家长与幼儿一起关注自然环境保护问题,为保护环境贡献自己的力量。

活动3-6:

稻草人

(一)活动目标

(1)在初步了解稻草人作用的基础上,产生对稻草人的喜爱之情。

(2)在利用稻草、粘土等物品制作稻草人的过程中,提高粘、贴、剪、系等技能,增强幼儿的动手能力。

(3)体验创造美、表现美的乐趣,并能感受制作稻草人时的快乐,能大胆、自信地向同伴介绍自己的作品。

(二)活动准备

(1)物质准备:干稻草、各色粘土、扭扭棒、小木棍、吸管。

(2)经验准备:对稻草人有一定了解,如亲眼见过或者知道稻草人是用什么做成的,初步了解稻草人的用途。

(三)活动过程

1.导入环节

创设意境,引出活动,激发幼儿参与活动的意愿。

关键提问:

· 我们的小水田来了一群小鸟,它们来干什么呢?

· 小鸟来吃我们的稻穗,怎么办呢?

· 请你们来想想办法。

2.过渡环节

稻草人玩偶讲解,师生交流讨论。

关键提问:

· 猜一猜稻草人是用哪些材料制作而成的?

3.制作环节

(1)逐幅出示图片并实物操作,引导幼儿看清步骤并学会动手制作。

(2)指导幼儿动手制作。注意安全问题及保持桌面以及地面干净。

活动 3-7:

扎稻草人啦!

(一)活动目标

(1)了解稻草人的作用及其在农耕文化中的地位,增进对传统文化的认识。

(2)动手扎稻草人激发对自然材料和手工制作的兴趣,培养动手能力和创造力。

(3)发挥想象力,装饰稻草人,提升其审美能力和艺术表现力。

(二)活动准备

(1)物质准备:稻草、绳子、旧衣物、彩带、帽子、手套、剪刀、胶水等手工制作材料。

(2)经验准备:提前了解稻草人的历史、作用及制作方法,准备相关图片或视频资料。

(三)活动过程

1.引入活动,激发兴趣

(1)故事讲述:教师讲述一个关于稻草人保护庄稼、驱赶鸟类的故事,激发幼儿对稻草人的兴趣。

(2)展示图片或视频:展示稻草人的图片或视频,让幼儿更直观地了解稻草人的外观和作用。

2.了解稻草人,讨论制作

(1)讨论环节:引导幼儿讨论稻草人的作用、制作材料和方法,鼓励幼儿提出自己的想法和建议。

(2)教师示范:教师简单示范稻草人的制作步骤,如捆扎稻草成人形、穿戴衣物等。

3.分组合作,动手制作

(1)制作指导:教师巡回指导,帮助幼儿解决制作过程中遇到的问题,鼓励幼儿发挥创意,装饰稻草人。

(2)合作与交流:引导幼儿在小组内分工合作,相互帮助,共同完成任务。

4.展示成果,分享经验

(1)成果展示:各组展示自己制作的稻草人,介绍其特点和创意点。

(2)经验分享:鼓励幼儿分享制作过程中的趣事和收获,增进对彼此的了解。

(四)活动延伸

将制作好的稻草人放置到小水田,幼儿观察稻草人能否驱赶鸟虫。

活动3-8:

铺设防鸟网

(一)活动目标

(1)讨论鸟类对农作物的影响,引导幼儿理解生态系统。

(2)组织参与铺设防鸟网的实践活动,培养幼儿的动手能力和解决问题的能力。

(3)在活动中渗透环保理念,引导幼儿思考保护农作物与生态平衡的关系。

(二)活动准备

(1)物质准备:轻便的防鸟网、竹竿(支架)、绳子、剪刀、手套等工具。

(2)经验准备:提前了解鸟类对农作物的影响,以及防鸟网的使用方法,准备相关图片或视频资料。

(三)活动过程

1.引入话题,激发兴趣

(1)故事引入:讲述一个关于小鸟偷吃农作物,农民伯伯想办法保护庄稼的故事,引出铺设防鸟网的主题。

(2)问题讨论:引导幼儿讨论小鸟为什么会偷吃农作物,以及它们对农作物的影响。

2.了解防鸟网,讨论铺设方法

(1)展示防鸟网:向幼儿展示防鸟网,介绍其作用和使用方法。

(2)小组讨论:组织幼儿分组讨论如何铺设防鸟网,包括需要哪些材料和铺设方法等。

3.动手实践,铺设防鸟网

安全提示:在活动前进行安全教育,提醒幼儿使用工具时要注意安全,如戴上手套以防划伤等。

(1)分组操作:在教师的指导下,幼儿分组进行铺设防鸟网的实践活动。教师巡回指导,帮助幼儿解决遇到的问题。

(2)观察记录:引导幼儿观察铺设后的效果,并记录下小鸟的反应和农作物的变化。

4.分享交流,总结经验

(1)成果展示:各组展示自己铺设的防鸟网,分享过程中的趣事和遇到的困难。

(2)经验总结:引导幼儿总结铺设防鸟网的经验和教训,讨论如何更好地维持农作物与生态平衡的关系。

(3)环保教育:强调在保护农作物的同时,也要关注生态环境,避免对鸟类等生物造成伤害。

(四)活动延伸

(1)持续观察:鼓励幼儿定期观察农作物和防鸟网的情况,记录周期变化并分享。

(2)创意改进:引导幼儿思考如何改进防鸟网的设计或使用方法,使其更加环保和有效。

(3)家园共育:将活动延伸到家庭,鼓励家长与孩子一起探讨保护农作物的方法,共同参与到环保行动中来。

探究问题4:怎么收割水稻?

活动4-1:

巧用农具

(一)活动目标

(1)通过观察、操作农用工具,幼儿能准确识别并说出多种小工具的名称及其主要用途。

(2)鼓励幼儿大胆尝试工具提升动手能力,同时学会安全使用工具的方法。

(3)体验工具带来的便利,激发幼儿的创造力和探索欲,培养珍惜劳动成果、节约粮食的优良品质。

(二)活动准备

(1)物质准备:丰富多样的农用小工具实物及图片、制作精美的 PPT 课件。

(2)经验准备:幼儿对种植水稻所需农具有初步的认识,基本掌握铲子、锄头等工具的使用方法。提前发放调查表,与父母共同绘制自己了解的农具。

(三)活动过程

1.趣味导入,激发兴趣

(1)教师提问:"小朋友们,在劳动节的时候,我们都进行了哪些有意义的劳动呢?大家还记得上次我们参与的小水田活动吗?那时候你们看到了哪些特别的农具?"

(2)幼儿分享:鼓励幼儿积极发言,分享自己的经历和见闻。

2.观看视频,探索新知

(1)播放视频:展示一段生动的绘本故事或纪录片片段,介绍从播种到收获过程中使用的各种农用工具。

(2)讨论交流:视频结束后,引导幼儿思考"你看到了哪些农用工具?""它们分别在什么时候使用?"

(3)引入农忙时节:简要解释农忙时节的含义,强调这是农户最忙碌、也最需要农具帮助的时候。

3.深入了解,动手实践

(1)农具展示与讲解:逐一展示图片或实物,详细讲解每种工具的名称、用途及特点,结合 PPT 加深幼儿印象。

(2)互动问答:提问幼儿对工具的认识,鼓励幼儿积极发言。

(3)安全使用教育:强调安全使用农具的重要性,通过图示或简单演示正确的拿握方法和注意事项。提醒幼儿保持距离,避免锋利部分朝向他人,轻拿轻放。

4.情感升华,节约粮食教育

(1)情感引导:通过讲述食物从种子到食物的过程,引导幼儿感受劳动的艰辛和粮食的珍贵。

(2)倡议行动:发起"光盘行动"倡议,鼓励幼儿在日常生活中做到节约粮食,知其来之不易。

(四)活动延伸

布置"小小农具展",让幼儿将调查表、手工制作的农具模型或画作展示在班级区域中,供其他幼儿参观学习。

活动4-2：

收割水稻

（一）活动目标

（1）让幼儿了解水稻的生长过程，体验农耕文化的乐趣。

（2）培养幼儿的动手能力、观察力和团队合作精神。

（3）教育幼儿珍惜粮食，理解劳动的价值。

（二）活动准备

（1）准备好收割水稻所需的物品，如镰刀、手套、篮子等。

（2）为幼儿准备合适的劳动服装，如长袖上衣、长裤、雨靴等。

（3）确保小水田周围环境的安全，设置清晰的边界标识，准备休息区和洗手池。

（三）活动过程

1.故事导入

教师讲述以"水稻宝宝长大了，要回家"为主题，通过故事导入活动，激发幼儿的兴趣和好奇心。

关键提问：

·水稻是怎么长大的？

·我们为什么要收割水稻？

2.安全教育与示范

（1）安全教育：强调收割水稻时的安全注意事项，如戴手套、使用农具的正确方法以及不在水田周围奔跑等。

（2）农具使用示范：教师展示并示范如何使用特制安全小镰刀（或塑料剪刀）收割水稻，确保每位幼儿都能清晰看到并理解。

3.分组进行实地收割

（1）将幼儿分成若干小组，每组分配一名教师或助教负责指导。

（2）实践操作：幼儿在教师和助教的指导下，开始收割水稻。教师需要密切关注幼儿的操作情况，及时纠正错误并确保安全。

（3）互动交流：鼓励幼儿之间互相帮助，分享收割技巧，增强团队合作精神。

4.收获与整理

（1）收集水稻：幼儿将收割的水稻放入小篮子中，教师协助统计每组的收获量。

（2）洗手休息：活动结束后，带领幼儿到洗手池清洗双手，并在休息区稍作休息。

5.总结与分享

（1）回顾过程：教师引导幼儿回顾收割水稻的过程，分享自己的感受和收获。

（2）感恩教育：通过讨论"水稻的生长需要哪些人的努力？""我们应该怎样珍惜粮食？"等问题，教育幼儿感恩自然、珍惜劳动成果。

（3）制作感谢卡：鼓励幼儿用彩笔和纸张制作感谢卡，表达对农民伯伯和老师的感激之情。

活动4-3：

稻穗变形记

（一）活动目标

（1）让孩子们了解水稻从收割到加工成大米的全过程，了解打稻、脱谷等传统农作方式。

（2）通过实践活动，提高孩子们的动手能力和团队协作能力。

（3）激发孩子们的想象力，鼓励他们利用稻穗等材料进行创意制作。

（二）活动准备

（1）收割后的稻穗、打稻机（或简易替代品）、脱谷机（或模拟装置）、篮子、手套等。

（2）用于创意制作的彩纸、剪刀、胶水等材料。

（3）稻穗收割后的处理步骤视频。

（三）活动过程

1.回顾与分享

（1）老师引导孩子们回忆收割稻穗的经历，分享各自的感受与收获。

（2）播放稻谷加工成米的短片，让孩子们对后续环节有初步了解。

2.活动展开

稻穗变形第一步——打稻

（1）讲解示范：老师向孩子们介绍打稻的意义和方法，展示如何使用打稻机（或简易替代品）进行打稻。

（2）分组实践：孩子们在老师的指导下，戴上手套和安全帽，分组进行打稻操作。

（3）观察讨论：打稻结束后，引导孩子们观察稻穗的变化，讨论打稻的意义和作用。

稻穗变形第二步——脱谷

（1）老师介绍脱谷的过程和目的，展示脱谷机（或模拟装置）的使用方法。

（2）动手操作：孩子们将打好的稻穗放入脱谷机（或模拟装置）中，进行脱谷操作。老师需协助调整机器，确保孩子们能够顺利完成任务。

（3）脱谷完成后，展示脱下的谷粒，让孩子们感受劳动的成果。

稻穗变形第三步——创意制作

（1）老师引导孩子们思考如何利用剩余的稻穗、稻秆等材料进行创意制作。

（2）孩子们自由组合，讨论并确定创意主题，然后利用提供的材料进行创作。

（3）各小组展示自己的创意作品，并分享创作思路和过程。

活动4-4：

美味的米饭

（一）活动目标

（1）让幼儿了解大米的营养价值和吃米饭对身体的好处。

（2）引导幼儿养成良好的饮食习惯，愿意主动吃米饭。

（3）通过动手制作大米美食，提高幼儿的动手操作能力和创造力。

（二）活动准备

（1）各种大米制品的图片，如米饭、米粥、寿司、粽子等。

（2）大米、电饭煲、餐具等。

（3）制作寿司、饭团所需食材，如米饭、海苔、火腿肠等。

（三）活动过程

1.大米知多少

老师以谜语或故事开头，引出大米这一主题。

（1）利用图片、视频等多媒体手段，向孩子们展示大米的生长过程，讲解大米作为主食的重要性。

（2）通过提问的方式，检验孩子们对大米相关知识的掌握情况，增强参与感。

2.大米美食大搜索

（1）老师展示准备好的大米制品实物或图片，引导孩子们观察并猜测其名称和制作材料。

（2）邀请孩子们分享自己吃过的或喜欢的大米美食，增进彼此之间的了解和交流。

（3）引导孩子们思考大米是怎么来的，学会珍惜粮食，感恩农民伯伯的付出。

3.我是小厨师

（1）老师先向孩子们展示如何制作寿司或饭团，包括铺海苔、铺饭、放配料、卷紧或捏成形等。强调卫生操作，如戴手套、使用干净的器具等。

（2）分组制作。根据孩子们的兴趣将他们分成不同的小组，每组选择一种大米美食进行制作。

（3）动手实践。在老师的指导和帮助下，孩子们开始动手制作寿司或饭团美食。过程中注重卫生习惯的培养和安全教育的渗透。

（4）老师巡回指导，帮助解决制作过程中遇到的问题，鼓励孩子们发挥想象，自由搭配配料。

4.品尝分享

制作完成后，孩子们品尝自己的劳动成果，鼓励幼儿说说品尝后的感受。

（四）活动延伸

（1）让幼儿回家后和家人分享今天的活动。

（2）在美工区投放材料，让幼儿制作与大米相关的手工作品。

活动4-5：

古诗《悯农·其二》

（一）活动目标

（1）通过音乐感受古诗《悯农·其二》的节奏与意境，初步了解诗歌内容。

（2）能提高音乐感知能力和身体协调能力，激发对艺术活动的兴趣。

（3）能体会农民的辛勤劳动，培养珍惜粮食、尊重劳动的情感。

（二）活动准备

（1）古诗《悯农·其二》的音频。

（2）农民伯伯劳作的图片。

（三）活动过程

1.引入环节

（1）教师讲述一个简短的故事，描述农民伯伯在烈日下辛勤劳作的场景，引导幼儿想象并感受农民的辛苦。

(2)展示农民伯伯劳作的图片或播放相关视频,加深幼儿对农民劳动的认识。

2.古诗学习

(1)让幼儿聆听古诗《悯农·其二》的朗诵,感受其韵律美。

(2)简要介绍古诗的内容,解释"锄禾日当午,汗滴禾下土。谁知盘中餐,粒粒皆辛苦。"的意思,引导幼儿理解农民的辛勤与粮食的来之不易。

3.律动创编与练习

(1)鼓励幼儿参与律动作的创编。可以是模仿农民伯伯锄地的动作、擦汗的动作,或者是表现禾苗生长的样子等。

(2)师幼集体讨论。从幼儿提出的动作中挑选出几个既符合古诗意境又易于完成的动作。

(3)集体重复练习创编的律动动作。

4.展示与分享

(1)将部分幼儿分小组,依次上台表演。

(2)其他幼儿认真欣赏,并给予掌声鼓励。

活动4-6:

光盘行动

(一)活动目标

(1)了解粮食的来之不易,懂得珍惜粮食。

(2)有节约粮食的意识,养成不挑食、不浪费的好习惯。

(3)通过制作书签,表达对节约粮食的理解和决心。

(二)活动准备

(1)有关粮食生产过程的图片、视频。

(2)用于制作书签的材料,如卡纸、彩笔、剪刀、胶水等。

(三)活动过程

1.活动导入

播放粮食生产过程的视频或图片,向幼儿讲解农民伯伯种植粮食的辛苦。引导幼儿思考浪费粮食的坏处。

2.讨论与分享

(1)组织幼儿讨论在日常生活中看到的浪费粮食的现象。

（2）引导幼儿说说自己可以怎样节约粮食,如不挑食、把自己碗里的饭菜尽量吃完等。

3.制作书签

（1）为幼儿准备好制作书签的材料。

（2）指导幼儿在卡纸上画出与辛勤劳作和节约粮食相关的图案,如农民劳作的场景和干净的餐盘等。

（3）让幼儿用彩笔进行涂色和装饰,然后剪出书签的形状。

4.展示与总结

（1）邀请幼儿展示自己制作的书签,并说一说自己的创作想法。

（2）总结活动,再次强调节约粮食的重要性,鼓励幼儿在生活中践行"光盘行动"。

（四）活动延伸

（1）请幼儿将书签送给身边进餐能够"光盘"的朋友。

（2）在进餐环节,鼓励幼儿做到"光盘",并给予表扬和奖励。

活动4-7:

水稻创意画

（一）活动目标

（1）引导幼儿观察水稻的形态特征,了解水稻的生长过程。

（2）锻炼幼儿的手部精细动作和创造力,提高幼儿的绘画和手工技能。

（3）培养幼儿对大自然的热爱和珍惜粮食的意识。

（二）活动准备

（1）水稻的图片、视频或实物。

（2）彩色笔、白色卡纸、超轻黏土。

（三）活动过程

1.活动导入

教师展示水稻的图片、视频或实物,引导幼儿观察水稻的形状、颜色和结构,特别是水稻叶子和稻穗的特点。激发幼儿对水稻的兴趣。

2.讲解示范

（1）叶子绘制:教师先在画纸上示范如何用绿色彩笔勾画出水稻叶子的形状。可以简化为长条形,并在末端稍微弯曲,模仿真实的叶子形态。鼓励幼儿尝试叶子不同的排列方式,如错落有致或紧密排列。

(2)稻穗制作:教师展示如何使用超轻黏土制作稻穗。取一小块黄色或金色的粘土,搓成细长条状,然后将其弯曲成稻穗的形状,可以适当添加一些细节,如稻粒的质感。

3.幼儿创作

(1)鼓励幼儿根据自己的想象和理解,绘制水稻叶子和制作稻穗作品。教师可以巡回指导,帮助幼儿解决创作过程中遇到的问题。

(2)引导幼儿在作品中添加自己的创意元素,如不同颜色的叶子和不同形状的稻穗,或者在背景上添加天空、云朵、太阳等元素,使画面更加丰富和生动。

4.作品展示与评价

(1)邀请幼儿将自己的作品展示在展板或桌面上,与同伴分享自己的创作过程和感受。

(2)引导幼儿互相欣赏和评价同伴的作品,可以从颜色搭配、形状塑造、创意表现等方面进行评价,培养幼儿的审美能力和表达能力。

(四)活动延伸:

在班级环境中布置水稻主题墙,展示幼儿们的创意画和其他相关作品,营造浓厚的艺术氛围。

活动4-8:

致敬袁爷爷

(一)活动目标

(1)让幼儿了解袁隆平的伟大贡献,知道他为解决全球粮食问题所付出的努力。

(2)培养幼儿尊重和感恩科学家的情感,激发幼儿对科学的兴趣和探索意识。

(3)鼓励幼儿用自己的方式表达对袁隆平的敬意和怀念。

(二)活动准备

(1)袁隆平生前的图片、事迹介绍视频。

(2)水彩笔、勾线笔、爱心卡纸。

(三)活动过程

1.展示袁隆平生前的图片,用提问方式展开活动

2.了解袁隆平

(1)播放袁隆平的事迹介绍视频,让幼儿了解他在农业领域的成就和付出。

(2)用简单易懂的语言向幼儿讲解袁隆平致力于研究杂交水稻,让人们能吃饱饭的伟大贡献。

3.交流与讨论

(1)组织幼儿讨论:袁隆平爷爷这么厉害,我们要向他学习什么呢?

(2)引导幼儿分享自己的想法,鼓励他们积极发言。

4.对袁爷爷说的话

(1)请幼儿想一想,有什么话想对袁隆平爷爷说。

(2)教师可以先示范,比如:袁爷爷,您辛苦了,感谢您让我们有足够的米饭吃。

(3)让幼儿依次说一说自己想对袁爷爷说的话,教师可以帮助记录下来。

5.创作表达敬意

(1)为幼儿提供爱心卡纸和水彩笔、勾线笔,引导幼儿用前书写的方式把想对袁爷爷说的话写在卡纸上。

(2)幼儿可以用绘画材料为爱心卡纸进行装饰。

(四)延伸活动

(1)引导幼儿在日常生活中用实际行动向袁爷爷致敬。

(2)建议家长与孩子一起观看更多关于袁隆平的资料,共同学习他的事迹和精神,并将这份正能量传递给更多的人。

活动4-9:

禾下乘凉梦

(一)活动目标

(1)激发幼儿对自然的想象,通过情景剧的形式展现"禾下乘凉梦"的美好愿景。

(2)培养幼儿的团队合作能力、语言表达能力和艺术表现力。

(3)让幼儿在创编和表演过程中,感受艺术创作的乐趣,增强自信心。

(二)活动准备

(1)袁隆平爷爷"禾下乘凉梦"的相关图片、视频资料。

(2)简单的场景布置,如布料(代表稻田)、草帽、农具等。

(3)纸、笔。

(三)活动过程

1.引入话题,激发想象

(1)展示图片:展示"禾下乘凉梦"的主题图片或PPT,引导幼儿观察并想象在稻穗下乘凉的情景。

(2)故事讲述:老师简短讲述一个关于"禾下乘凉梦"的故事,激发幼儿的兴趣和想象力。

2.讨论与构思

(1)分组讨论:将幼儿分成若干小组,每组分配一个剧本框架或故事线索提示卡,引导幼儿讨论并构思情景剧的内容。

(2)角色分配:各小组进行角色分配,确保每个幼儿都能参与到表演中来。

3.创编情景剧

(1)剧本创作:在老师的引导下,各小组根据讨论结果,共同创作情景剧的剧本。老师可提供必要的指导和建议。

(2)排练准备:幼儿们根据剧本内容,选择并准备所需的服装、道具和场景布置材料。

4.情景剧排练

(1)分段排练:各小组分段进行排练,老师巡回指导,帮助幼儿调整表演细节,提高表演质量。

(2)整体合排:在所有小组完成分段排练后,进行整体合排,确保情景剧的流畅性和连贯性。

5.展示与分享

(1)情景剧表演:邀请全园师生观看"禾下乘凉梦"情景剧表演。

(2)分享感受:表演结束后,邀请几位幼儿分享自己在创编和表演过程中的感想和收获。

此案例由张清源、敖妮娜、何婉月、杨陈洪、尹思思提供

案例4

大班"游学访馆"探究式课程：
小小蚕宝，大大梦想

一、课程缘起

周一的晨谈中，文文展示了一纸蚕卵、几个蚕茧和自制丝质工艺品，并分享了自己参加西南大学蚕桑纺织与生物质科学学院"桑蚕之光，弘扬天下"科普活动的见闻，引起小朋友们的极大关注，大家一致恳请文文将蚕卵留在班上孵养蚕宝宝。

采桑养蚕，既源于幼儿的一份好奇，也可以让他们了解家蚕的孵化过程。"由蚕而桑，见果寻因"，幼儿通过观察记录、实验对比、调查寻访、猜想验证等方式，完成一次探究致知之旅。同时，与蚕一起经历一个生命的周期，通过日常的投喂、洒扫、照顾，解决生长过程中出现的各种问题，克服随机出现的困难，感悟生命的循环，这是一场任务驱动下的主动学习，更是关于生命价值与意义的心灵建构历程。

蚕桑文化被赞誉为"最具中国特色的文化形态"，蚕桑所成就的丝绸文化，是中国人民勤劳与智慧的结晶，也是中国文明的象征。幼儿通过实践缫丝织造、考证蚕桑起源、演绎丝绸之路等一系列活动，可以实现对民族文化的主动触摸，建立情感链接。通过探访蚕桑纺织与生物质科学学院，感受科技带给古老蚕桑新变化的同时，了解在这背后的科学家的故事，更有力地在幼儿心中种下科学的种子，开启科学家精神的启蒙之旅。

二、课程目标

（1）探究了解蚕的生长历程、变态发育的过程，以及蚕桑文化的起源发展与表现传播等相关知识。

（2）采用集体研讨、小组与个人探究相结合等多种形式，鼓励幼儿积极思考，善于提问，养成围绕问题主动探究、积极解决的良好品质。

（3）尝试运用观察记录、实验验证、走访考察等方式解决蚕桑科学探究中的相关问题，运用实践操作、访谈、文献查阅、场馆考察等多种途径解决蚕桑运用和蚕桑文化探究中的相关疑问，学习解决问题的途径和方法，提高解决问题的能力。

（4）在饲养家蚕的经历中感受责任，感悟生命；在蚕桑文化中亲近民族文化，在蚕学家故事中体会科学家精神、家国情怀，激发民族自豪感。

三、场馆资源介绍

（一）西南大学蚕桑纺织与生物质科学学院

西南大学蚕桑纺织与生物质科学学院，拥有深厚的历史底蕴和丰富的科教资源，是幼儿养蚕体验与学习的理想之地。学院设有资源昆虫高效养殖与利用全国重点实验室等重要科研平台，以及世界最大的家蚕基因库，为幼儿提供了丰富的蚕种资源和科学探索的空间。此外，学院还拥有桑树资源圃，为幼儿提供了观察和了解桑树生长环境的便利。在这里，幼儿可以近距离观察家蚕的生长过程，体验从养蚕到蚕丝制品的全过程，感受蚕丝文化的魅力。学院还注重文化传承与创新，近年来举办蚕丝文化节等活动，为幼儿提供了丰富的文化体验和互动机会，让幼儿在寓教于乐中学习和成长。

西南大学蚕桑纺织与生物质科学学院服装展

蚕丝科普月展览（图片来自西南大学官网）

参观实验室

（二）西南大学前沿交叉学科研究院生物学研究中心

西南大学前沿交叉学科研究院生物学研究中心位于西南大学校内,距离幼儿园南北区都较近,是孩子们很容易去到的地方。西南大学前沿交叉学科研究院生物学研究中心着力蚕桑产业创新发展,从品种改良、饲喂方式、采收模式、产业链条等多层面进行分析与实践,探索并逐渐完善了智能蚕桑生产系统和新型蚕丝生产工艺;同时,中心重视科普事业,创办了西南大学"丝国传奇"工作坊,以严谨的科学态度和原创的方式推出蚕丝科普文创产品

60余种。其中就包括"小小科学家成长记"饲料养蚕实践套盒,"蚕丝之国的神奇冒险"系列手册等,策划实施大型系列公益科普活动80余场。

西南大学前沿交叉学科研究院生物学研究中心不仅为幼儿了解家蚕的多样性提供了场域,也为幼儿科学饲养蚕宝宝提供了经验支持和资源支持,而且还可以支持孩子们进行家蚕品种杂交、饲喂方式改良的探索;西南大学"丝国传奇"工作坊和科普队还可以科学地指导幼儿进行缫丝和蚕茧工艺品制作,让幼儿感受到科学与生活之间的关系,并从历史的角度为孩子们讲解"野蚕到家蚕的演变""丝绸之路"等,让孩子们在实践操作的同时,了解我国传统的家蚕丝绸文化。

家蚕饲养实验室(图片来自西南大学官网)

彩色蚕茧陈列(图片来自西南大学官网)

"蚕丝之国的神奇冒险"系列手册（图片来自西南大学官网）

蚕茧文创产品（图片来自西南大学官网）

四、课程概览

本课程以"小小蚕宝，大大梦想"为主题，追随幼儿的兴趣，以"养蚕"为切入点，生成了一系列丰富多彩的活动，通过蚕宝宝的成长故事，激发了幼儿的好奇心和探索欲，促进他们在认知、情感、社交等多个领域的全面发展，培养他们像科学家一样观察、思考和解决问题的能力。

　　课程的推进以幼儿在饲养蚕宝宝的过程中遇到的问题和发现为线索，涵盖了丰富多彩的活动：幼儿亲手种植桑树、喂养蚕宝宝，亲身体验蚕的生长过程，了解蚕的食物习性、生活环境和生长周期；探索蚕丝的奥秘，进行简单的缫丝体验，并亲手制作蚕丝扇和丝巾服装，感受蚕丝的生产过程和应用价值；在课程实施过程中，幼儿还深入了解了蚕的历史与文化，通过听故事、看图片、参与角色扮演等活动，形成了一定的历史思维和文化意识，并尝试从科学的角度审视历史事件，学习科学家的跨学科研究方法。此外，幼儿还探究了蚕的遗传与变异，通过观察彩蚕、探索蚕丝颜色与食物的关系等有趣的活动，了解蚕的遗传变异和现代生物技术的简单应用，培养了探究精神和科学思维。

　　本课程的实施过程中，除了了解科学知识，幼儿还感知了科学在生活中的运用，探索了丝和茧在日常生活和创意制作中的多种用途。通过制作手工艺品、装饰品等实践活动，提升了动手能力和创造力，并学会与他人合作和分享。幼儿像科学家一样进行实验、尝试和改进，实践能力和团队协作能力得到了极大的提升。

　　本次课程的成果展示是一次大型活动——"重走丝绸之路"。幼儿模拟古代丝绸之路的贸易和文化交流，通过角色扮演、手工制作和作品展览等形式，展示在课程中学习到的知识和制作的成果。活动中幼儿不仅体验到了团队合作的乐趣，还深刻地理解了丝绸之路的历史意义和文化价值，激发了幼儿的探索精神和跨文化交流的能力。

　　通过该课程活动的实施，幼儿不仅在快乐中学习到蚕的基本知识，还对蚕在人类历史和现代生活中的应用有了初步的了解，更在实践中培养了观察力、想象力、创造力和团队合作精神，他们通过实践活动，亲身体验科学家的研究过程，不仅激发了对自然和科学的热爱与探索，还获得了一定的科学素养和人文精神，成为了具有科学家精神的小小探索者，这将为他们未来的成长奠定坚实的基础。

附图

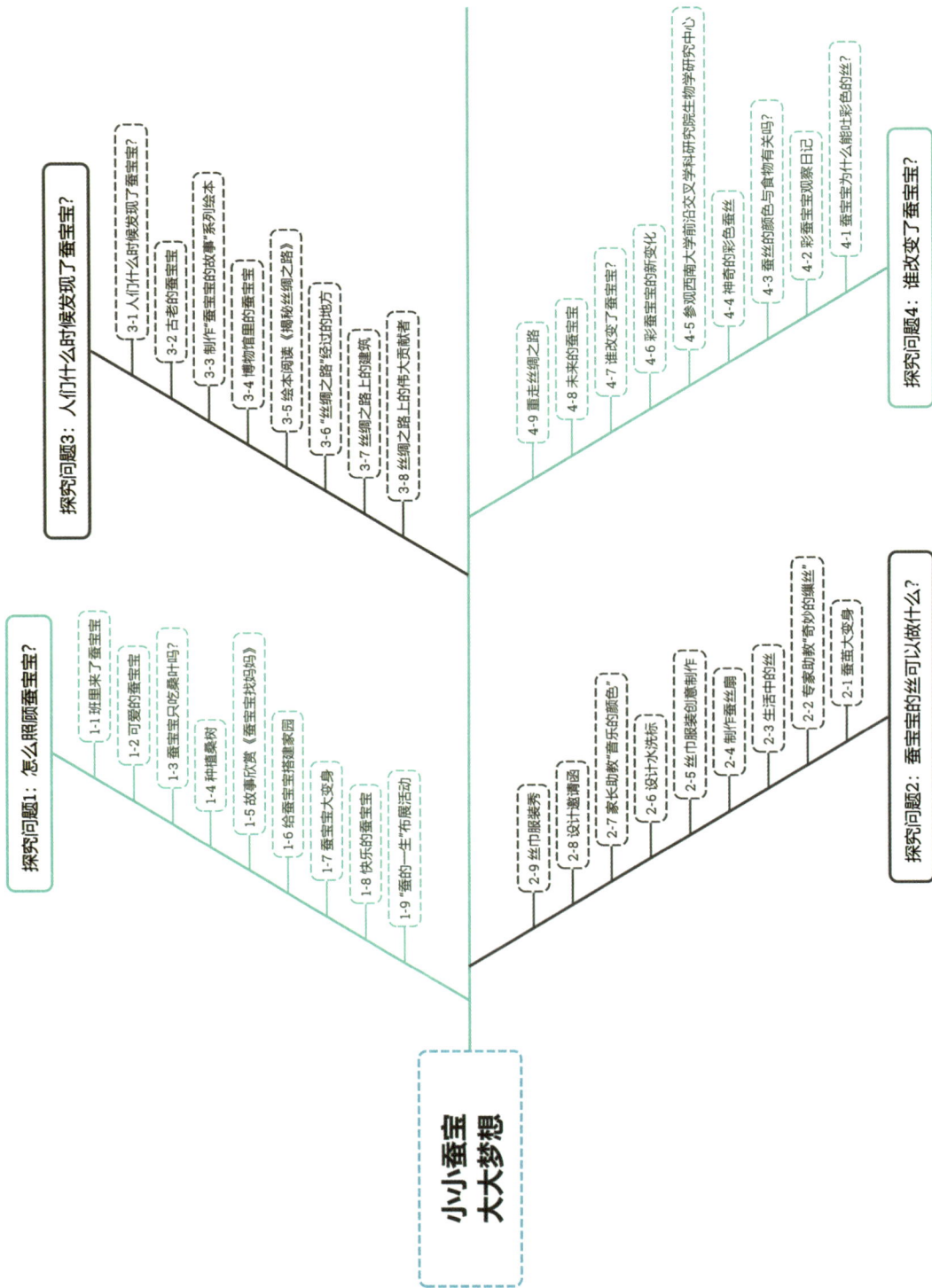

小小蚕宝 大大梦想

探究问题1：怎么照顾蚕宝宝？
- 1-1 班里来了蚕宝宝
- 1-2 可爱的蚕宝宝
- 1-3 蚕宝宝只吃桑叶吗？
- 1-4 种植桑树
- 1-5 故事欣赏《蚕宝宝找妈妈》
- 1-6 给蚕宝宝搭建家园
- 1-7 蚕宝宝大变身
- 1-8 快乐的蚕宝宝
- 1-9 "蚕的一生"布展活动

探究问题3：人们什么时候发现了蚕宝宝？
- 3-1 人们什么时候发现了蚕宝宝？
- 3-2 古老的蚕宝宝
- 3-3 制作"蚕宝宝的故事"系列绘本
- 3-4 博物馆里的蚕宝宝
- 3-5 绘本阅读《揭秘丝绸之路》
- 3-6 丝绸之路经过的地方
- 3-7 丝绸之路上的建筑
- 3-8 丝绸之路上的伟大贡献者

探究问题4：谁改变了蚕宝宝？
- 4-1 蚕宝宝为什么能吐彩色的丝？
- 4-2 彩蚕宝宝观察日记
- 4-3 神奇的彩色蚕丝
- 4-4 蚕丝的颜色与食物有关吗？
- 4-5 参观西南大学前沿交叉学科研究院生物学研究中心
- 4-6 蚕宝宝的新变化
- 4-7 谁改变了蚕宝宝？
- 4-8 未来的蚕宝宝
- 4-9 重走丝绸之路

探究问题2：蚕宝宝的丝可以做什么？
- 2-1 蚕宝大变身
- 2-2 专家助教"奇妙的蚕丝"
- 2-3 生活中的丝
- 2-4 制作蚕丝扇
- 2-5 丝巾服装创意制作
- 2-6 设计水洗标
- 2-7 家长助教音乐的颜色
- 2-8 设计邀请函
- 2-9 丝巾服装秀

附表

探究问题1	怎么照顾蚕宝宝？
探究活动	1-1：班里来了蚕宝宝 1-2：可爱的蚕宝宝 1-3：蚕宝宝只吃桑叶吗？ 1-4：种植桑树 1-5：故事欣赏《蚕宝宝找妈妈》 1-6：给蚕宝宝搭建家园 1-7：蚕宝宝大变身 1-8：快乐的蚕宝宝 1-9："蚕的一生"布展活动
探究问题2	蚕宝宝吐的丝可以做什么？
探究活动	2-1：蚕茧大变身 2-2：专家助教"奇妙的缫丝" 2-3：生活中的丝 2-4：制作蚕丝扇 2-5：丝巾服装创意制作 2-6：设计水洗标 2-7：家长助教"音乐的颜色" 2-8：设计邀请函 2-9：丝巾服装秀
探究问题3	人们什么时候发现了蚕宝宝？
探究活动	3-1：人们什么时候发现了蚕宝宝？ 3-2：古老的蚕宝宝 3-3：制作"蚕宝宝的故事"系列绘本 3-4：博物馆里的蚕宝宝 3-5：绘本阅读《揭秘丝绸之路》 3-6："丝绸之路"经过的地方 3-7：丝绸之路上的建筑 3-8：丝绸之路上的伟大贡献者
探究问题4	谁改变了蚕宝宝？
探究活动	4-1：蚕宝宝为什么能吐彩色的丝？ 4-2：彩蚕宝宝观察日记 4-3：蚕丝的颜色与食物有关吗？ 4-4：神奇的彩色蚕丝 4-5：参观西南大学前沿交叉学科研究院生物学研究中心 4-6：彩蚕宝宝的新变化 4-7：谁改变了蚕宝宝 4-8：未来的蚕宝宝 4-9：重走丝绸之路

五、活动案例

探究问题1：怎么照顾蚕宝宝？

活动1-1：

班里来了蚕宝宝

（一）活动目标

（1）了解蚕宝宝的生活习性和喂养方法。

（2）持续观察并记录蚕宝宝的成长过程，大胆发表自己的意见。

（3）喜欢主动照料蚕宝宝，体验爱护和照顾小动物的乐趣。

（二）活动准备

（1）幼儿有团讨的经验，提前收集有关蚕宝宝的资料。

（2）蚕卵、笔、小组喂养观察表。

（三）活动过程

1.出示蚕卵，引导交流有关蚕宝宝的经验，激发兴趣

（1）引导幼儿交流关于蚕的经验。

关键提问：

·这是什么？你们是怎么知道的？小蚕卵长什么样？它是怎样长大的？

·小朋友收集了许多关于蚕宝宝的知识，谁愿意来介绍一下？

引导幼儿大胆介绍并展示自己收集的相关资料。

（2）师幼共同讨论蚕宝宝的喂养方法。

关键提问：

·蚕宝宝可以吃些什么呢？怎样喂蚕宝宝呢？摘来的桑叶可以直接喂食吗？

教师用图标在黑板上记录。

2.师幼讨论照料蚕宝宝的方法

关键提问：

·我们要不要饲养蚕宝宝呢？把它放在什么地方养呢？要注意些什么呢？

引导幼儿说出饲养蚕宝宝要注意卫生。

3.引导幼儿通过讨论，分组定时照料蚕宝宝

关键提问:

·要给蚕宝宝找食物并喂它吃,还要注意卫生,这些事情由谁来做呢? 是大家一起去做吗?

4.收集汇总

幼儿分组讨论后,小组长展示分组饲养蚕宝宝的计划表,教师汇总。

(四)活动延伸

(1)在阅读区增加关于蚕的绘本或其他资料供幼儿阅读,并及时展示幼儿对蚕宝宝的观察记录单、饲养值日生表、饲养注意事项。

(2)日常生活中引导幼儿做好蚕宝宝的日常照料工作,鼓励幼儿对蚕宝宝做连续的观察记录,发现蚕宝宝的生长变化。

活动1-2:

可爱的蚕宝宝

(一)活动目标

(1)通过观察、交流,初步了解两种蚕的外形特征。

(2)培养幼儿观察的细致性和目的性。

(3)在活动中体验发现的乐趣。

(二)活动准备

(1)在日常饲养、观察蚕宝宝的过程中,已初步了解了两种蚕各自爱吃的食物。

(2)为每组准备两种蚕宝宝及相应的桑叶,介绍蚕的外形的录像片。

(三)活动过程

1.观察蚕宝宝,知道它们的名称及主要特征

(1)分组观察,找相同,然后播放录像片。

关键提问:

·请小朋友观察这两种蚕宝宝长得一样吗? 有什么不同的地方?

·它们的名称分别是什么? 身体的主要特征是什么样的?

绘制蚕宝宝的结构特征图:可分为头和身体两部分,头上有嘴和两只小小的眼睛;身体圆润、长而软、有环节;身体下面有许多对小脚,会爬行;身体旁边有气孔,气孔可以帮助它呼

吸和散热;尾部的小尖叫尾角。

（2）把相同种类的蚕放在一个盘中。

分组讨论并分类,灰白色的叫桑蚕,身上有黑点的叫篦麻蚕,它们都是不同种类的蚕。

2.给蚕宝宝起名字,做标记

小组分别讨论并给每组两种蚕宝宝起名字,并动手画一画名字标记。

3.喂一喂蚕宝宝

每组饲养两种蚕宝宝,观察桑蚕、篦麻蚕各自爱吃哪种树叶,并做好观察记录。

（四）活动延伸

日常生活中引导幼儿做好桑蚕宝宝和篦麻蚕宝宝的日常照料工作,并对两种蚕宝宝做连续的观察记录,发现不同种类蚕宝宝的生长变化。

活动1-3:

蚕宝宝只吃桑叶吗?

（一）活动目标

（1）通过谈话,讨论、交流自己喂养蚕宝宝的经历,描述对其生长过程的认识。

（2）能够借助科学实验,清晰地描述自己的观察结果。

（3）对喂养活动感兴趣,体验收获的愉悦。

（二）活动准备

（1）幼儿有养蚕的前期经验,并对桑树的作用进行前期了解。

（2）家蚕宝宝吃什么调查表、桑叶、生菜叶、柘叶、榆叶、黄桷叶、蒲公英和莴苣叶。

（三）活动过程

1.活动引入

从人类的食物引出蚕宝宝的食物。

关键提问:

·人每天都要吃东西,你今天吃的什么? 你还吃过什么?

2.交流讨论

出示小组喂养观察表,交流家蚕宝宝的食物与生长变化。

关键提问：

·家蚕宝宝们每天吃些什么呢？是怎样吃的？

·幼儿根据已有经验回答,并鼓励用动作来表示蚕宝宝吃桑叶的样子。

3.出示"家蚕宝宝吃什么调查表"

关键提问：

·家蚕宝宝除了吃桑叶,还会吃其他叶子吗？

先猜一猜,然后喂一喂,并把结果记录在调查表上。

幼儿介绍自己的调查记录表结果,原来家蚕宝宝除了食桑叶外,也能吃生菜叶、柘叶、榆叶、蒲公英和莴苣叶等,不过桑叶是家蚕最适合的天然食料,现在科学家研发了一种复合营养片喂养蚕宝宝。

(四)活动延伸

利用周末时间组织亲子研学活动,邀请幼儿和爸爸妈妈到西南大学桑树林观察桑树,了解不同种类的桑树和桑树的价值,品尝不同种类的桑葚。

附表

家蚕宝宝吃什么调查表

调查人：   时间：

	桑叶	生菜叶	柘叶	蒲公英	莴苣叶	榆叶	黄桷叶
猜一猜							
喂一喂							

活动1-4:

种植桑树

(一)活动目标

(1)参观幼儿园的种植园,了解一些植物的名称及特征。

(2)了解种植的过程与种子生长所需要的基本条件。

(3)尝试参与种植,体验种植的乐趣。

(二)活动准备

(1)幼儿了解桑树种植的方法。

(2)不同种类的桑树苗、铁锹。

(三)活动过程

1.回顾亲子研学"关于桑树的那些事"

关键提问：

·在桑树林里你发现了哪些种类的桑树？它们长得一样吗？

·桑树放在什么地方最有助于它的成长？为什么？

2.调动幼儿已有的经验，讨论种植的方法

关键提问：

·谁知道怎样把桑树苗种到土壤里？种好以后需要做哪些事情？

师幼共同梳理经验，明确种植方法。

3.幼儿亲手种植桑树苗，教师进行重点指导

4.分组分享种植后的感受

关键提问：

·你是怎么种植桑树苗的？

·我们班种植的桑树林叫什么名字？怎么爱护我们班的桑树林呢？

引导幼儿利用前书写的方式给桑树林的桑树起名字，给自己种植的桑树做名字标记牌和保护桑树的标记牌。

(四)活动延伸

(1)在区域时间，教师分小组指导幼儿用前书写的方式，给桑树制作名字标记牌和班级桑树林的保护事项。

(2)在日常散步时间，请幼儿按小组给桑树苗浇水、施肥和除草，并记录桑树的生长情况观察表。

活动1-5:

故事欣赏《蚕宝宝找妈妈》

(一)活动目标

(1)理解故事的内容,了解蚕宝宝变成蚕蛾的成长过程。

(2)鼓励幼儿积极参加故事表演,发展表现力与想象力。

(3)体会故事表演带来的乐趣,学会情感的交流。

(二)活动准备

(1)有养蚕的经验。

(2)故事《蚕宝宝找妈妈》,各种小动物的头饰。

(三)活动过程

1.出示蚕宝宝图片,引起幼儿听故事的兴趣

关键提问:

·故事的名字是什么? 故事中主要讲的是谁?

·蚕宝宝把谁当成自己的妈妈? 为什么会认错妈妈呢?

·最后蚕宝宝找到妈妈了吗? 为什么?

2.边演示图片边讲述故事,进一步理解故事内容

关键提问:

·这个故事发生在什么季节?

·黑乎乎的卵变成了什么?

·蚕宝宝找到妈妈了吗? 为什么?

引导幼儿了解蚕的四次蜕皮过程:从黑乎乎的卵到毛茸茸的黑衣服;再换上了黄外套;然后换上白衣裳。每一次蜕皮时是不吃桑叶的,等蜕皮结束它就长大了一些,然后继续吃桑叶。

3.幼儿自由选择角色表演《蚕宝宝找妈妈》的故事

(四)活动延伸

(1)表演区表演《蚕宝宝找妈妈》的故事,美术区创作连环画《蚕宝宝找妈妈》。

(2)在日常生活中观察蚕的卵,引导幼儿了解蚕的生长变化过程。

附故事

蚕宝宝找妈妈

春天到了,太阳暖暖的,小草绿绿的。池塘里的冰融化了,岸边的桑树妈妈冒出了新芽,新芽一天天长大,变成了一片片翠绿的桑叶。桑树妈妈在一片桑叶上发现了一些黑黑的、圆圆的卵。时间一天天过去,这些黑黑圆圆的卵动了,变成了一条条穿着黑衣服的毛茸茸的虫子,它们在桑树妈妈的怀里开心地长大,饿了就吃着翠绿的桑叶,累了就在桑叶上呼呼大睡。它们脱掉黑外套,穿上黄外套,变成了一条条穿着黄外套的蚕宝宝。

有一天,蚕宝宝在桑树上吃着桑叶,看见池塘里的蜗牛妈妈带着蜗牛宝宝出来游玩了。蚕宝宝问:"蜗牛妈妈,蜗牛妈妈,您见过我们的妈妈吗?请您告诉我们,我们的妈妈是什么样呀?"蜗牛妈妈回答说:"看见过。你们的妈妈穿着白衣服,你们自己找吧。""谢谢您,蜗牛妈妈!"

蚕宝宝决定去找妈妈。它们爬过了一棵桑树来到另外一棵桑树上。蚕宝宝看见穿着白衣服的大白鹅:"妈妈,妈妈,我们的好妈妈"。大白鹅笑着说:"我不是你们的妈妈。我是小鹅的妈妈。你们的妈妈头顶上有一对触角,到前面去找吧。""谢谢您!大白鹅妈妈!"蚕宝宝继续向前找妈妈,它们看见穿着白衣服还有一对触角的白蚂蚁:"妈妈,妈妈,我们的好妈妈"。白蚂蚁妈妈笑着说:"我不是你们的妈妈。我是小白蚁的妈妈。你们的妈妈身上有两对翅膀,到前面去找吧。""谢谢您!白蚁妈妈!"蚕宝宝继续向前找妈妈,它们看见穿着白衣服,有一对触角还有两对翅膀的白蝴蝶,就高兴地喊:"妈妈,妈妈,我们的好妈妈"。白蝴蝶笑着说:"蚕宝宝,你们认错了,我不是你们的妈妈,我是毛毛虫的妈妈。你们的妈妈肚子比我大,翅膀比我小,它还有一对像羽毛一样的触角。你们到前面去看看吧。"蚕宝宝你望望我,我望望你,我们到哪里去找妈妈呢?

有一只蚕宝宝说:"我想到一个好办法,我们在桑树上建造房子,以此表达对妈妈的思念,相信总有一天,妈妈会回来看我们的。"于是,蚕宝宝们在桑树妈妈的怀里,脱下黄衣服,换上干净的白衣服,吃得胖胖的,用自己的丝造了一个个白白的椭圆形房子,躲在里面睡大觉,在睡梦中等着妈妈!

活动1-6：

给蚕宝宝搭建家园

（一）活动目标

（1）通过团讨的方式，尝试利用多种废旧材料搭建蚕宝宝的家。

（2）愿意在集体面前大胆表述个人想法。

（3）培养积极参与活动，体验小组合作的乐趣。

（二）活动准备

（1）幼儿饲养蚕宝宝并观察记录生长过程，绘制给蚕宝宝搭建家园的图纸。

（2）插片、积木、树枝、吸管、废旧纸片。

（三）活动过程

1.展示幼儿饲养蚕宝宝的记录表，激发兴趣

（1）引导幼儿交流饲养过程中蚕宝宝的生长变化。

关键提问：

·蚕宝宝从孵化到现在有了什么变化？它是怎么进食的？

引导幼儿大胆介绍并展示自己的观察记录。

（2）师幼共同讨论蚕宝宝为什么要蜕皮。

关键提问：

·蜕皮后，蚕宝宝的身体发生什么变化？

（3）你在饲养蚕宝宝的过程中有什么感想？

引导幼儿展开讨论并发表各自的意见，教师用图示在黑板上记录。

2.师幼讨论用什么材料给蚕宝宝搭建家园

关键提问：

·蚕宝宝要吐丝结茧了，用什么材料给它搭建房子呢？需要注意些什么呢？

小组展示收集的材料和提前绘制的搭建房子结构的图纸。

3.协商讨论

通过讨论、协商，分组利用积木、插片、树枝、废旧纸片、吸管为蚕宝宝搭建家的结构。

4.作品分享

集体分享小组搭建的"蚕宝宝的家"的结构作品。

5.猜猜哪一组是蚕宝宝最喜欢的?

蚕宝宝住进"家"里,请幼儿继续观察蚕宝宝结茧的过程。

(四)活动延伸

利用区域时间在美术区让幼儿提前绘制"蚕宝宝的家"的结构图纸,在建构区继续搭建完善"蚕宝宝的家"。

> **活动1-7:**
>
> **蚕宝宝大变身**

(一)活动目标

(1)通过活动了解蚕宝宝长大及结茧的过程。

(2)用文字、绘画等方式记录表达自己观察的过程。

(3)体验蚕宝宝结茧的艰辛,增强关爱小动物的情感。

(二)活动准备

(1)有饲养观察蚕宝宝的经验,了解蚕宝宝生长过程。

(2)小组喂养观察记录表、几个蚕茧、蚕结茧视频。

(三)活动过程

1.通过观察记录表引导幼儿回忆经验

关键提问:

·蚕宝宝现在是什么样子的?

·从蚁蚕到熟蚕需要多少天?

鼓励幼儿结合"小组喂养观察记录表",大胆讲述蚁蚕到熟蚕的生长过程和自己的发现。

2.蚕宝宝结茧了

关键提问:

·现在的蚕宝宝还吃桑叶吗? 不吃桑叶的蚕宝宝叫什么名字?

·这些蚕宝宝长大后会干什么? 它们是怎样结茧的? 是不是这样呢?

引导幼儿观看蚕宝宝结茧视频。

关键提问:

·蚕宝宝结茧要几天时间? 当你看到蚕宝宝结茧这么辛苦,你们心里有什么想法?

3.蚕宝宝大变身

关键提问：

·蚕宝宝结茧之后还会有变化吗？会变成什么？那蚕蛹还会变吗？会变成什么？

·猜一猜蚕蛹是什么样？还会变成什么？用前书写、绘画等方式记录表达自己观察的过程。

教师引导幼儿相互分享交流观察记录。

（四）活动延伸

在美术区画出"我想象的蚕蛹"，收集不同颜色、形状的蚕茧，并做好名字标记投放到班级的"饲养角"，便于幼儿观察蚕茧的多样性。

活动1-8：

快乐的蚕宝宝

（一）活动目标

（1）学习双手肘着地一起用力向前爬行。

（2）通过练习发展动作的灵敏性、协调性。

（3）培养不怕困难的精神,体验游戏的乐趣。

（二）活动准备

（1）了解"蚕吃桑叶—吐丝—作茧—变飞蛾"的过程。

（2）人手一只布袋,背景音乐用《活力小葵花》,桑叶若干。

（三）活动过程

1.热身运动

师幼在音乐声中进行热身运动。

2.基本活动

（1）游戏：好玩的布袋。

鼓励幼儿探索不同的玩法（注意安全）：爬、钻、抖、拎起袋子甩一甩、睡在上面、在上面打滚,并注意观察幼儿玩布袋的情况。

（2）游戏：蚕宝宝爬呀爬。

请幼儿尝试钻进布袋变成一只蚕宝宝,探索蚕宝宝爬行的动作。

教师讲解动作:双手肘着地一起用力向前移动身体,同时双腿在手臂和身体的带动下,弯曲、放平、弯曲、放平……向前爬。

幼儿自由学蚕宝宝爬,教师巡回观察、指导,提醒幼儿手要抓紧布袋。

(3)游戏:蚕吃桑叶—吐丝—作茧—变飞蛾。

指导语:

蚕宝宝们爬了这么久,肚子一定饿了吧? 看,那边有桑叶,我们爬过去吃吧!

这边的桑叶吃完了,再爬到那边去吃吧!

蚕宝宝肚子吃得可真饱啊,我看见有蚕宝宝在吐丝了,做了茧子把自己也包在里面了,小朋友把头也躲到布袋里面。

蚕宝宝在茧里面睡着了。蚕宝宝变成了蛹,蛹在茧里滚来滚去,滚来滚去,变成了飞蛾咬破茧,飞了出来,一只又一只,一只又一只,都飞出来了。

幼儿模仿飞蛾的动作四散跑。

3.结束部分

教师:刚才小朋友都从蚕宝宝变成了飞蛾,学得可真像! 布袋子呀真好玩,下面我们把自己的布袋拿过来变成一个小地毯,坐在上面放松放松吧。跟着音乐做放松运动:伸伸腿、捏捏手、捶捶背。

(四)活动延伸

在日常饲养蚕宝宝的活动中注意引导幼儿观察蚕的爬行动作,并和爸爸妈妈在家进行亲子游戏练习爬行动作。

活动1-9:

"蚕的一生"布展活动

(一)活动目标

(1)了解蚕的生长过程和用途。

(2)分小组合作布展,大胆尝试介绍展品内容。

(3)通过布展活动培养与同伴合作的喜悦。

(二)活动准备

(1)喂养蚕宝宝并连续观察、记录蚕宝宝的生长过程。

（2）视频"蚕的一生"，"蚕的一生"操作卡片（卵—幼虫—蛹—成虫），布置"蚕的一生"展览厅（实物和图片）。

（三）活动过程

1.回忆蚕的生长过程

（1）引导幼儿交流各自的喂养经历，体验收获的快乐。

关键提问：

·蚕宝宝刚孵出是什么样子的？ 它吃什么？ 是怎样吃的？

·蚕宝宝是怎样爬的？ 它有多少条腿？

·蚕宝宝长大发生了哪些变化？ 蜕了几次皮？

·它是怎样吐丝的？ 结的茧子是什么样子的？ 它在茧子里一共生活了多少天？ 最后它变成了什么？

·蚕宝宝从孵出来到生命结束一共生长了多少天？

·蚕宝宝成为我们的朋友后，你为它做了哪些事情？ 你是怎样做的？ 你的收获是什么？

（2）请幼儿操作"蚕的一生"卡片并请讲述排列情况。

2.观看视频"蚕的一生"后开始布展

（1）分组共同布置主题墙"蚕的一生"展厅。

关键提问：

·"蚕的一生"有哪些内容？ 怎么布展？

·邀请谁来观看？ 怎么邀请？ 除了邀请幼儿园的小朋友，你还想邀请谁？

·怎么介绍？ 谁来介绍？

分小组讨论：分布展组、制作"观展时间表"小组、制作邀请卡组、发邀请卡组、小主持人组。

（2）全班幼儿动手操作，教师适当指导。

（四）活动延伸

区域活动时请小组长将"蚕的一生"装订成册，并制作爸爸妈妈参观邀请卡，到其他班级发邀请卡来我们班级参观布展的"蚕的一生"。

探究问题2：蚕宝宝吐的丝可以做什么？

> **活动2-1：**
>
> **蚕茧大变身**

（一）活动目标

（1）能大胆想象进行蚕茧创意设计。

（2）能运用画、剪、贴等方式进行蚕茧创意制作。

（3）乐于参加手工活动，体验蚕茧创意制作的乐趣。

（二）活动准备

（1）各色蚕茧、水彩笔、勾线笔、剪刀、超轻黏土、热熔胶、作品展示架子。

（2）关注幼儿与"茧朋友"的互动，收集幼儿的创作想法。

（三）活动过程

1.个别分享

教师邀请个别幼儿分享自己的蚕茧创意意愿，激发幼儿的创作兴趣。

2.创想设计

幼儿根据蚕茧外形大胆想象，与小组同伴交流讨论：你想要把蚕茧变成什么样？需要什么材料？帮助幼儿梳理经验。

3.蚕茧制作

幼儿根据设计收集材料，小组合作进行创意制作。

（1）幼儿根据创作设想，收集所需材料，彩色笔、超轻黏土、树枝、鹅卵石等多样化的材料。

（2）小组制作，教师巡回指导。

引导幼儿尝试用不同材料进行制作，鼓励同伴间的合作意识，并注意工具（剪刀、热熔胶枪等）的使用安全。

4.作品展示

幼儿将制作完成的蚕茧作品展示在展示架上，与同伴一起欣赏蚕茧创意作品。

活动 2-2：

专家助教"奇妙的缫丝"

（一）活动目标

（1）认识缫丝材料，了解缫丝的步骤及操作方法。

（2）能在教师引导下体验配置碱液、煮茧、理绪、缫解的完整过程。

（3）主题探究由茧到丝的过程，体验缫丝的乐趣。

（二）活动准备

（1）缫丝机5台、缫丝图解、完整的蚕茧、电饭锅、水、小苏打、勺子、搅拌棒、塑料盘、记录表、勾线笔。

（2）结合幼儿发现的问题联系蚕学官相关专家做好活动沟通。

（3）视频："蚕丝的秘密"。

（4）"缫丝图解"PPT。

（三）活动过程

1. 团讨活动

结合幼儿提出的问题"蚕宝宝去哪儿了？"展开讨论，引起幼儿对丝的关注。

2. 回顾经验

观看视频回顾蚕的生长过程，了解我国缫丝的发展历史。

（1）观看视频回顾蚕宝宝由卵到茧的生长过程。

（2）简要介绍缫引丝的发展历史，激发幼儿对丝的探究兴趣。

3. 揭秘缫丝

引导幼儿认识缫丝机，了解缫丝步骤及方法。

（1）引导幼儿认识缫丝机器主要部位及作用。

（2）了解缫丝步骤及方法：

配制碱液：锅中加入适量清水，再加入一小勺小苏打。

煮茧：剥去蚕茧外层杂乱的蚕丝，置于加热的碱水中煮1分钟。（蚕茧不变形为宜）

理绪：捞出煮好的蚕茧，除去表面杂丝，直至抽出一根连续不断的蚕丝即可。

穿丝：将蚕茧置于装水的盘子中，将蚕丝从压丝孔中穿入缫丝机。

固定：将蚕丝头固定在缫丝机风车架上。

缫解：沿着一个方向转动把手，匀速缫解蚕丝至蚕茧退至透明状，且清晰可见蚕蛹，则缫解完成。

4.分组操作

幼儿分组自主体验缫丝,体验缫丝全过程,教师分组指导。

5.记录与分享

(1)小组复盘缫丝过程,并进行合作记录,形成小组缫丝海报。

(2)集体展示,分享遇到的困难及解决办法。

(3)专家答疑,鼓励幼儿持续探究。

(四)活动延伸

(1)将小组缫丝海报展示到主题墙中。

(2)在班级活动区对未解决的问题进行再探究。

活动2-3:

生活中的丝

(一)活动目标

(1)寻找生活中常见的蚕丝制品,了解蚕丝制品的作用。

(2)与家长一起借助图片、实物、资料等,收集生活中的蚕丝制品。

(3)主动参与亲子调查,乐于分享交流自己的发现和感受。

(二)活动准备

(1)结合幼儿问题"蚕宝宝的丝有什么用?"开展亲子调查——"生活中的丝"(实物、图片、海报)。

(2)"生活中的丝"PPT。

(三)活动过程

1.情景谈话

结合幼儿问题开展情景谈话"蚕宝宝的丝有什么用?"引出亲子调查生活中各种各样的丝。

2.集体交流

幼儿分享自己的亲子调查成果,了解蚕丝制品在不同领域的应用。

关键提问：

·你发现了哪些丝制品？它有什么作用？

幼儿分享自己收集的方式、丝制品名称(丝巾、旗袍、丝绸服装、蚕丝皂、蚕丝扇子等)及作用。

3.经验拓展

教师分享PPT："生活中的丝"，补充蚕丝特性及在医疗、工业、美容、家纺、食品中的应用。

4.蚕丝博览展

在班级活动区中创设"蚕丝博览展"，引导幼儿将收集到的丝制品实物、图片、海报等内容分类展示。引导幼儿在参观体验中运用多种感官感知、探究不同的丝制品。

5.团讨活动

引导幼儿开展讨论活动，确定下一步探究内容。

(1)讨论分享：通过他人介绍与自主体验，自己最感兴趣的是什么？

(2)教师与幼儿一起梳理集体讨论结果，形成思维导图，明确下阶段探究的主要内容。

(四)活动延伸

补充完善"蚕丝博览展"材料投放。

活动2-4：

制作蚕丝扇

(一)活动目标

(1)能根据扇框外形尝试横向、纵向及交替绕丝的方法。

(2)利用花边、扇面贴、彩钻、蚕茧花等装饰材料进行扇面装饰。

(3)能与同伴合作协商，体验共同创作的乐趣。

(二)活动准备

(1)芭蕉扇框若干。

(2)缫丝工具、各色蚕茧若干、胶水、花边、扇面贴、彩钻、蚕茧花、剪刀。

(三)活动过程

1.情景谈话

结合思维海报开展情景谈话，引出主题——制作蚕丝扇。

2.经验回顾

引导幼儿回忆缫丝方法,巩固幼儿的经验。

3.了解蚕丝扇子制作方法

引导幼儿合作缫丝,尝试横向、纵向及交替绕丝进行扇面平铺。

根据提示组装扇框。

定丝:将蚕丝多次缠绕在扇柄与扇框连接处。

绕丝:根据扇形尝试由扇面底部向上纵向绕丝,再沿扇面横向绕丝,以此交替绕丝至扇面均匀绕满蚕丝。

4.创意制作

幼儿自主设计,选择材料进行蚕丝扇装饰。

(1)"你想用什么材料装饰蚕丝扇? 需要做什么准备?"小组讨论,指向性搜集材料。

(2)小组合作装饰蚕丝扇,教师巡回指导。

5.作品展示

活动2-5:

丝巾服装创意制作

(一)活动目标

(1)能与同伴合作协商,共同绘制设计图。

(2)能根据设计图选择材料,尝试用披、绕、夹、系等方法进行丝巾固定,利用装饰材料进行服装的美化。

(3)体验多人合作、创作的乐趣。

(二)活动准备

(1)幼儿收集的丝类服装图片、不同规格的丝巾若干、设计图模板、勾线笔、彩色笔。

(2)模特人台、服装展示架、各类夹子、剪刀、胶水、透明胶、各色布头、花边等装饰材料。

(3)邀请西南大学蚕桑纺织与物质科学学院的学生介绍"服装的演变"。

(三)活动过程

1.经验铺垫

结合幼儿收集的丝类服装图片引发幼儿讨论,了解我国服装的发展历程。

(1)这些丝巾服装漂亮吗? 你最喜欢它哪一部分设计?

(2)幼儿观察服装的设计、元素,并讲述。

（3）播放PPT，介绍"服装的演变"，了解中国服装发展历史及不同时期服装包含的主要元素。

2.绘制设计图

（1）幼儿自由分组。

（2）"你想设计什么样的丝巾服装呢？"讨论分工（模特/设计师）和设计的服装款式。

（3）小组合作绘制设计图。

3.制作服装

小组合作，选择材料制作丝巾服装。

（1）幼儿根据设计图选取适宜丝巾材料，并根据模特实际情况进行调整。

（2）引导幼儿在操作中探究不同的固定方式（披、绕、夹、系等），教师适时引导。

（3）引导幼儿尝试利用蚕桑馆各种装饰材料进行丝巾服装的装饰。

4.分组服装展示秀

（四）活动延伸

将设计图与制作成品进行展示，供幼儿后期调整再制作。

活动2-6：

设计水洗标

（一）活动目标

（1）了解服装主要材质的分类特点及洗护方法。

（2）认识水洗标，为制作好的服装设计水洗标。

（3）乐于探究水洗标的秘密，主动参与设计活动。

（二）活动准备

（1）教师收集幼儿在制作丝巾服装过程中丝巾损坏的场景画面（挂丝）。

（2）绘本《衣服是什么做成的？：纤维的故事》、水洗标图片、彩色笔、勾线笔、便利贴。

（三）活动过程

1.情景谈话

围绕服装制作中"丝巾挂坏"开展讨论，引发对服装材质的关注。

（1）教师出示问题图片，请幼儿分享在丝巾服装制作过程中，发生的"小插曲"。

（2）提出问题"为什么丝巾会被损坏？"引发幼儿思考并进行自主讨论。

2.绘本阅读

通过绘本阅读,了解丝巾服饰的洗护要点。

(1)教师带领幼儿阅读绘本《衣服是什么做成的?:纤维的故事》,了解日常服饰的主要材质:棉纤维、毛纤维、人造纤维和丝纤维,了解不同材质服装的特点。

(2)了解不同服装的洗护方法。

3.设计水洗标

认识水洗标,鼓励幼儿为自己的服装设计水洗标。

(1)引导幼儿认识水洗标。包括主要组成部分(品牌名、型号、材质、洗护方法等),水洗标上各种符号代表的含义。

(2)鼓励幼儿用前书写符号为自己设计的服装设计水洗标。

(3)交流与分享。

4.水洗标固定到设计好的服装内侧

活动2-7:

家长助教"音乐的颜色"

(一)活动目标

(1)了解红、黑、蓝、绿不同颜色代表的音乐特性。

(2)能运用模仿、打击等多种方式感知音乐节奏,投票选出最适合走秀的音乐。结合幼儿的问题"什么样的音乐适合服装秀?"开展讨论,引发幼儿兴趣。

(3)喜欢参与集体活动,体验欣赏、感受不同音乐的快乐。

(二)活动准备

(1)教师倾听并整理幼儿的问题"什么样的音乐适合服装秀?"

(2)联系班级音乐老师开展家长助教活动,提前准备PPT、不同特性纯音乐四首、音响。

(三)活动过程

1.情景谈话

教师引出问题"什么样的音乐适合走秀?"激发幼儿讨论和探究的兴趣。

(1)教师陈述问题,请提出问题的小朋友进行分享。

(2)幼儿围绕问题进行讨论,分享自己的看法。

2.家长助教

组织幼儿感受音乐特性,体验不同音乐带来的情绪感受。

(1)提出问题"你知道音乐是什么颜色的吗?"引发幼儿思考。

(2)分段欣赏不同的音乐,用不同方式感受音乐的特性。

黑:结合音乐模仿狮子、老虎的动作,感受慑人的威严。

红:感受音乐的欢快,分角色使用打击乐进一步体验欢快、热情的节奏。

蓝:结合音乐用模仿小鸟,体验音乐的舒缓、放松。

绿:结合音乐用表情表现清新与愉悦。

3.票选音乐

幼儿再次感受,引导幼儿讨论,投票选择最适合走秀的音乐。

(1)播放代表不同特性的四首曲子,引导幼儿带着问题欣赏、感受音乐。

(2)引导幼儿讨论:"什么样的音乐适合服装秀?"

(3)幼儿分享自己认为最适合"走秀"的音乐及原因,并投票。

(4)通过票选、统计选出最适合的音乐用于服装秀。

4.集体走秀,感受音乐卡点

(四)活动延伸

将音乐投放到表演区,幼儿可自主进行练习。

活动2-8:

设计邀请函

(一)活动目标

(1)了解邀请函的作用及主要内容。

(2)能用前书写的方式制作邀请函,表现邀请人、时间、地点、事件等关键信息。

(3)愿意与他人分享自己的快乐,体验分享的乐趣。

(二)活动准备

各类活动邀请函图片PPT、美工纸、彩色笔、勾线笔。

(三)活动过程

1.儿童议事会

引导幼儿分组讨论,激发幼儿兴趣。

关键提问：

"我们要办服装秀,你想邀请谁来参加?"

2.初识邀请函

教师播放PPT,引导幼儿认识邀请函,了解邀请函的制作方法。

(1)"怎么样才能让好朋友知道服装秀什么时候、在什么地方举行?"

(2)幼儿讲述自己的观点。

(3)教师展示PPT图片,幼儿观察、了解邀请函应体现的主要内容:受邀请人、时间、地点、事件。

3.制作邀请函

幼儿设计邀请函,用前书写符号表现邀请函的主要内容。

(1)教师介绍材料,引导幼儿进行封面、正文、封底的设计。

(2)鼓励幼儿大胆使用前书写符号进行表述。

(3)鼓励幼儿与同伴进行邀请函的分享,并在过程中进行查漏补缺。

(四)活动延伸

到好朋友班级派送邀请函,邀请朋友一起来感受服装秀的快乐。

活动2-9:

丝巾服装秀

(一)活动目标

(1)熟悉走位、定型、转身等走台方法。

(2)能结合音乐节奏、角色分工,在舞台上完成小组服装的展示。

(3)愿意在舞台上大胆表现自我。

(二)活动准备

(1)邀请学院模特班的学生对幼儿走台进行指导,幼儿做好走秀分工。

(2)制作好的服装、配饰、音乐。

(三)活动过程

(1)表演开始前,幼儿进行入场路线、走位、情绪预热等准备工作。

(2)幼儿分组进行小组服装秀展示。

（3）观看大学生模特服装秀。

（4）与大学生模特同台演出，展示风采。

（5）活动结束，合影留念。

探究问题3：人们什么时候发现了蚕宝宝？

活动3-1：

人们什么时候发现了蚕宝宝？

（一）活动目标

（1）以问题"人们什么时候发现了蚕宝宝？"开展讨论，回应幼儿在前期探究中的疑问。

（2）组织幼儿围绕问题进行猜想表征，拓展思维。引导其关注我国古代蚕桑文化、丝绸文化，进而提出相关衍生问题。

（3）梳理问题，团讨确立下阶段探究的核心问题，生成思维导图并明确探究任务。

（二）活动准备

（1）教师收集整理幼儿一段时间以来关于蚕桑的问题。

（2）在环境和各活动区投放关于蚕桑、丝绸的传说故事，历史民俗、文学艺术等相关材料。

（三）活动过程

1.活动导入

问题陈述和产生背景的追溯，激发幼儿讨论和探究兴趣。

（1）教师陈述问题及问题来源引出话题。

（2）提出此问题的幼儿陈述问题产生的场景和思考过程。

2.集体讨论

教师组织幼儿针对问题进行讨论，引导幼儿用追问的方式向古代蚕桑丝绸文化方向探究。

（1）幼儿对问题"人们什么时候发现了蚕宝宝？"进行猜想和表述，教师记录。

（2）教师抛出问题，引导幼儿寻找答案，并提出追问问题。

关键提问：

·要想知道人们从什么时候发现了蚕宝宝，我们还要了解什么？

·谁最早发现的蚕？为什么要养蚕？

·古人怎么养蚕？怎么把养蚕的方法传到今天的？在民间,关于养蚕有什么习俗？

·除中国以外,还有哪些国家也盛行养蚕？

3.梳理问题

梳理问题,绘制思维导图,引导幼儿讨论解决问题的途径。

关键提问：

·你计划用什么方式去找问题的答案？

4.后续活动

幼儿选择感兴趣的问题,明确针对问题搜集相关资料制作展示海报的任务和时间结点。

（四）活动延伸

围绕自己选择的问题按计划开展活动,完成搜集资料制作展示海报的任务。

活动3-2：

古老的蚕宝宝

（一）活动目标

（1）分享交流收集到关于蚕宝宝的生活习性、蚕桑丝绸文化的相关资料及自己获取资料的方式。

（2）了解关于栽桑养蚕的历史,丝绸织造的传说故事、习俗文化和文学艺术等相关内容,释疑"人们从什么时候开始养蚕？"

（3）引导幼儿将搜集的资料按照蚕桑文化传说故事、习俗、艺术归类,形成思维导图,讨论明确下一阶段探究任务。

（二）活动准备

（1）幼儿自主探究收集关于蚕宝宝及蚕桑文化的相关资料的自制海报。

（2）"古老的蚕宝宝"PPT。

（3）"古老的蚕宝宝"思维导图框架。

（三）活动过程

1.活动引入

幼儿在小组内分享交流自己的海报及海报中内容的获取途径。

2.各组选取代表在集体中分享讲述

3.PPT分享

教师分享PPT"古老的蚕宝宝",介绍我国古代与蚕桑相关的文化习俗和艺术品。

4.绘制下一阶段探究的思维导图,推进探究问题

(1)教师介绍"古老的蚕宝宝"思维导图。

(2)幼儿尝试将自己的海报按对应维度归类,丰富思维导图内容。

(3)集体讨论确认归类是否恰当,并最后确认下一阶段探究的思维导图。

5.后续活动

(1)根据思维导图的结构,讨论后续自制"古老的蚕宝宝"系列绘本的任务。

(2)明确分组和自制绘本的任务目标和时间结点。

活动3-3:

制作"蚕宝宝的故事"系列绘本

(一)活动目标

(1)根据自己搜集的信息,采用手绘、张贴等多种形式,按照传说故事、习俗传统和艺术作品分组制作"蚕宝宝的故事"系列绘本。

(2)了解绘本的组成结构,在制作的过程中发展动手能力,并体会信息的梳理、整理和团队协作的力量。

(3)通过制作绘本,加深幼儿对我国蚕桑文化的了解。

(二)活动准备

(1)"古老蚕宝宝"分享会中形成的思维导图。

(2)各类绘本若干。

(3)幼儿搜集的资料、各类纸张和书写、张贴、装订工具等。

(三)活动过程

1.简要回顾思维导图,明确分组和活动任务

2.集体研讨

通过对不同书籍的实际观摩,研讨如何制作绘本?

关键提问:

·这些绘本有什么共同的地方?

·一本绘本由哪些部分组成,它们各自有什么作用?

·可以按什么顺序编排页码?

·你最喜欢什么样的绘本?

3.分组讨论制订各组自制绘本的计划

关键提问:

·绘本有哪些内容?

·采用什么方式呈现?

·怎么分工? 时间怎么安排?

·有什么困难? 想要得到什么支持?

4.在小组中分享交流绘本制作计划

5.各组自行组织安排制作绘本

6."蚕宝宝的故事"系列绘本发布会

活动3-4:

博物馆里的蚕宝宝

(一)活动目标

(1)感受蚕桑艺术品之美,尝试用连贯的语言较完整地描述和表达。

(2)欣赏历代和蚕宝宝相关的文物图片,感受我国悠久的栽桑养蚕历史。

(3)自选材料,创作一件关于蚕宝宝的美术作品。

(二)活动准备

(1)幼儿自制绘本《蚕宝宝之美》。

(2)PPT:"博物馆里的蚕桑之美"。

(3)陶土、超轻黏土、绒铁丝、各类纸张等美工用品。

(三)活动过程

1.绘本分享

《蚕宝宝之美》绘本分享会,感受并讲述相关艺术作品之美。

关键提问:

·书中的艺术作品有哪些种类?

·你最喜欢书中哪件艺术作品? 为什么?

·人们为什么要制作这些蚕宝宝艺术品?

·你觉得哪件作品最美？怎么美？

2.PPT展示

欣赏博物馆里关于蚕宝宝的文物图片,感受悠久的蚕桑历史。

关键提问:

·什么是文物？

·你最喜欢哪一件蚕宝文物？为什么？

·人们为什么要做这些？做这些东西有什么用？

·看到这么多关于蚕宝宝的古老文物,你有什么感受？

3.明确任务

自选材料制作一件关于蚕宝宝的美术作品。

(1)介绍任务和材料。

(2)讨论分享:我的"蚕宝宝美术作品"构思。

4.幼儿自主制作一件"蚕宝宝艺术品"

5.蚕宝宝艺术作品展

活动3-5:

绘本阅读:《揭秘丝绸之路》

(一)活动目标

(1)阅读绘本了解关于丝绸之路的历史,作用和对人类文明的贡献等。

(2)通过集体阅读、自主阅读、小组研讨等方式,从绘本的文字和图片中寻找信息,解答关于丝绸之路的疑问并记录。

(3)激发幼儿探究"丝路"文化兴趣,培养亲近民族文化的情感。

(二)活动准备

(1)阅读区提前准备《我想去中国》《漫游古代中国》《海上历险记》等绘本。

(2)绘本《揭秘丝绸之路》电子书和纸质绘本数册。

(3)记录表格、笔。

(三)活动过程

1.活动引入

回顾问题引发讨论,引出"丝绸之路"的话题。

(1)前期问题回顾与讨论:

关键提问：

·在古代,除了中国还有其他国家养蚕吗？

·在不养蚕的国家,人们有丝绸穿吗？

(2)引出关于"丝绸之路"的话题。

关键提问：

·你知道丝绸之路吗？

·什么是丝绸之路？

2.集体阅读绘本第一、二部分

关键提问：

·什么是丝绸之路？它的作用是什么？

·丝绸之路是从我国什么时候起源的？

·丝绸之路起点在哪里？经过了哪些地方？最后到达什么地方？

3.自主研读绘本第三至六部分

4.分组研讨问题并在表格中记录

关键提问：

·丝绸之路上曾经出现哪些伟大的人？他们做了什么贡献？

·丝绸之路上进行了哪些物产交流？

·丝绸之路带给世界哪些变化？

5.研讨发布会

小组代表在集体中分享各小组的研讨结果。

(四)活动延伸

选取一个"丝绸之路"途经的地点,搜集相关风土人情的资料。

活动3-6：

"丝绸之路"经过的地方

(一)活动目标

(1)对资料进行梳理,了解丝绸之路途经之地的风土人情。

(2)了解线路图的呈现要素及作用,采用手绘、美工制作、沙盘等多种方式表现丝绸之路的线路。

(3)对丝绸之路途经之地和线路感兴趣,并敢于用多种形式表征自己的发现。

（二）活动准备

（1）幼儿收集到的丝绸之路途经地点资料。

（2）汉朝时期的世界地图、丝绸之路地图图片及"各种各样的线路图"PPT。

（3）纸笔等美工材料。

（三）活动过程

1.引出话题

回顾《揭秘丝绸之路》绘本中提到的"丝绸之路"经过的地方。

关键提问：

·《揭秘丝绸之路》绘本中提到"丝绸之路"从哪里开始？最后到达哪里？还经过了哪些地方？

2.分享会："丝绸之路"经过的地方

关键提问：

·你要介绍什么地方？那里的风土人情是怎样的？

·你是怎么获得这些资料的？

3.讨论

直观呈现"丝绸之路"线路途经地点的方法，了解线路呈现的多种方式。

（1）讨论直观呈现"丝绸之路"线路途经地点的方法。

关键提问：

·怎样让人很容易就看明白丝绸之路的路线？

（2）PPT展示"各种各样的线路图"，讨论线路图的主要形式和关键元素。

关键提问：

·线路图的作用是什么？你在生活中在哪里见到过什么线路图？

·PPT上有哪些不同的线路图的形式？你还知道哪些形式？

·这些不同形式的线路图有哪些相同之处？

·线路图上需要标注方向吗？用什么标注？

4.小组研讨线路图的制作方式

关键提问：

·制作线路图首先要确定什么？

·可以用哪些形式做地点标注？

·如果不清楚途经地点的先后顺序，可以怎么解决？

5.明确任务

自由选择独立或几人合作制作"丝绸之路线路图"。

6.展示活动

"丝绸之路"线路展览和宣讲。

(四)活动延伸

调查搜集丝绸之路上不同风格的建筑图片。

活动3-7:

丝绸之路上的建筑

(一)活动目标

(1)了解丝绸之路上不同地方的建筑特色,探究建筑特点与地域特点适宜性。

(2)选用不同建构材料,建搭丝绸之路上不同风格的建筑。

(3)对各地域不同风格的建筑感兴趣,能大胆选用各种材料表征。

(二)活动准备

(1)幼儿搜集的丝绸之路上的建筑图片。

(2)"丝绸之路上的特别建筑"PPT。

(3)各类建构材料。

(三)活动过程

1.活动引入

展示幼儿"丝绸之路"线路图上的建筑标志,引出"丝绸之路上的不同风格的建筑"话题。

关键提问:

·你为什么用这个建筑图标作为丝绸之路上这个地方的标志?

2.分享和分类:丝绸之路上不同风格的建筑

(1)幼儿分享并介绍自己搜集到的丝绸之路上各地的建筑图片。

(2)"找朋友"给建筑图片分类并放在线路图上所对应的地域位置。

关键提问:

·哪些建筑图片可以放在一起? 为什么?

·它们分别在线路图的什么地方?

3.展示"丝绸之路上特别的建筑"PPT,观察了解其显著特点

关键提问：

·你最喜欢哪个建筑？它是什么样的？

·它由哪几部分组成？

·在外形上有什么特别的？

·当时人们为什么要这样修建？

4.小组活动

自选材料搭建一座丝绸之路上的特色建筑。

5.分享与评价

(1)幼儿展示并介绍自己的作品。

关键提问：

·这是丝绸之路上什么地方的什么建筑？

·它最大的特点是什么？

(2)引导幼儿回顾和评价自己的活动过程。

关键提问：

·在建搭过程中你们遇到过什么困难？是怎么解决的？

活动 3-8：

丝绸之路上的伟大贡献者

(一)活动目标

(1)调查了解并讲述丝绸之路上的伟大历史人物及其经典故事,学习查阅资料的方法。

(2)整理调查到的人物故事,小组制作"丝路之路的伟大人物"海报并宣讲。

(3)对丝绸之路上的伟大人物感兴趣,能被这些人物的勇敢、智慧和坚定的信念所感染。

(二)活动准备

(1)《揭秘丝绸之路》绘本中提到的人物故事。

(2)家长(西南大学历史学院教师)录制的"调查和查找资料小妙招"视频。

(3)提供幼儿需要的制作海报的材料。

(三)活动过程

1.活动引入

回顾绘本《揭秘丝绸之路》中"伟大的西行者"部分,引出讨论话题。

关键提问：

·《揭秘丝绸之路》绘本中"伟大的西行者"部分，提到了哪些伟大的人物？

·为什么说他们伟大？

·你还知道丝绸之路上的其他伟大人物吗？

·他们关于丝绸之路有什么故事？

·为丝绸之路做出了哪些贡献？

2.调查活动：丝绸之路上的伟大人物

（1）明确任务：

调查了解一位为丝绸之路作出贡献的历史人物，幼儿讲述人物故事并请家长录制。

（2）讨论：

如何完成调查？可以到什么地方？用什么方式完成？可以请谁帮忙？

（3）播放"调查和查找资料小妙招"视频。

3.调查结果分享：丝绸之路人物故事会

4.小组活动：制作"丝绸之路的伟大人物"海报

（1）投票选取计划制作成海报的五位丝绸之路上伟大历史人物。

关键提问：

·你选择谁？为什么？

（2）讨论并分组制作人物海报。

关键提问：

·海报上要呈现什么内容？

·海报大小是否需要统一？制作需要哪些材料？

·小组成员怎么合作？

·怎么合理安排时间？

5.分享与评价：丝绸之路人物故事会

（1）人物故事宣讲。

（2）回顾与反思。

关键提问：

·在海报制作过程中有什么经验值得和大家分享？

·遇到过什么困难？怎么解决的？

探究问题4:谁改变了蚕宝宝?

活动4-1:

蚕宝宝为什么能吐彩色的丝?

(一)活动目标

(1)以问题"蚕宝宝为什么能吐彩色的丝?"展开讨论,回应幼儿在前期探究中的疑问。

(2)组织幼儿围绕问题进行猜想表征,并激发幼儿拓展思维,引导其关注蚕吐彩色丝的科学原理,进而提出相关衍生问题。

(3)梳理问题,团讨确立下阶段探究的核心问题,生成思维导图并明确探究任务。

(二)活动准备

(1)彩色蚕丝图片或视频资料。

(2)蚕宝宝生长过程的简单图示。

(3)幼儿与家长共同收集制作的关于蚕宝宝及蚕桑文化的海报及资料。

(三)活动过程

1.活动引入

师幼共同梳理前期探究内容,激发幼儿讨论和继续探究的兴趣。

(1)教师梳理幼儿前期探究成果,展示彩色蚕丝图片或视频。

提问:"小朋友们在收集资料的时候发现了有些蚕宝宝能吐出彩色的丝,你们以前见过这样的蚕丝吗?"

(2)幼儿陈述问题产生的场景和思考过程。

2.引导讨论

教师组织幼儿针对问题进行讨论,引发幼儿猜想和表征。

(1)幼儿对问题"蚕宝宝为什么能吐彩色的丝?"进行猜想和表述,教师记录并鼓励幼儿大胆猜想和表征。

(2)教师抛出问题,引导幼儿为找寻答案向宽深提出追问问题。

关键提问:

·要想知道蚕宝宝为什么能吐彩色的丝,我们还要了解什么?

·可以通过什么方法找到答案?

·蚕宝宝吐彩色的丝是因为吃了特别的食物吗?

·古代的蚕宝宝也能吐出彩色的丝吗？

·蚕宝宝吐出彩色的丝和谁有关？

3.师幼共同梳理问题,绘制思维导图

(1)幼儿分组讨论,每组选代表分享观点,教师记录并适时补充科学解释。

关键提问：

·你们认为哪种猜测最有可能？为什么？

(2)引导幼儿讨论解决问题的途径。

关键提问：

·你计划用什么方式去找问题的答案？

4.幼儿选择感兴趣的问题,明确针对问题搜集相关资料制作展示海报的任务和时间结点。

(四)活动延伸

鼓励幼儿回家后围绕自己选择的问题与家长一起查找更多关于彩色蚕丝的资料,并思考其可能的应用,按计划开展活动,完成搜集资料制作展示海报的任务。

附图

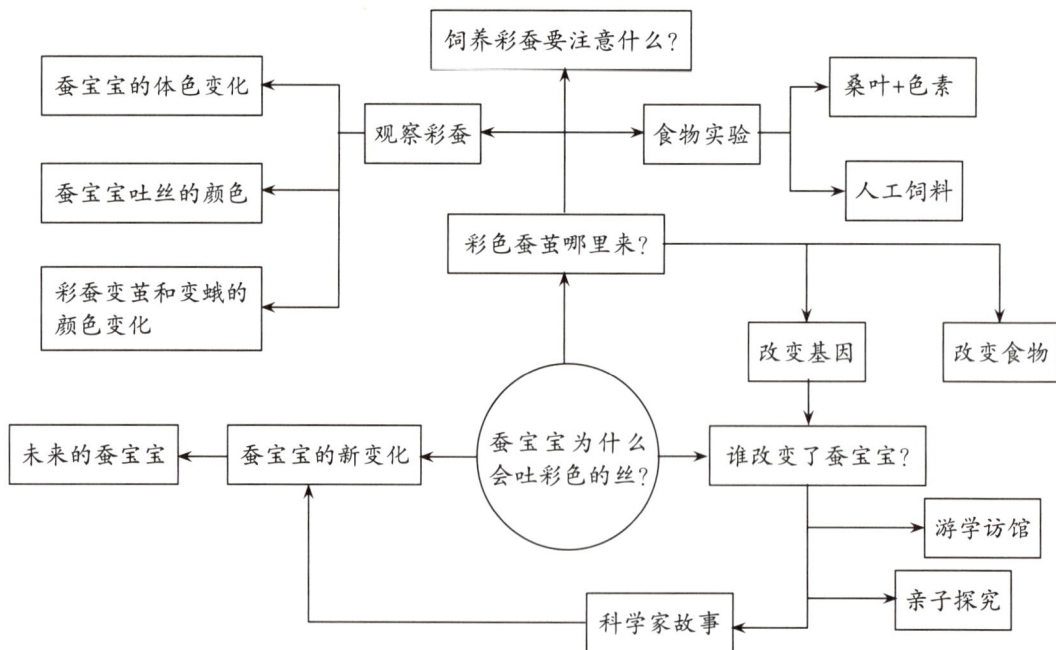

思维导图

活动4-2：

彩蚕宝宝观察日记

（一）活动目标

（1）培养幼儿仔细观察事物的能力,提高对事物细节的敏感度,并进行记录。

（2）通过持续的对比观察,重点关注蚕宝宝的体色、吐丝的颜色以及变蛹、变蛾的颜色。

（3）培养幼儿对生命的尊重和爱护,以及对自然现象的好奇心和探索欲。

（二）活动准备

（1）彩色蚕宝宝与普通蚕宝宝,彩色桑叶与普通桑叶。

（2）组织引导幼儿制订观察计划,确定观察时间和记录方式。

（3）彩蚕宝宝观察记录表或本子、笔。

（三）活动过程

1.观察准备与指导

（1）教师在活动区提供不同颜色的桑叶或其他食物给彩蚕宝宝和普通蚕宝宝。

（2）引导幼儿制订详细的观察计划,确定观察时间和记录方式,确保每组幼儿都能对两种蚕宝宝进行系统的对比观察。

（3）教师引导幼儿仔细观察蚕宝宝。

关键提问：

·你觉得蚕宝宝今天看起来怎么样？ 和昨天有什么不同？

·彩蚕宝宝和普通蚕宝宝有什么不一样？

2.观察实践与记录

（1）幼儿自主分组,定期对比观察并记录彩蚕宝宝与普通蚕宝宝的成长变化,包括它们的行为、体态、食欲等。

（2）鼓励幼儿使用图画、文字或照片等多种方式记录观察结果,集结成册制作观察日记。

关键提问：

·你发现了什么？

·这些变化可能是什么原因造成的？

·彩蚕宝宝与普通蚕宝宝有哪些相似和不同之处？

3.分享交流

（1）定期组织幼儿分享观察日记,讨论彩蚕宝宝与普通蚕宝宝的成长差异。

关键提问:

·哪些组的蚕宝宝(无论是彩蚕还是普通蚕)长得最快?

·你认为是什么原因?

(2)引导幼儿比较不同颜色食物对彩蚕宝宝和普通蚕宝宝生长和吐丝的影响。

(四)活动延伸

(1)鼓励幼儿在家继续对比观察并记录,比较不同环境下的彩蚕宝宝和普通蚕宝宝的成长情况,并思考如何优化它们的生长环境。

(2)引导幼儿思考如何将观察结果应用于实际生活中,比如,如何更好地照顾小动物或植物,以及如何利用观察记录来进行科学研究和探索。

附表

彩蚕宝宝观察记录表

记录人:＿＿＿＿＿＿＿

日期	饮食情况	颜色	蚕宝宝的样子

活动4-3:

蚕丝的颜色与食物有关吗?

(一)活动目标

(1)引导幼儿探究蚕丝颜色与食物之间的关系。

(2)培养幼儿的实验设计能力和操作能力。

(3)归类整理资料,初步形成思维导图。

(二)活动准备

(1)桑叶、色素及人工饲料。

(2)普通蚕宝宝若干。

(3)自制实验记录表。

(4)"蚕丝的颜色与食物有关吗?"思维导图框架。

(三)活动过程

1.活动引入

师幼共同回顾前期探究,鼓励幼儿思考并提出自己的假设和理由。

关键提问:

·你觉得蚕丝的颜色是否与食物有关?

·如果给蚕宝宝吃不同颜色的食物,你认为会发生什么?

2.实验设计

(1)幼儿自主结对,小组合作,设计实验方案。(包括实验材料、步骤和预期结果)

(2)教师提供实验材料并引导幼儿自主分配任务。

关键提问:

·你们打算怎么做这个实验? 需要记录哪些数据?

3.实验操作

(1)幼儿将蚕宝宝分成3组,分别喂食不同食物:人工饲料、有色桑叶、普通桑叶,并定期观察,轮流记录观察结果。

(2)教师引导幼儿注意实验操作的规范性和安全性。

关键提问:

·你们观察到了什么? 这和你们的假设一致吗?

4.师幼共同分析数据并尝试绘制思维导图

(1)协助幼儿整理实验数据,讨论食物颜色与蚕丝颜色之间的关系。

(2)鼓励幼儿尝试将结果归类到思维导图中,形成清晰的认知结构。

关键提问:

·你们的实验结果支持假设吗? 为什么?

·我们应该如何归类这些信息?

(四)活动延伸

(1)探究不同种类桑叶对蚕丝颜色的影响:除了使用有色桑叶外,还可以尝试使用不同品种或不同生长环境的桑叶来喂食蚕宝宝,观察并记录蚕丝颜色的变化。

（2）探究其他食物对蚕丝颜色的影响：除了桑叶和人工饲料外，还可以尝试使用其他植物叶片或食物来喂食蚕宝宝，观察并记录蚕丝颜色的变化，以进一步验证蚕丝颜色与食物之间的关系。

（3）探究蚕丝颜色与遗传的关系：在排除了食物等因素的影响后，进一步探究蚕丝颜色是否与蚕的遗传特性有关。通过观察和记录不同品种蚕宝宝吐出的蚕丝，尝试找出其中的遗传规律。

活动4-4：

神奇的彩色蚕丝

（一）活动目标

（1）通过讨论，引导幼儿理解彩色蚕丝的独特之处及其在生活中的应用。

（2）引导幼儿初步了解家蚕基因改变的科学途径，推进深度探究。

（3）通过欣赏彩色蚕丝制品，了解彩色蚕丝应用的多样性，感受其色彩之美，激发幼儿对自然世界的好奇心和探索欲。

（二）活动准备

（1）彩色蚕丝制品（如彩色蚕丝被、蚕丝扇、围巾、衣物等）实物或图片。

（2）彩色蚕丝的科普资料。（包含基因改变的简单解释）

（3）彩笔、纸张等美工材料。

（三）活动过程

1.展示引入

教师展示彩色蚕丝制品，幼儿通过观察、触摸感受彩色蚕丝制品的独特之处，鼓励幼儿描述自己的感受。

关键提问：

·你们喜欢这些漂亮的丝织品吗？知道它们是用什么做的吗？

·你们见过这么多种颜色的蚕丝吗？你们觉得它们还可以用来做什么？

2.讲解与讨论

（1）通过图片或视频，回顾家蚕的生长过程和蚕丝产生的过程。

（2）讲解彩色蚕丝的来源，提及基因改变的概念，用简单易懂的语言说明科学家如何通过改变家蚕的基因来得到不同颜色的蚕丝。

（3）组织幼儿讨论,分享自己对彩色蚕丝的认知和感受、彩色蚕丝的独特之处,如色彩丰富、天然环保等。

（4）引导幼儿思考并分享彩色蚕丝在生活中的应用,比如服装、家居装饰等,鼓励幼儿提出关于彩色蚕丝的问题和猜想。

3.想象与创作

（1）提供绘画材料,鼓励幼儿画出自己想象中的彩色蚕丝制品,可以是衣服、玩具或是任何他们感兴趣的东西。

（2）幼儿展示自己的作品,并互相评价创意和美观度。

关键提问：

·你最喜欢哪个作品？为什么？

（四）活动延伸

（1）利用废旧材料,指导幼儿模拟制作"彩色蚕丝"手工艺品,增强动手能力和创造力。

（2）讲述关于蚕和彩色蚕丝的故事,融入科学小知识,激发幼儿对自然和科学的好奇心和探索欲。

（3）组织幼儿将作品用于班级装饰或作为礼物送给家人,并思考如何将这些创意应用于更广泛的领域。

活动4-5：

参观西南大学前沿交叉学科研究院生物学研究中心

（一）活动目标

（1）通过实地参观了解蚕丝科研历程、家蚕基因改变的科学原理,以及彩色蚕宝宝的由来。

（2）学习科研人员的工作方法和态度,勇于探索和提问,培养观察力和好奇心。

（3）增强对科学研究的认识和尊重,激发对生物科学的兴趣。

（二）活动准备

（1）提前联系参观地点,安排交通和安全事项。

（2）师幼共同提前了解研究中心的基本情况和研究方向。

（3）将幼儿分成小组,每组对应安排班级教师和研究中心导览员。

（4）师幼共同准备参观问题清单。

(三)活动过程

1.出发前准备

(1)进行安全教育,提醒幼儿参观时的注意事项,如不乱跑、未经允许不触摸未知物品等。

(2)简要介绍生物学研究中心,共同回顾彩色蚕宝宝的相关知识,引发幼儿的好奇心。

(3)明确此次参观的目的和期望,让幼儿充分讨论和表达他们的想法。

关键提问:

·你们知道我们今天要去哪里吗? 我们为什么要去那里? 你想了解什么?

2.参观生物学研究中心

(1)欢迎与介绍:

由研究中心的工作人员进行简短的欢迎词,并介绍研究中心的概况和重要性。

(2)主题讲解:

科研人员用简单易懂的语言和图片,向幼儿讲解家蚕的基本知识,以及如何通过基因改变得到彩色蚕宝宝。

关键提问:

·你们看到了什么?

·科研人员是怎么工作的?

·你发现了什么?

·彩色蚕宝宝是怎么来的? 跟我们的想法一样吗?

·还有什么问题想问科学家?

(3)参观研究中心:

观察实验设备和科研人员的工作;

在科研人员的指导下,幼儿分组观察彩色蚕宝宝,感受研究中心与幼儿园不同的饲养环境和养殖过程。

鼓励幼儿与研究员交流,了解蚕桑文化的科学知识和应用价值。

(4)互动体验:

鼓励幼儿提问,科研人员耐心解答并进行简单的演示,如蚕丝的拉伸实验,让幼儿感受蚕丝的韧性。

在科研人员的指导下,幼儿自主进行简单的实验操作,如观察蚕卵或幼虫。(确保实验过程安全无害)

3.分享与交流(返园后)

(1)邀请几位幼儿分享他们的参观感受和收获,鼓励幼儿共同讨论,把感受最深的内容用绘画或文字记录下来。

（2）教师协助幼儿梳理参观内容，强调科学研究的价值，并鼓励幼儿在生活中保持好奇心和探索精神。

(四)活动延伸

1.手工制作

回到幼儿园后，组织幼儿进行手工制作活动，如用彩色纸制作蚕宝宝模型，加深对彩色蚕宝宝的认识。

2.主题绘画

鼓励幼儿绘制"研究所参观日记"，画出他们心目中的彩色蚕宝宝，展示创意和想象力。

3.科学小讲堂

邀请研究中心的科研人员到园，开设一次关于家蚕和基因改变的小讲堂，进一步拓展探究。

4.亲子时间

鼓励幼儿与家长分享参观经历，邀请家长和幼儿共同阅读关于家蚕和基因改变的科普书籍，并思考如何将所学应用于自己的学习和生活中。

活动 4-6：

彩蚕宝宝的新变化

(一)活动目标

（1）家长与幼儿搜集资料，共同探究科学发展与应用带给蚕宝宝的新变化。

（2）培养幼儿的观察力和记录能力。

（3）在完成探究任务的过程中合作、讨论，增进亲子关系。

(二)活动准备

亲子探究任务卡或亲子探究指导手册。

(三)活动过程

1.发布亲子探究任务

（1）教师介绍亲子探究的任务和目标。(线上/线下)

关键提问：

·你准备跟爸爸妈妈一起探究什么？

·你期待发现什么？

·你准备用什么样的方式查找资料/记录分享？

（2）教师提供关于蚕宝宝新变化的探究任务和材料清单。

（3）鼓励家长与幼儿一起准备探究所需的材料和工具。

2.亲子探究

（1）完成亲子探究任务,通过查找资料、参观博物馆等途径,了解科学发展与应用带给蚕宝宝的新变化。

（2）鼓励幼儿用图画、文字或照片等方式记录探究过程和结果。

关键提问：

·你发现了什么新变化？

·你是怎么发现/记录的？

·这些新变化对蚕宝宝生长和吐丝有什么样的影响？

·为什么会发生这些新变化？

（3）鼓励幼儿提出新的探究问题,尝试制作"蚕宝宝的新变化"思维导图框架。

（四）活动延伸

鼓励幼儿和家长继续在家中观察蚕宝宝的变化,并将不同种类的蛾放在一起观察,记录更多的数据,思考会产生怎样的变化。

活动4-7：

谁改变了蚕宝宝

（一）活动目标

（1）讨论分享亲子探究结果,提升语言表达能力,增进幼儿之间的交流。

（2）了解向仲怀院士等蚕桑科学领域科学家的故事。

（3）归类整理关于科技改变蚕宝宝的资料,形成思维导图。

（二）活动准备

（1）幼儿自主探究或亲子收集关于蚕宝宝新变化的相关资料或自制海报。

（2）科学家故事"丝路驼铃,点燃蚕丝之光——向仲怀院士的故事"。

（3）"蚕宝宝的新变化"思维导图框架。

（三）活动过程

1.探究结果分享

（1）幼儿分组分享交流亲子探究的成果和发现，描述蚕宝宝的新变化，展示自己的海报及收集信息的各种途径。

（2）各组选取代表在集体中分享讲述。

（3）讨论并延伸出新的问题。

关键提问：

·你在哪里获取这些信息？

·你发现了蚕宝宝的哪些新变化？

·你知道是谁改变了蚕宝宝吗？

·其他小朋友还有什么要补充的吗？

2.幼儿互动交流

（1）分享结束后，鼓励幼儿提问和点评，增进交流和合作。

（2）引导幼儿尝试将分享内容归类到思维导图中，形成清晰的认知结构。

关键提问：

·你有什么问题想问这位小朋友？

·你觉得他的分享有哪些亮点？

·我们应该如何归类这些信息？

（3）师幼共同绘制下一阶段探究的思维导图，推进探究问题。

3.科学家故事

教师分享科学家故事"丝路驼铃，点燃蚕丝之光——向仲怀院士的故事"，了解科学家对蚕桑科学发展的重大影响。

（四）活动延伸

将幼儿分享内容整理成班级小报或电子书，并鼓励幼儿思考如何将蚕宝宝的新变化应用于更广泛的领域。

附文

丝路驼铃，点燃蚕丝之光——向仲怀院士的故事

向仲怀，中国工程院院士，国际著名蚕学专家，曾任西南农业大学校长、蚕桑丝绸学院院长、西南大学蚕学与系统生物学研究所所长等职务。我国蚕桑学科带头人，也是该学科唯一的院士。他领导建成了世界最大的家蚕基因库，领导完成了家蚕、桑树、家蚕微孢子虫基因组计划，并创造性地提出"立桑为业，多元发展"的产业技术体系建设方向，助力蚕桑产业转型，为我国蚕桑学科建设与人才培养作出杰出贡献。

蚕业科技中心历经三次转移回到发源地中国

中国是蚕丝业的发祥地，是世界上最早养蚕、织丝的国家。相传，黄帝的正妃嫘祖是历史上第一个养蚕的人。"氓之蚩蚩，抱布贸丝。"这是《诗经》里对男主人公的刻画，《诗经》的创作时间最早可以追溯到周朝。在那时，蚕丝做成的丝绸就已经在中国市场进行贸易。然而，蚕业科学技术在历史上经历了三次大转移。18世纪，随着工业革命的兴起，以意大利、法国为代表的欧洲迅速崛起并成为引领世界蚕业的中心。（备选：18世纪，随着欧洲产业革命和实验科学的兴起，以意大利、法国为代表的欧洲成为引领世界蚕业的中心，其产茧量曾占世界总产茧量的三分之一以上。）而后，1868年日本采取了"二线"（丝线和航线）国策，把蚕丝业作为强国的主导产业，逐步成为20世纪初蚕业科学最先进的国家。而那时中国与日本等国的蚕业科技水平仍有差距新中国成立后，蚕丝作为国家换取外汇的重要物资，蚕桑产业获得快速发展。1970年中国蚕茧产量12.15万吨，超过日本居世界第一位，到1994年增加到67.4万吨，目前占世界总量的80%左右。蚕丝的产业中心经转移到欧洲、日本之后，终于回归到了发源地——中国。21世纪初中国蚕业科学研究步入世界领先水平，也确立了21世纪"新丝绸之路"的高地在中国，而这背后离不开一个人，那就是向仲怀院士。

立志科研报国，初出茅庐为蚕农找说法

1937年7月，向仲怀出生在重庆涪陵城半边街一个中医药世家，他出生的时期正是抗日战争爆发的时期。1941年，日机轰炸涪陵，他跟随父母被迫迁回武隆凤来乡。他从小接受传统教育，读国学典籍，使他有了传统知识分子的儒雅，更拥有浓烈的爱国报国思想。1954年向仲怀顺利考入西南农学院蚕桑系，1958年毕业后因成绩优异留校任教，开启了他传奇的一生。

上世纪50年代，川北地区连年灾害性蚕病爆发，蚕茧单产竟低至仅5kg，全国众多专家数次"会诊"，始终找不到病因。1959年，刚大学毕业的向仲怀作为工作组成员被派往射洪县。他到当地就不走了，誓要为蚕农找一个说法。每天查病情、收标本、解剖蚕，历经4个多月的艰苦探寻，他终于发现了病死蚕上的壁虱母虫。确认了病原是当时尚无记录的壁虱，制定了防治方案，很快使该地区蚕茧产量由每种5kg增至当时正常产量25kg。填补了国内蚕学研究

的空白，获得四川省科学大会奖。

厚积薄发，开启中国蚕业科研攀登新阶段

1962年，向仲怀因能力突出，成为我国家蚕遗传学奠基人蒋同庆教授的助手。"这是我研究生涯中非常关键的一位师长。"向仲怀说。在蒋老先生的指导下，系统学习了家蚕遗传，参加了基因分析研究和遗传系统的保存工作，同时也作为蒋先生教授的家蚕遗传学的助教。"那时每周都有答疑课，作为助手，负责实验课和答疑，这首先要我自己弄懂所有的内容。"正是在这样的"磨砺"中，升华了向仲怀对蚕学的研究兴趣与韧劲。

年轻的向仲怀一直专心教学科研，甘于寂寞，淡泊名利，默默无闻工作近30年还是讲师身份。人生的三分之一都已经过去，向仲怀既不气也不恼，只是深耕于自己的研究，扎扎实实做事。在这期间他敏锐地意识到向日本学习先进科技的重要性，1982年45岁的他前往日本留学，两年时间里，他抓住每一个学习的机会，学习先进的知识和技术，为回国后的工作做好充分的准备。怀着对振兴祖国蚕业科学和产业的信心，1984年向仲怀如期归国。他回国后将先进技术教给青年教师，邀请了一批国外知名专家前来讲学，开阔青年人的学术视野，把最新理论技术带进课堂，开启了中国蚕业科研攀登的新阶段。

守护"丝绸之路"，领跑世界蚕业科技

向仲怀厚积薄发,1987年从讲师破格晋升教授。1988年,学科前辈蒋同庆教授仙逝,向仲怀从此挑起学科重担,逐步把蚕桑学科带向一个又一个新高度。他于1991年任蚕学系主任,一年后领导成立了蚕桑丝绸学院,1993年建成全国首个农业部蚕桑学重点实验室,大力推进蚕桑分子生物学和遗传工程研究,同年获蚕学博士学位授权点。他随即加强人才队伍的外引内培,使得我国蚕学研究逐渐走向国际先进水平。二十世纪末,分子生物学研究方兴未艾,人类基因组计划尚且启动不久,向仲怀先生就敏锐地瞄准了蚕业最前沿的方向,在1996年提出了我国第一个家蚕基因组研究计划书。

向仲怀说:"蚕桑学科,一定要融入现代学科。蚕的遗传基础很好,经济价值也很高,在中国我们有丝绸之路的孕育,最应该做这个事情。"他随即领导研究组率先完成10万条家蚕基因测序,赢得了话语权,推动中日达成合作协议。2001年8月,由日本组织,在法国里昂召开的国际鳞翅目昆虫基因组计划筹备会议,产量占世界总量70%的中国竟未被邀请参加。2003年3月,为了建设所谓的"21世纪日本丝绸之路",日本政府背弃承诺,直接否定了中日合作协定。消息传来,向仲怀紧急前往日本,与日方据理力争,但日方仍以"政府的决定"为借口拒绝了他的请求。

一场围绕丝绸之路的争夺战、一场捍卫民族尊严的战争悄然打响。来不及等待国家资金调拨,向仲怀拿出所有积蓄,押上自己一手组建的实验室全部家底,辞去原西南农业大学校长的职务,带领团队全身心扑在了测序上。2003年6月,测序工作紧急启动,仪器以每天产生10万条数据的高速运行,团队成员平均每天工作十四五个小时……两个多月后,团队比预定时间提前5天完成所有需要的数据。"中国的丝绸之路怎么到了21世纪成了从日本出发的丝绸之路了?那以后我们怎么对后人交代?做不好,你就是历史的罪人,只能赢不能输的。"向仲怀说道。"基因组研究是提升学科水平和产业发展的基础,谁抢占制高点,谁就处处领先"。要赢,就必须赶在日本之前,独立完成家蚕基因组测序。

终于在11月,根据家蚕基因组测序成果绘制完成了世界上第一张"家蚕基因组框架图",而此时日本还未有成果发布。2004年,作为学术性最高的科学研究性杂志《科学》发表了这

一成果，这是我国科学家继完成人类基因组1%计划、水稻全基因组计划之后，向人类奉献的第三大基因组成果。全面确立了"21世纪丝绸之路"的高地，依然在中国。

向仲怀的这一成果在国际上引起了极大轰动，日本再次前来要求合作，向仲怀表现出了中国科学家的大度，同意中日合作完成"家蚕基因组精细图"。日本蚕丝学会也于2005年授予向仲怀团队该学会的第一个"特别奖"，这是对向仲怀团队的高度评价。《科技日报》把家蚕基因组成果评为"建国55周年我国科学家取得的55个世界第一"之一。在此后几年里，向仲怀又带领团队完成了家蚕基因组精细图、遗传变异图、桑树基因组、家蚕微孢子虫基因组等一系列重大成果，确立了我国蚕业科学系统性的引领地位。

关心民生，带领团队推动蚕桑产业升级

站在蚕业科学的最前沿，向仲怀最关心的是未来的发展方向，最牵挂的是蚕农的钱袋子。改革开放后，市场经济给传统蚕业带来极大挑战，蚕丝业盈利空间狭小、市场需求骤降，很多企业倒闭或转到其他行业的不计其数，农民种植的桑树销路减少，毁桑弃桑极为严重。如何解决广大蚕农的收入问题，如何实现蚕业的持续发展，成为一道绕不开的行业命题。

2006年，向仲怀带领团队开展了全国范围的调研考察，历时3年，行程数万公里，足迹遍及24个省区市，收集众多的意见和建议。深入调研后，他指出："不能固守单一模式，必须建立新的产业技术体系。在这个体系中，蚕桑共同发展，充分利用，桑叶不仅仅是蚕的口粮，更是春天的桑叶饼、冬天的桑叶茶。"调研成果与桑树基因组研究相辅相成，桑树的遗传多样性被充分发掘，2009年，向仲怀提出"立桑为业，多元发展"的现代蚕桑发展方向。如今，在两广丘陵、黄土高原等地区，桑树已被广泛用于石漠化、沙漠化等生态治理；饲料桑、果桑、茶桑、生态桑……一片广阔的新天地铺展开来。中国蚕桑再一次跨越绝境，走出困境，焕发出了新的生机与活力。

前行者也是教育人，培育年轻人再创辉煌

西南大学资源昆虫高效养殖与利用全国重点实验室，凝聚着以蒋同庆教授、向仲怀院士、鲁成教授、代方银教授等为代表的科学家秉承"蚕桑人"的家国情怀和奉献精神，历时80余年，走遍大江南北，完成世界大部分蚕桑种质资源的收集和保护；实施"立桑为业、多元发展"的改革思路,推动蚕桑产业转型升级;坚持深入基层第一线,助力脱贫攻坚,服务乡村振兴,将科学家精神播撒在祖国大地上。

教书育人,劝课农桑,要让"遍身罗绮者,也是养蚕人",耄耋之年的向仲怀始终不忘自己的责任,为国家培养了一大批蚕业科学优秀人才。"驼铃叮当,原野回荡;蚕丝之光,再燃五千年不灭的火种,重建新世纪的辉煌",向仲怀填下的歌词里,满是对后来人的深情期许。

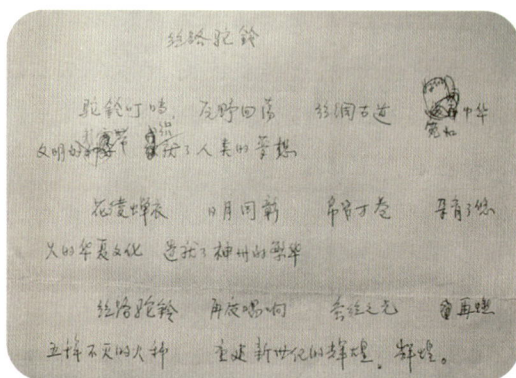

"我是教书的,我也是奔跑在丝绸之路上的,我不过是骆驼脖子上的一个铃子,贡献一点声音,走一步,我响一步。要相信年轻人能把这一整块担当起来,服务于国家的需求,建造我们的辉煌。"

(图文均摘自公众号:科技西大)

活动 4-8:

未来的蚕宝宝

(一)活动目标

(1)讨论在未来科技发展中蚕宝宝的变化,尝试用语言较完整地描述和表达,激发幼儿对未来蚕宝宝及其应用的想象。

(2)培养幼儿的创新思维和表达能力。

(二)活动准备

(1)未来科技相关图片或视频。

(2)绘画材料或手工材料。

(三)活动过程

1.讨论中畅想未来

(1)欣赏未来科技相关图片或视频,引导幼儿畅想未来蚕宝宝的变化。

关键提问：

·你觉得未来的世界会是什么样的？

·未来的蚕宝宝会有什么变化？

(2)鼓励幼儿提出自己的想法和创意,并记录在纸上。

关键提问：

·你觉得未来的蚕宝宝会有什么新功能？

·它们会被用来做什么？

·还有哪些可能？

·你打算怎么来表现未来的蚕宝宝？

2.分享交流

(1)幼儿分享自己的畅想作品,描述未来蚕宝宝的特征和习性。

(2)教师引导幼儿比较不同畅想作品的异同,并思考其可能性和实现途径。

3.创意实现

(1)鼓励幼儿尝试用绘画、手工制作等方式将自己的畅想作品呈现出来。

(2)教师提供必要的材料和工具,引导幼儿发挥创造力和想象力。

4.展示与评价

(1)幼儿展示自己的创意作品,并互相评价其创意和制作效果。

(2)教师总结活动的主要内容和收获,鼓励幼儿继续关注和探索蚕桑文化的未来发展。

(四)活动延伸

组织幼儿编写关于未来蚕宝宝的小故事或剧本,并思考如何将这些想象转化为实际的应用或发明。

活动4-9：

重走丝绸之路

(一)活动目标

(1)回顾整个探究历程,了解丝绸之路的历史和重大意义。

(2)通过游戏模拟丝绸之路沿线国家和地区,体验不同文化的风土人情和蚕桑文化的传承与发展。

(3)体验团队合作和角色扮演的乐趣。

(二)活动准备

(1)教师与幼儿共同筹备"重走丝绸之路"大型活动,确定活动主题、内容和形式。

(2)鼓励幼儿参与活动的筹备工作,如制作道具、地图、角色扮演服装、布置场地等。

(三)活动过程

1.活动引入

师幼共同回顾丝绸之路的历史和文化背景,强调蚕桑文化在其中的重要地位。

关键提问:

·你还记得丝绸之路吗?

·它有什么重要的意义?

·重走丝绸之路,你准备做些什么?

2.集体讨论

师幼通过讨论,共同筹备"重走丝绸之路"大型活动,确定活动主题、内容和形式。

(1)角色扮演游戏:幼儿选择自己喜欢的角色(如商人、使者、工匠等),穿上相应的服装,模拟古代丝绸之路上的贸易和文化交流场景,重走丝绸之路的旅程。

关键提问:

·你们选择了什么角色?

·这些角色在丝绸之路上做了什么?

·你们打算怎么扮演这个角色?(如使用何种道具、服装)

(2)任务挑战游戏:按照丝绸之路的路线,在沿线国家和地区设置不同的任务挑战(如贸易谈判、文化交流、手工艺制作等),幼儿团队合作完成任务,体验不同文化的风土人情和蚕桑文化。

关键提问:

·你们遇到了什么困难?

·你们是怎么解决的?

3.总结与分享

(1)活动结束后,引导幼儿交流总结自己的体会和收获。

(2)鼓励幼儿将活动过程中的有趣经历和感悟与家人和朋友分享,持续关注蚕桑文化的传承与发展,为弘扬中华文化作出贡献。

(四)活动延伸

组织幼儿制作丝绸之路主题的手工艺品或画展。

此案例由刘洋、何秋棠、祝素娟、魏小容、林燕提供

课程故事
集锦

下

篇

故事1

桑葚果子生病了……

　　新春冒着枝丫,一派万物苏醒的场景,为了让幼儿亲近自然,走进自然,增进幼儿亲自然能力。因此,在初春的时候,孩子们把西南大学蚕桑园里的小桑树移栽到了幼儿园,幼儿园里有了自己的小桑园,孩子们隔一段时间就会去检查树长得怎么样了。这一天,在检查果树的时候,意外发现了一棵桑葚树上的果子与其他树上的不同。

　　幼儿们叽叽喳喳地讨论着:"桑葚果子到底咋了?"

　　诚诚:"这个味道闻着与别的树的桑葚果子不一样。"

　　大昕:"这个桑葚果子外面的皮怎么烂了。"

　　朵朵:"桑葚果子颜色也变了。"

　　……

　　孩子们不经意间的发现引起了大家的讨论,由此,我们便展开了由"桑葚果子生病了"引发的故事……

发现病果

生病的桑果

教师的话

《3-6岁儿童学习与发展指南》中指出：在大自然和社会文化生活中萌发幼儿对美的感受和体验，丰富其想象力和创造力。作为教师，要充分利用自然和实际生活中的教育机会，发现、尊重和保护幼儿的好奇心，如果忽略了这些，那孩子们的好奇心和探究欲会很快消失。

桑葚果子怎么了

幼儿们纷纷看着桑葚果子，一时间充满了疑惑："桑葚果子到底怎么了？为什么这个桑葚果子的颜色与其他的不一样，为什么这个桑葚果子颜色会变淡、变灰呢？"

乐乐："是不是桑葚果子被太阳晒了，所以变成了这样？"

浩浩："可是太阳会晒到所有的桑葚果子，为啥只有这个变成了这样呢？"

子涵："是不是这里的桑葚果子生病了？"

幼儿讨论

幼儿们饶有兴趣地讨论着，纷纷好奇桑葚果子怎么了？

为了帮助他们更好地了解桑葚果子的情况，我引导幼儿去园区图书角查阅资料，那里放置着许多与果树相关的绘本，我还组织幼儿到西南大学中心图书馆查阅资料，或许幼儿可以在那里找到答案。此外，我借助"家园共育"的方式，鼓励幼儿回家后与家长一起查阅资料，进一步深入了解桑葚果子生病的原因。幼儿在收集好资料之后，需要将资料带到园区，然后所有人员一起讨论为什么桑葚果子会生病？

查阅绘本

查阅资料

亲子查阅资料

集体讨论

从表现来判断

丛溢:"这些桑葚果子与其他的不同,明显变灰了,变白了。"

甜甜:"桑葚果子变得干涩了,没有水分了。"

果果:"桑葚果子好像要掉了。"

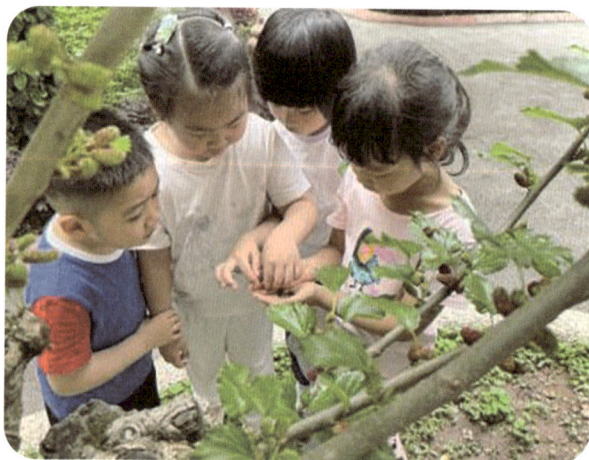

观察病果

从果实来分析

贝贝："桑葚果子都不饱满。"

艳艳："这些小小的果子都不圆润。"

依依："果实好像都发霉了。"

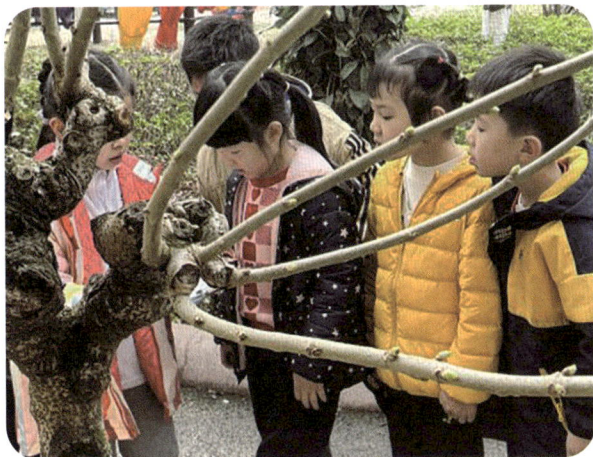

记录问题

从病理来诊断

晨晨："可能这部分桑葚缺水了。"

阳阳："是不是这部分桑葚枝受到了伤害。"

萱萱："桑葚果子可能受到了病菌感染。"

乐乐："可能因为天气原因。"

幼儿对病果的猜想

教师的话

结合《幼儿园教育指导纲要(试行)》培养要求,我充分挖掘园区、本土区域内植物资源,制定出符合幼儿发展的植物游戏活动,让幼儿可以深度参与进去,形成亲近自然、喜欢自然、热爱自然的品质。在查看果树的时候,幼儿发现桑葚果子"生病"了,一时间都充满了好奇,都想要用自己的力量去"救治"桑葚果子。作为教师,需响应幼儿需求,给予幼儿支持,引导幼儿继续去探索,逐渐去发现桑葚果子为什么生病了,怎样进行诊治?

桑葚果子大拯救

一场关于桑葚果子为什么生病的头脑风暴开始了!

丞丞:"看桑葚果子的颜色,变灰、变白了,这是桑葚果子病变了。"

布丁:"可能是树枝营养不够,保护不到位引起的。"

托托:"书上说坏掉的果子要剪掉,不然会感染其他好的果子。"

侯子:"要做好防治,避免其他桑葚果子被感染。"

幼儿们结合自己查阅的资料和认识,都热情地参与到了桑葚果子生病原因的讨论中,显然,通过幼儿的讨论可以看出,幼儿们对桑葚果子为什么会生病已经形成了自己的初步判断。但是到底是什么原因引起的,则需要进一步地探索。

桑葚果子生病的原因到底是什么,幼儿纷纷给出了自己的认识和理解。"纸上得来终觉浅,绝知此事要躬行。"为了精准掌握桑葚果子生病的原因,我们邀请了西南大学蚕桑纺织与生物质科学学院专家敬老师一起,又去了一次小桑园。大家进行了全面的查看,经过敬老师的诊断,树上一部分正在生长的桑果变白、变干,说明桑果生病了,叫真菌病。这些生病的桑果会感染其他的桑果,影响桑树的生长,所以要将病果摘下来,而且还不能丢在树周围,不然一整棵桑树都会生病。这个时候,幼儿认识到是局部原因造成的。

专家讲解桑树知识

专家实地探究病果原因

教师的话

《3-6岁儿童学习与发展指南》指出：幼儿对事物的感受和理解不同于成人,他们表达自己认识和情感的方式也有别于成人。促进自然园本课程教育,教师需要结合学科性质、幼儿学情、思维能力、智力情况等方面的要素,进行综合化的考量,从而做好对幼儿的引导和培养。为了让幼儿清楚地去解决桑葚生病的问题,教师需引导幼儿,让幼儿逐步去分析。幼儿在探索的过程中就会发现,原来凭借自己的力量就可以去解决一些问题,原来自己也蕴含着无限的力量。

资料准备组

如何治疗桑葚果子,需要幼儿准备好资料,这个时候小朋友开始寻找各类治疗工具。轩轩和浩浩一起去找剪刀、凳子、消毒液、药水等。

轩轩边找边说："我们要准备好,这样后期对桑葚果子的治疗才能顺利进行。"

浩浩："那么我们列下清单,边找边记录,这样才能把材料准备齐全。"

对轩轩对浩浩的话表示同意。于是,轩轩和浩浩开心地投入到了寻找材料中。

但是在材料寻找的过程中又出现了新问题。

轩轩："园区就这么多材料,再怎么找,也没有这么多,这该怎么办呢? 我不想找了。"

浩浩："我们可以去求助一下老师,看看老师可以帮助我们不?"

瑞瑞："我们可以先找能够找到的,没有找到的,明天可以从家里带来,是不是?"

其他幼儿安抚了轩轩的情绪,轩轩也愿意参与到材料的寻找中,这为桑葚果子的"治疗"提供了积极支持。

找工具

诊断治疗组

子涵、乐乐、小明等小朋友走到了桑树下,看看桑葚果子有没有发生大范围的病变。经过幼儿的初步诊断,发现就是那几串桑葚果子生了病,其他的桑葚果子没有发生病变。

子涵说："我们处理这几串就行。"

其他幼儿听过了子涵的话,都纷纷表示同意。由于果子比较小,幼儿在操作的过程中遇到了很多的困难。

乐乐:"这个好难剪,我不小心把没有生病的给剪掉了。"

小明:"我这边涂药也很难,这是液体药,一直往下滴,这该怎么办呢?"

显然,幼儿在第一次对桑葚果子的治疗中出现了一些差错和不足。基于此,老师组织幼儿思考,如何规避这些问题。

子涵:"要不我们一个人扶着,另一个人剪,这样树枝不会晃。"

乐乐:"我们要不要弄个纱布,将药水弄到纱布上,然后包在树上,我觉得这样可行。"

经过了本次的头脑风暴,幼儿对如何"治疗"桑葚果子有了新的认识。

组织幼儿思考

使用高凳辅助

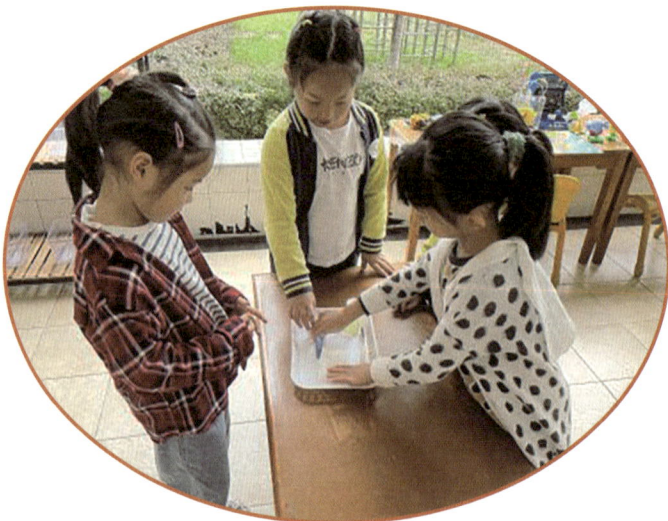
涂抹药水

现场辅助组

新城、小豪、芊芊等都纷纷地参与到了辅助活动中。

小豪："我们可以给你们递材料，然后这样快一些，大家可以快点完成。"

芊芊："但是我们完成辅助之后，也要将这些材料收集、整理起来。"

幼儿听了芊芊的安排之后，一时间都井然有序地参与到了辅助活动中。这让之前"你争我抢"的局面发生了很大的变化。

使用竹竿辅助

辅助组收拾工具

教师的话

"织网式"倾听是将幼儿户外游戏活动中的点状资源、碎片化资源、单一化资源有效地整合起来，编织成知识结构网，将幼儿置于网络中心，倾听幼儿的想法。在编织网络的过程中，我们需抓住重点，在"听"之后进行有效的"化"，实现智慧倾听的目的，以此促进幼儿持续性参与到游戏活动中去，积极地迎接挑战。当幼儿对桑葚果子进行诊断的时候，教师需要在一旁观察，当幼儿出现问题的时候，教师可以给予幼儿帮助和支持，让幼儿可以继续深入探索。

桑葚果子初变样

那么我们应该如何对生病的桑葚果子进行"治疗"呢？幼儿看着材料，都在思考。

子涵："我们要把变坏的果子给剪掉。"

浩浩："那么其他部分应该怎么办呢？"

小明："我们先把坏的部分处理了，再观察观察。"

其他幼儿听了小明的话后，纷纷表示同意。

幼儿确定了初步"治疗"方案之后，开始对"生病"的桑葚果子进行了"医治"。笑笑拿着剪刀，将坏掉的桑葚果子剪掉了。小明踩着凳子，给剪掉的部分涂抹上了药水。乐乐把剪掉的桑葚果子捡起来扔到了垃圾桶。

萱萱："我们过几天再来，看看桑葚果子还有没有同样的问题。"

观察桑果情况

摘除病果、涂抹药水

捡拾地上的病果

过了几天,幼儿对桑葚果子又进行了一次检查,开始的时候大家都觉得这次"治疗"很到位,经过仔细检查了之后发现另外一棵树上的桑葚果子也生病了。幼儿看到这样的情况,一时间陷入了迷惘和疑惑,这到底是怎么了,桑葚果子一直生病。

浩浩:"老师,我们查阅了资料,资料上说可以这么治的,但是好像不行。"

我:"你们不能只检查树枝,也应该检查一下树的周围,土壤、浇水等方面的情况,综合去判断,这样才能根治桑果一直生病的问题,是不是?"

幼儿听了我的话之后,觉得很有道理。大家开始查看树根,查看桑树周围的环境、土壤等,经过一系列的探索,幼儿发现了原来生病的桑葚果子树下有很多水。为什么有这么水呢?原来负责管理桑树的幼儿天天给桑树浇水,导致土壤积水过多。

浇水过多会让桑葚果子生病吗?幼儿又开始查阅资料了,通过查阅资料后知道了,原来桑树不能浇太多的水,不然会让树的根部腐烂,根部腐烂就会影响果子生长。幼儿通过探索发现,原来桑葚果子生病的主要原因是浇水太多了。

乐乐："我们要把这些积水清理了，并且以后每半个月浇一次水，每次浇水不能过量。"

浩浩："可是我们怎么分工呢？"

子涵："我们可以按照值日生表进行排序，每次值日生浇水结束之后，需要给下一个值日生说。"

很快，幼儿自己协商出了解决措施。

观察桑树枝干的健康情况

为桑树堆肥

给桑树浇水

桑葚果子变好了

幼儿把桑葚树下的积水都清理了，隔几天再来看时，发现桑葚果子没有继续生病了。幼儿看到这样的变化之后，变得无比开心和高兴。因为经过了长时间的"诊断""治疗"和"护理"，已经对桑树产生了一定感情。

乐乐："我们还要继续跟进，要继续照顾好桑树。"

萱萱:"那么我们要定期查看,还要对园区的果树进行巡查。"

小明:"我觉得这样可行,这样才能避免果树再次生病。"

可以看出,幼儿通过本次的"树医生"活动,已经形成了爱护树木、照顾树木的意识,这对幼儿的长远发展来说有着重要作用。

移栽桑树

桑果生病

拯救照顾桑树

桑树康复

桑果丰收

教师的话

教师应当时刻关注幼儿，分析幼儿高阶发展需求，学会发现幼儿的兴趣，了解幼儿的需求，及时追随幼儿的脚步，关注幼儿在活动中的表现。在幼儿遇到问题时，尽可能激发幼儿的求知欲和探索欲，从而促使幼儿智力思维得到进一步发展。当幼儿发现经过"治疗"，桑葚果子还没有变好的时候，幼儿又开始了新一轮的分析。在这过程中，教师需适当给幼儿进行点拨，让幼儿继续去分析，去寻找答案。

───────────── **活动反思** ─────────────

自主游戏的开展，需要教师实施"弹性"教育，学会放手，释放幼儿天性，激活幼儿主体价值，夯实对幼儿的培养。当然，"弹性""放手"并不是"放任自流"，凭着幼儿的天性去做事情。通过本次案例，让我有三点反思：

借助问题，驱动幼儿思考

在对"桑葚果子为什么会生病？"的探讨中，幼儿的问题越来越聚焦，对于"这些桑葚果子为什么要生病？""桑葚果子生病的原因是什么？""我们如何对生病的桑葚果子进行'治疗'？"等，这些问题让幼儿在活动中、活动后持续讨论着。在这过程中，教师及时捕捉幼儿聚焦的问题，同时，促进幼儿对自主活动呈现出极浓厚的探索兴趣。通过问题达到有效驱动，构建任务实施清单，链接教学内容，设计多元化教学实践路径，助力幼儿在游戏化学习中深度参与，按照"问题—发现—讨论"的设计过程和推进原则，聚焦到总任务上，打造出层次化的、多元化的实践路径，助力幼儿进步。

多次试错，引导幼儿实践

幼儿本身年级小，认知发展不全面，所以一次性将问题解决到位的可能性较低。故此，在活动的推进中，要让幼儿有试错的机会，让幼儿结合实践中存在的不足去改进和优化，这样的教育活动经历对于幼儿来说才是深刻的。比如幼儿发现"药水会流下去、桑葚果子不好剪"的时候，在这个时候开展头脑风暴，让幼儿自行去思考，自己去解决，逐步帮助幼儿形成分析问题、解决问题的能力。

提升责任，促进幼儿成长

游戏活动的设计只是形式，其目的在于培养幼儿。本次案例中融合了责任教育，让幼儿认识到爱护桑树的重要性，在之后的园区生活中应该如何做好对桑树的保护。尤其是分工照顾桑树的安排，有助于充分调动幼儿的自我效能感，让幼儿感受到照顾桑树的重要性。这样寓教于乐、潜移默化的活动，逐渐帮助幼儿成为照顾桑树的小主人公。

此案例由刘净丹、张潇月、陈晨提供

故事2

我与灌溉系统的那些事

活动缘起

幼儿园里有一处种植区,开学初,那里的土地会按照惯例分配给每个班级,由老师带领孩子们种植植物、照顾植物、做观察记录。刚开始大家都很感兴趣,和老师一同商量购买种子、播种、施肥、浇水等事宜。随着时间的推移,由于受气候、土壤等多方面影响,一些种子并没有如愿地生长,再加上种植区远离孩子们生活与学习的区域,致使那里很容易被大家遗忘,慢慢就荒废了。

种植区

这学期开学初,它被分配给了我们班,可以在这里做些什么?玩些什么呢?在孩子们的奇思妙想中,我们开启了对种植区的探索之旅。

种植区可以怎么玩

围绕"种植区里玩什么？"孩子们展开了激烈的讨论。

讨论游戏玩法

婉钰："可以玩走迷宫的游戏，在菜园里设计迷宫线路，让小朋友们走迷宫"

甜甜："可以玩厨房游戏，进行烧烤，需要的材料有饮料、五香粉，还有种植区的一些自然材料。"

禹泽："我想的是浇水游戏，可以在袋子里面装满水，然后戳一些小洞，就能用来浇水了。"

分享游戏玩法

教师的话

孩子们天马行空的想象创造出了种花、打仗、浇水、过家家、老鹰捉小鸡、捉迷藏等游戏。基于孩子的兴趣聚焦和深入游戏，我们选择让他们亲自到现场试玩验证。最终，浇水游戏胜出。

"老鹰捉小鸡"

浇水游戏

浇水游戏怎么玩

在试玩浇水游戏的过程中，孩子们将水管接在水龙头上牵引到植物区进行浇水，发现水管太长、收捡太复杂；水压大、水流急，很容易将植物幼苗破坏，种子也会被水泡坏；大量的水流到花台外面，还容易造成浪费。放假后幼儿园里没有人，植物不能得到及时灌溉就会枯萎。

浇水游戏初体验

展开水管

水全部流到外面了

于是，新的问题又出现了，如何控制水量、实现均匀灌溉？

教师的话

这些问题需要在真实的场景中做一个灌溉系统来解决。以制作灌溉系统为学习的载体，以幼儿园提供的室外种植区为真实的学习场景，孩子们提出的"浇水问题"基于实际生活场景，需要针对问题进行设计、制作、试验、改进，最终解决如何在种植区科学浇水的问题。

我与灌溉系统的第一次相遇

孩子们七嘴八舌地议论着："灌溉系统长什么样？它是怎样工作的？所有植物都能喝到水吗？"

既然要做灌溉系统，那么引导孩子认识并了解它是第一步。我们先后走进了西南大学国家紫色土肥力与肥料效益监测站（以下简称紫色土基地），以及园艺园林学院的厚艺园实验基地。

在探访前，基于孩子的兴趣和选择，分为绘画记录组、图示记录组、视频记录组、照片记录组和播报记录组共5个小组。在资源环境学院张老师的介绍下，我们对紫色土基地里植物的灌溉情况进行了现场勘察，孩子们真切地观看并记录下了滴灌和喷灌两种灌溉装置的外形特征及灌溉方式。

记录灌溉装置

乐乐:"滴灌装置有一个大大的水阀开关,打开它才会有水,刚刚我趴在水管上还听到了水流声。"

知仪:"滴灌装置的水流是顺着水管来到植物周围的,然后通过水管上的小孔进行浇灌。"

婉钰:"我发现有个地方的水比较多,我觉得是因为那里地面比较低,水就积在了那里。"

景皓:"我发现喷灌装置是由很多部分构成,有十字支架、有一个主水管,还有开关……"

教师的话

探访结束后,我们发现孩子们在分组实地进行观察时,并不能获得较为完善的知识经验。探访所获得的知识经验往往具有偶然性、零碎性。基于这两个问题,我们回园进行了复盘。首先,孩子们按之前划分的小组进行组内交流、组间分享,完善灌溉系统的认知;其次,以第三视角的方式再现紫色土基地的灌溉系统,针对灌溉系统中的重要结构进行讨论,帮助孩子们充分回忆和完善经验;最后,基于他们的发现和想法,进行小结并拓展其他形式的灌溉方式。

第一次外出参观后,我们以为孩子们已经对灌溉系统有了初步的了解,但他们还是会不断地提出各种问题:

恩恩:"滴灌系统的水流应该如何控制它的速度呢?"

乐乐:"如果喷水器的水管被堵住了怎么办?"

知仪:"灌溉系统的水龙头很大,小孩子可以拧开水龙头吗?"

果果:"为什么主水管要粗一些,支水管要细一些?"

教师的话

为了营造科学探究活动专业、严谨的氛围，我们组织孩子们在蓝花楹图书馆查阅相关绘本及网络资料，解决心中疑惑。基于对滴灌和喷灌系统的初步了解，如何引导孩子们输出自己的想法，设计自己喜欢的灌溉方式，让每一个孩子都能发挥自己的作用呢？在老师的启发下，大家依照自己的兴趣成立了滴灌小组和喷灌小组。

成立灌溉小组

进行了人员分组后，孩子们开始了激烈的讨论，最后，大家达成一致，进一步细化分工内容。图纸设计师负责将小组讨论结果呈现出来，材料预算师基于图纸进行材料预算，发言人整理本组的思路进行汇报分享。在这个过程中，小组成员也可进行相应补充。

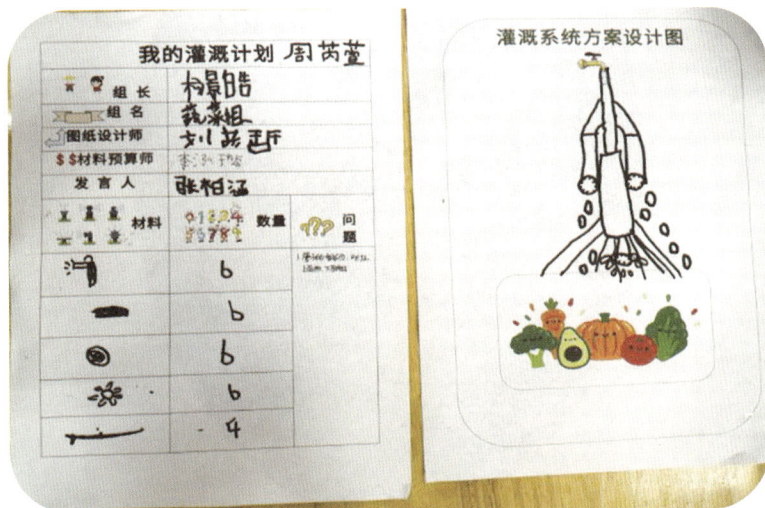

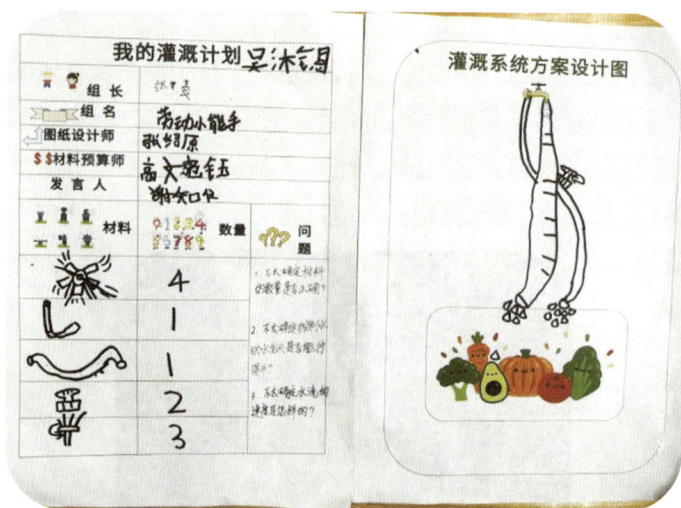

灌溉计划设计图

我与灌溉系统的第二次相遇

灌溉系统是复杂的,仅仅经过这样的学习,孩子们的设计还存在不合理的情况,且部分孩子的疑问并没有真正得到解决。基于此,我们探访了园艺园林学院的实验基地——厚艺园。

参观厚艺园温室大棚

在园艺园林学院钱老师的带领下，我们再次近距离地观察了滴灌和喷灌装置的基本构造及灌溉方式，还解锁了新的灌溉方式——雾灌。雾灌装置里有个温度计，通过电脑程序等运算，感应到相应温度就可以用雾态的喷射方式对植物进行灌溉，让植物更容易存活。真是太神奇了。

探索灌溉系统控制设备

探访活动结束后，我们再次进行了复盘，通过照片和视频引导孩子们回忆并强化前两种灌溉装置的构造。以分组交流、集中分享的形式让孩子们思考对于两种灌溉系统的新发现，不断强化两种灌溉装置的构造和优缺点。

教师的话

此次行动后，我们发现灌溉系统的搭建远没有想象中那么简单，所以在去种植区现场搭建灌溉系统前，我们决定先在班级设计一个小型的灌溉系统，为后续种植区灌溉系统的搭建建立前期经验。

该怎样设计一个小型室内灌溉系统呢？试搭会成功吗？跃跃欲试的小朋友们迎来了"我的灌溉试验"。

我的灌溉试验

阶段1 灌溉计划

要想解决走廊花盆里小番茄喝水的问题，首先是要引水到花盆里，需要规划一个灌溉系统设计图，大家按照之前的分组进行商讨方案、预想材料、规划图纸，并集中分享成果。

绘制设计图

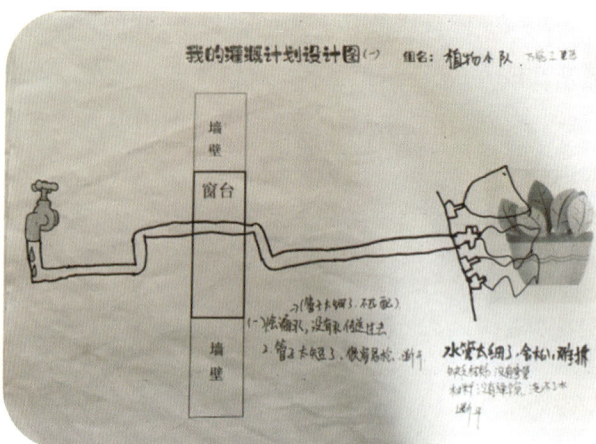

灌溉计划设计图

阶段2 模型试搭

没有专门的搭建材料怎么办？

彦哲："建构区的大雪花片可以用来做喷灌装置的喷头。"

乐乐："美工区的卷纸筒可以用来引水。"

清和："万能工匠玩具也可以，而且这个红色的圆圈正好可以把它们连接起来。"

教师的话

孩子们在没有专业灌溉搭建材料的情况下，提出先用班级活动区的材料进行搭建，看看自己的想法和设计能否成功。对于孩子们的想法，教师理应给予支持。于是，我们引导孩子在教室搜寻搭建材料。

第一次模型试搭

第一次模型搭建以失败告终，孩子们在设计、搭建中遇到了很多难题：

想想："我们没有连接管子的东西，像三通、四通这种。"

泓璇："用纸筒搭建时很难接，容易断开。"

景皓："管子容易断开，用双面胶也粘不稳。"

教师支持

在搭建过程中，孩子们发现实际搭建的过程与设计的方案有很大差异，于是我们引导他们思考解决路径，提示可借助材料辅助搭建，而他们顺藤摸瓜，有了一些新的发现。

第二次模型试搭

贝贝："我在美工区发现有绳子，我们可以用绳子绑住试试。"

甜甜："我们可以用胶带把两个纸筒连接的地方围一圈。"

柏涵："我发现万能工匠里面有一种玩具可以把它们连接起来。"

教师的话

在搭建过程中，我们鼓励孩子们大胆操作，验证自己的想法，孩子们通过观察、尝试并一一解决。搭建的模型能否成功，还会遇到什么问题？下一步就是模型大检验。

阶段3 模型大检验

大家先将搭建好的管子（A管）与教室内水龙头出口下的管子（B管）相连接，使用万能工匠搭建的小组均发现"A管较细，与B管尺寸不匹配，所以要漏水，不能把水运送出去"的问题；而使用管道玩具搭建的小组在这一步则没有出现较大的问题；用纸筒搭建的小组则发现他们的"A管太大，B管放进去就直接掉出来"等问题。检验还在继续，接下来就要把水管连接到走廊上种有小番茄的花盆里，大家发现搭建的水管很容易断开，且管子太短，根本够不着植物，最后，没有一个组能够实现引水到植物。

通水试验

模型大检验

教师的话

即使失败了,孩子们也有收获。小组内的合作意识与学习意识在不断地探究与思考中得到巩固与强化,发现问题积极主动,并且持续想办法解决的能力增强,尤其是组长的领导力、凝聚力得到了极大提升;每个幼儿在组里所承担的如设计师、发言人、预算师、搭建师等角色,能够促使他们最大程度地发挥自己的专长,从而促进幼儿的个体发展。

阶段4 方案修改

总结了之前的搭建经验,我引导孩子们思考是否可以丰富搭建材料?并再次提出"水龙头下的软管应如何连接?"的问题,强调"设计图纸时材料需细化,以及图纸与搭建装置之间如何匹配?"等问题,孩子们再次有针对性地分组交流,优化灌溉方案。随后我们再一次修改方案,按照灌溉计划—模型试搭—模型大检验的顺序进行推进。

修改方案

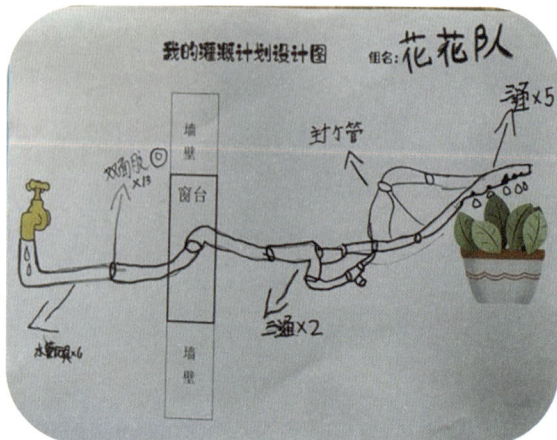

修改后的设计图

教师的话

虽然孩子们用玩具搭建的灌溉系统未能成功,但他们在前期管道连接、问题探究等方面累积了丰富的经验,保育老师操作间的水管不能长期占用,操作间外是幼儿活动的走廊,无法固定花盆。搭建用的水管玩具、万能工匠、纸筒等材料虽形似水管,但连接处不停断裂和漏水的情况始终无法解决;搭建的水管也无法固定;出水口始终不能精准地浇到植物。

恰好我们之前在种植区种植了荞麦,由于生长周期与天气渐热的原因,正是到了需要灌溉的时候,于是,大家将重心转移到在种植区,准备完成一次大型灌溉系统搭建,让在前期活动中获得的灌溉经验得到一次整合与迁移的考验。

种植区的荞麦

此前的"水管引水试验"作为幼儿已有经验能否支持实地灌溉工程的开展？从上一个阶段的开展情况可以看出问题是复杂的,用单一学科的知识很难解决。为了让他们在灌溉这件事情上持续地专注、钻研,也为培养他们的匠人精神,我们组织孩子们一起修缮并加高种植区的花台,让这里的环境更利于我们下一步活动的开展。

幼儿:"这一次我们终于要到现场搭建啦!""太好啦,我都迫不及待了!"

教师的话

孩子们对实地搭建灌溉系统的期待溢于言表。真实的场景会赋予孩子更专注严谨的思考与探究,更执着聚焦问题的解决。"怎样让地里大片大片的植物可以持续地喝到水?"运用真实灌溉材料进行搭建的体验,使得我们的课程开始进阶与升级。

实地现场搭建

阶段1 第一次现场试搭

在前期活动中,孩子们通过"多种多样的水管"认识了所需要的材料,但选择的材料是否合适? 用真实的材料能否搭建成功? 我们带着聚氧乙烯(PVC)水管与不锈钢波纹管去实地进行试验。

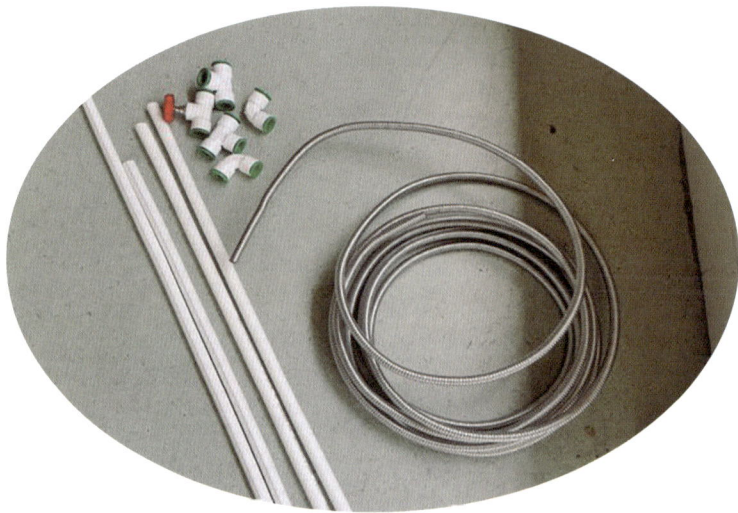

新的搭建材料

搭建场域

溪溪:"只有一个水龙头,我们要从那里引水过来。"

泓璇:"感觉水龙头有点远,我们的管子够不够长呀。"

想想:"种植区有很多小朋友来玩,他们会不会踩到管子,把它踩破了呀。"

景皓："是呀，万一踩破管子就漏水了，其他小朋友踩到会很危险。"

现场勘察

教师的话

孩子们提出可以把水管靠着种植区一侧围墙边的灌木丛搭建，大家在细节上观察入微，勇于表达，于是我鼓励他们思考怎样搭建会更安全、更便捷，大胆按照自己的想法去尝试。

说干就干，孩子们先用 PVC 水管分组合作搭建，有的小组拼接水管，有的小组拼接插头，在搭建过程中小朋友发现：

耀宇："管子好像不够长。"

东东："我们直接把另一个波纹的管子接上去不就好了"

溪溪："两种管子能不能接得上呢？"

孩子们大胆进行尝试，持续验证着自己的想法。

现场试搭

恩恩："不行，波纹管会掉出来。可能是太小了不匹配，所以会掉出来。"

景皓："刚刚通水的时候发现接头连接处都漏水了。"

教师的话

孩子们发现软管和硬管没办法拼接在一起,主要就在于接头处的密封问题。第一现场试搭未成功,是否需要更换新的材料呢? 新材料采用哪一种? 搭建方案还需要做哪些调整呢? 基于此,我鼓励大家继续带着经验与问题,在小组内自由发言、相互讨论,主动思考解决问题的各种方案。

小组研讨,调整方案

阶段2 调整方案

耀宇:"我们的管子太短了,接头处要漏水,可能是我们力气太小,没拧紧。"

想想:"我发现那块地有点大,用喷灌的方法可能更好。"

景皓:"我们可以用软管来搭建,然后把管子沿着'S'线来搭建。"

语宸:"对,我们可以用一根很长的软管。"

对此,我们借助网络的力量继续"做功课",了解到部分农用灌溉系统还会用到一种聚乙烯(PE)材质的软管来引水,商讨后大家一致决定使用这种材质的软管来再次搭建。

新的搭建材料

针对新的材料，我们分组讨论，优化灌溉方案并强调设计时材料的细化。最终投票选出第五组小朋友的设计图纸作为第二次搭建的方案。

该组发言人张章介绍："先把接头接好后，管子就沿着灌木丛走，然后来到菜地主水管，再沿着中间走到下面绕一个圈，左右两边用三通连接细的管子，再连接喷头就可以了。"

带着新方案和新材料我们再次来到现场进行二次试搭。

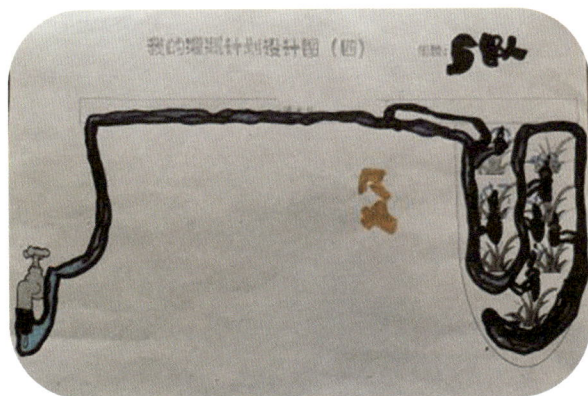

设计图

阶段3 第二次现场试搭

第一步：拼接水龙头

景皓："这个水龙头的出水口好像比接头要大一些，有点拧不紧。"

贝贝："要不我们请保安叔叔来试一下，他们的力气大一些。"

柏涵："有点漏水，我们用胶布（生料带）把它缠起来，可能会好一点。"

连接水龙头

第二步：安装主水管

大家合作把水管沿围墙边的灌木丛摆放，但由于灌木丛树枝丛生，致使水管并不能按照预想的路线分布。

梓溪："把水管放到灌木丛上面,免得其他小朋友路过踩坏了。"

彦哲："万一那些树枝把水管戳破了就不太好了。"

可可："我们找个东西把管子和枝条绑在一起不就好了。"

教师的话

教师继续"管住自己的嘴",鼓励孩子们按照自己的想法去印证、推翻、思考、行动。虽然可能还需要更丰富的知识经验和更高的动手能力来提升他们的实操水平,但是"自我评估"的意识却初见苗头。

布局主水管

第三步:搭建灌溉系统

大家按照图纸把主水管摆放好,先将喷头逐一插在图纸中规划的位置,然后要将主水管与支水管、喷头连接起来,怎么连接呢? 此时,恩恩提出用三通来连接,先用剪刀把主水管剪断接在三通上,再剪一根支水管连在三通和喷头上。

连接支水管与喷头

教师的话

支持并肯定孩子们的想法有助于他们坚持推进任务。于是,大家认可方案后即刻行动起来,在孩子们的相互配合和大胆操作下,灌溉系统终于搭建完成。

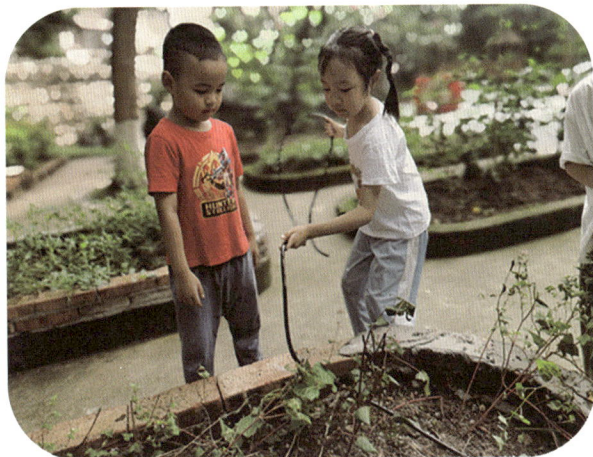

布局支水管

阶段4 通水检验

这一次的搭建能否成功呢? 还会出现第一次搭建时遇到的问题吗? 让我们打开水龙头来检验一下吧! 我们发现,除了水龙头接口处有少量漏水的情况外,其余连接处未曾发现漏水的情况,喷头处也都能成功出水。此时,针对喷头出水较小的问题又引发了孩子们新的思考,大家猜想可能是由于水压不够,再加上少量漏水现象导致的。我们的探究式思考一直延续着……

教师的话

灌溉系统的搭建算是初试通过,能够比较准确地给种植区一处花台里的每株植物进行均匀灌溉,但是关于出水量不够以及接口处少量漏水的问题,涉及新的领域、新的概念,涵盖新的工程技术,及科学、数学等方面的知识。这些都有待我们后续慢慢思考、解决。

灌溉方式推广

正当孩子们沉浸在灌溉系统初步搭建成功的喜悦中时,大家听说幼儿园的小水田正在面临缺水的困境,好不容易长起来的秧苗在暑假可能会面临干死的危机。于是孩子们与老师一起动手绘制灌溉手札赠送给中三班的小朋友们。希望他们能够参照手札中的技术与经验,继续改良优化我们的灌溉系统,进一步解决我们由于时间原因还没有解决的新问题。

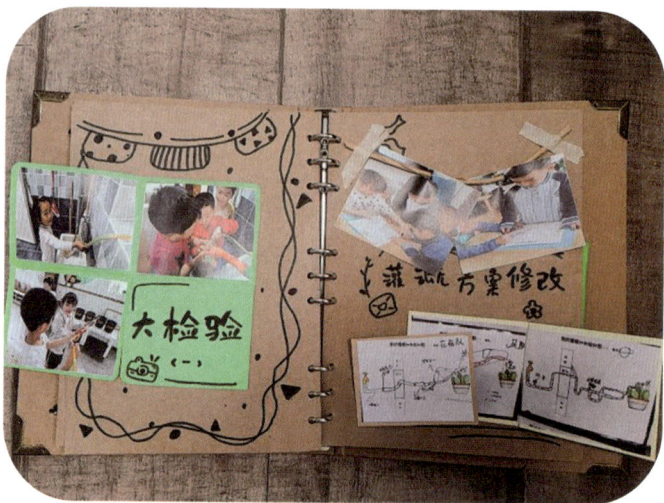

灌溉手札

　　孩子们对灌溉的想法天马行空、层出不穷,课程结束后大家都意犹未尽。有的孩子觉得灌溉游戏像是一场奇妙的科幻之旅,希望能在自己家里的小菜园、小区花园里做出一种更加完善的灌溉系统:出水口的水流可以自动调节大小,在搭建灌溉系统时不会伤到植物的根;有的孩子可以完整地复述整个灌溉活动的推进历程,尤其是外出实地探访活动,觉得神奇的喷灌、滴灌、雾灌系统让人记忆深刻、十分有趣;有的孩子觉得在室内用玩具材料搭建灌溉系统的活动虽然有难度,但很有意义,特别是水喷出来的那一瞬间很有成就感;有的孩子觉得可以把一些水管材料混合组装,完成不一样的灌溉系统;还有的孩子开始好奇除了可以给种植区、菜地浇水外,灌溉系统还有哪些用途;水管歪歪扭扭,为什么水也是歪歪扭扭跟着水管走;在太空里怎么浇灌呢?甚至希望下一步还可以找更多的工程师继续深入地讲解与展示灌溉系统……孩子们仿佛在规划着下一阶段的课程方向。

活动反思

　　我们根据学习情境中儿童的真实反应,灵活地调整课程发展的走向。同时也给教师提出了两大挑战。一是给教师带来了课程规划和选择的困难。怎样面对儿童五花八门、瞬息万变的想法?不断生成的问题中哪些值得探究?面对失败及儿童兴趣的消退,教师怎样决策?二是实施中的问题常常让教师觉得自己知识储备有限、对儿童的认识随时都在刷新。但创生方式的课程好处就在于时时、事事、处处都在催生教师磨合自己和儿童、自己和课程、课程和儿童之间的关系。

课程是一次次幼儿思维的跃迁

　　课程没有终点,教师更不能决定课程的走向。比如孩子们不断更正和改良的设计图纸,通过对灌溉设计图的多次且不同程度的规划、精进与完善,我们看到了他们对灌溉的不断认识、不断发展、不断完善，一次次"不成功"的尝试激发幼儿的深度思考，促使他们层层深入，解决问题。

学习是"一个个材料赋予的机会"

对于幼儿的学习而言，没有什么比材料的运用更有价值。搭建中，我们有对各类管道游戏玩具、连接玩具的运用，但我们觉得更有意义的是生活中的真实材料。一卷生料带、一米塑料管、一双线手套等，将游戏中的玩具替换成生活中的物品，更能让儿童从假想世界过渡到现实，让他们体验到"一切物品都是游戏材料"，并从中领悟到"生活本身就是学习"的真谛。

这是一次对种植区教育功能与教育价值的深入探寻，也是一场没有剧本的即兴表演，唯有孩子才能决定课程的走向。我们的灌溉游戏没有终点，它将继续在孩子们广袤的思考中涓涓细流，汇聚成一条条溪流，滋养每一个"生灵"！

此案例由李文馨、刘小娟、王宇提供

故事3

晒秋架搭建记

在充满收获喜悦的秋天,幼儿园的小水田里,稻谷和萝卜迎来了丰收。大三班的孩子们满心欢喜地收获着这些成果。然而,一个新的问题随之而来:收获的食物该如何储存呢? 这个问题如同一个神秘的宝藏盒,吸引着孩子们去探索。

孩子们开始尝试从记忆的宝库中搜索答案,同时也积极地向长辈们请教。在这个过程中,他们发现把食物晒干储存是一种不错的方法。于是,孩子们兴致勃勃地开始了尝试。首先是铺晒和堆晒,可是,这些食物似乎并不"领情",它们很快就发霉了。这可怎么办呢? 孩子们并没有灰心,他们又想到了挂晒的方法。但是,新的难题又摆在了面前:食物该挂在哪里呢? 为了解决这个问题,孩子们决定搭建一个晒秋架。然而,对于这些5岁左右的孩子来说,晒秋架该如何搭建呢? 就这样,一场充满挑战与惊喜的搭建之旅拉开了帷幕。

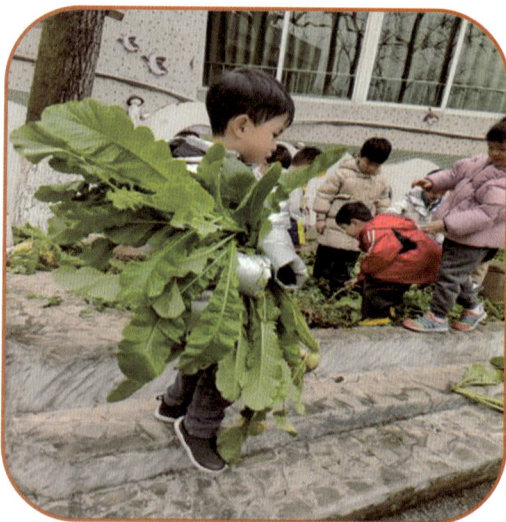

萝卜大丰收

造"架"材料大收集

问题1：晒秋架搭建在哪里？

在决定搭建晒秋架之后，孩子们首先要解决场地问题。他们带着已经串成串的白菜和萝卜，像一群勇敢的探险家，在幼儿园的各个角落展开了搜索。

诺诺第一个发现了教室前的秋千架，他兴奋地指着秋千架说："挂这里，挂这里！"

萌萌看了看反驳道："不行，不能挂秋千上，其他小朋友还要玩的。"

接着，小林又把目光投向了攀爬架，他说："那挂这里吧，这里是空的！"

然而，宸宸却指出："这里被大树挡住了，太阳都晒不到这里。"

苏苏看着操场，思考了一会儿说："要是能挂在操场边上就好了，既不会影响其他小朋友，又能够晒到太阳。"

蓁蓁也转过头看着操场，附和道："是呀，要是能挂在操场边上就好了，可是这里什么也没有，空空的，没地方挂呀。"

就在大家陷入困境的时候，小羽突然眼睛一亮，兴奋地说道："要是这里有个架子就好了，就可以挂在架子上晒了。"

最后，孩子们一致决定要在操场边上搭建一个方便晾晒的架子。

问题2：用什么材料搭建晒秋架？

回到教室后，孩子们围绕搭建架子所需的材料展开了激烈的讨论。

小文率先发言："搭建架子需要棍子，长长的棍子。"

小墨紧接着说："需要绳子，把棍子捆起来。"

轩轩也补充道："还需要剪刀，用来剪断绳子。"

念念看了看教室里的美工区，说："绳子和剪刀美工区里都有，可是没有长长的棍子。"

嘉嘉突然想到了什么，说："对了，对了，体育角里有塑料棍子，用来跳高高的那个棍子。老师我们能用那个搭架子吗？"

教师："当然可以，你们去取你们需要的材料吧！"

教师的话

《3-6岁儿童学习与发展指南》强调：最大限度地支持和满足幼儿通过直接感受、实际操作和亲身体验获取经验的需要。教师通过引导幼儿自主思考场地与材料等相关问题，激发幼儿主动探索的积极性。在这个过程中，幼儿能够运用自身已有的经验和认知去分析、尝试，不断试错并寻找解决方案。教师的"不干预"实则是一种更高层次的引导策略，这有助于培养幼儿独立思考、解决问题的能力，以及创新思维和动手能力，还为幼儿的全面发展奠定基础，让幼儿在自由探索中积累经验、提升自我。

初次打造晒秋架

材料准备齐全后，孩子们迫不及待地开始了搭建工作。可是，架子该怎么搭呢？这个问题就像一只"拦路虎"，拦住了孩子们前进的脚步。

珞珞说："架子两边是像叉叉一样的形状，我们先搭两边的支架。"

小林也点头表示赞同："嗯，是的，我们来搭支架。"

说干就干，孩子们开始着手搭建支架。看似简单的事情，做起来却困难重重。想要把两根棍子捆起来可不是一件容易的事，太细的绳子捆不住，太粗的绳子又太硬。孩子们经过反复尝试，终于找到了粗细适中的绳子，然后开始系绳子。绳子缠绕上去还算比较顺利，没有耗费太多的精力，可是打结固定却又成了一个大难题。孩子们的小手无论怎么努力，打出来的结始终是松松散散的。平时那些打结很厉害的女孩子也都纷纷上阵尝试，结果还是不行。最后，孩子们无奈地求助了老师，在老师的帮助下，终于打好了结实的结。看着搭好的支架，孩子们开心极了。

臻臻说："我们快试试吧，先把这两个支架立起来，再放一根棍子在上面应该就可以。"

于是，孩子们开始立支架，放棍子。然而，新的问题又出现了，虽然棍子能放上去，可是两边的支架支撑不住，轻轻一碰就会倒。

小亦疑惑地问："这是怎么回事呀，为什么两边的架子'站'不稳呢？"

小墨想了想说："我们在下面多加几根棍子试试，把下面弄个方形应该就稳了。"

于是，孩子们再次行动起来，你扶架子，我拿材料，他捆绳子，有了第一次捆绳子的经验，不一会儿，下面的方形就绑好了。架子做好啦！孩子们围着架子高兴地跳来跳去。

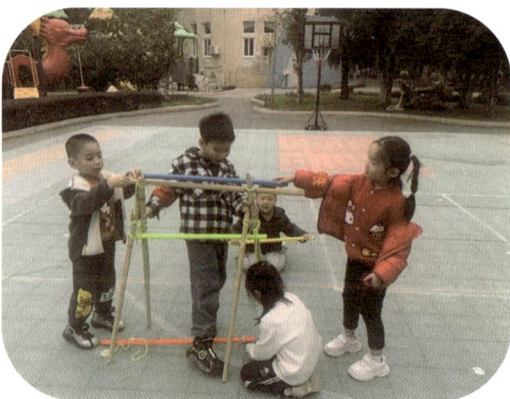

晒秋架做好了

孩子们开心地去拿来白菜挂到架子上，不过架子不太长、也不太高，只能晾一部分白菜，放学后孩子们还特意从架子旁路过，看上面的白菜有没有掉落。看到白菜好好地晾在架子上，孩子们都放心地回家去了。

教师的话

《3-6岁儿童学习与发展指南》提出:帮助幼儿逐步养成积极主动、认真专注、不怕困难、敢于探究和尝试、乐于想象和创造等良好学习品质。在尝试搭建晒秋架的过程中,幼儿遇到了棍子立不稳,绳子捆不紧等问题,教师鼓励幼儿大胆尝试不放弃。教师深知在幼儿教育中,挫折与问题是成长的重要契机。通过在一旁观察并适时引导,让幼儿自主探索解决途径。幼儿在不断摸索中,尝试运用不同粗细的绳子以及采取分工合作等多样的方法。这一过程不仅锻炼了幼儿的动手操作能力,更培养了他们解决问题的思维以及团队协作意识。教师鼓励式的教育策略,为幼儿营造了积极的探索环境,助力幼儿逐步克服困难,实现自我成长与突破,同时也充分践行了《指南》精神,促进幼儿身心健康、全面且富有个性的发展。

晒秋架倒了

第二天,当孩子们回到学校时发现,晒秋架倒了,白菜也掉在了地上。这是怎么回事呢?

骁骁看看周围发现有纸也吹到了地上,说道:"是被风吹倒的吧!"

思思奇怪地问:"昨天下午都没有倒,为什么过了一夜就倒了呢?"

老师领着孩子们把架子拿回教室,发现棍子上的绳子松开了。

老师和孩子们一起提出了疑问:"为什么我们搭建的架子会倒呢?什么样的架子才不会倒呢?"围绕这两个问题,孩子们七嘴八舌地展开了讨论。

羲羲说:"我觉得是因为这个棍子太滑了,所以即使捆在一起,棍子还是会滑来滑去。"

伊伊说:"我觉得是因为绳子捆不紧,打结的地方也是松的。"

言言说:"我觉得是因为棍子太短了。"

孩子们你一言我一语地讨论着,老师则在一旁仔细地聆听,并和孩子们一起梳理出了问题:

(1)棍子太滑

(2)绳子捆不紧

(3)棍子太短

(4)方形不稳固

经过反思和商议,孩子们决定重新搭建晒秋架。上次搭建的晒秋架不稳固而且有些短,这次一定要搭建一个又长又牢固的晒秋架。可是这样的晒秋架要怎么搭建呢?有了上次的经历,教师引导孩子们先计划好再开始搭建。

教师的话

在"晒秋架搭建活动"中,教师虽早已察觉诸如"棍子光滑、结构不稳定"等问题,但并未直接告知幼儿答案与解决方法。教师深知直接告知答案不利于幼儿自主学习能力的培养。

教师在等待成熟的时机,当发现晒秋架倒了时,借此契机让幼儿自主去发现问题,引发更深的思考。通过这样的方式,让幼儿在实践与探索中,逐步提升解决问题的能力,真正践行教师作为支持者与引导者的角色,为幼儿创造自主探索、积极思考的学习空间。

再次打造晒秋架

阶段1:明确目标、资料搜集

首先,明确目标:搭建一个又长又牢固可移动的晒秋架。

然后,搜集资料和实地考察。老师带着孩子们在网上搜集了一些关于搭建架子的图例,明确了搭建结构、搭建方法及搭建材料。接着,又带着孩子们到幼儿园去实地观察已经搭建好的架子。

最后,将在网上搜集到的资料和实地考察到的情况进行分析和总结,发现搭建架子有很多种方法,不过好多都是需要固定在地上的,但我们需要的是一个可移动的架子,所以把木棍固定在地上的方法不适用。

考察小木亭支架

考察路标架

考察篮球架

阶段2：造型设计、实验探究

紧接着，孩子们需要通过设计和实验来找到最合适的结构。结合各种资料及自己的构想，孩子们开始设计自己心中觉得最理想的可移动晾晒架。为了实验出稳定、易应用的结构，同时也为了验证之前发现的问题，老师给孩子们提供了用于实验的材料：光滑的木棍、粗糙的木棍、小竹条、粗细不同的绳子、扎带、毛根等。拿到材料后，孩子们开始了各自的尝试，T形架子、三角形架子、方形架子等等。

晒秋架设计图

阶段3：材料、结构新发现

在操作的过程中，孩子们有了一些新的发现。他们发现粗糙的木棍比光滑的木棍更容易固定，因为光滑的木棍总是滑来滑去，很不好控制。三角形的架子是最稳固的，不像方形的架子会摇来摇去。最后，大家决定寻找粗糙的棍子、做三角形的架子，三角形架子上面横着放一根棍子，这样既稳固又方便移动，需要收起来的时候只要把棍子和三角形架子分开就可以了。

阶段4：分工协作、高效搭建

设计图画好了，小试验也做了，接下来就要正式开始搭架子了。首先，我们得去寻找更适合搭建大晒秋架的棍子。

但在寻找材料的过程中又出现了新的问题。孩子们找遍了幼儿园，发现没有合适的粗糙棍子，可以用的粗糙的棍子都太短了。

在路过趣野吧时，小麒突然说："我们可以用竹子呀，我实验做的架子就是用小竹条做的，也可以捆起来，因为上面有疙瘩。"

伊伊说："这是一个不错的想法，但是竹子这么高，而且长在土里，我们可以用吗？"

"我们可以去问园长妈妈呀，园长妈妈同意我们就可以用啦！"羲羲大声地说。

"对呀，对呀，我们去问园长妈妈吧。我们还可以找保安叔叔帮我们砍竹子，上次我看到保安叔叔砍树枝了"孩子们七嘴八舌地说。

于是，经过园长妈妈的同意后，保安叔叔帮孩子们砍了好几根竹子，并帮忙砍成了合适的长度。

材料找齐之后，孩子们便开始准备第二次尝试了。有了前期经验，这一次孩子们信心满满。为了避免出现第一次搭建时七手八脚的情况，搭建前孩子们进行了分组，6个人一个小组，每个小组负责搭建一个三脚架，共搭建四个三脚架。剩下的小朋友负责最后的组装。

选好小组长后，孩子们根据情况自行分配各自的任务，材料准备员、打结员、支撑员、指挥等。任务分配之后，孩子们便热火朝天地干了起来，你拿扎带，我递剪刀，你扶架子，我调整距离。终于，四个三脚架都搭建好了。

扶竹竿

接下来就轮到负责组装的小朋友上场了，要把最后的棍子放上去可不容易，小朋友们费了九牛二虎之力，又是踮脚又是搬凳子来增高，终于把棍子都放上去了，晒秋架搭好啦！

放横杆

不过,有些似乎太长了,于是组装组的孩子们把最后一个三脚架捆了几根绳子变成了可以放筛子的架子,这样玉米粒也有地方晾晒了。

晒玉米粒的架子

只搭好架子可不行,赶快把白菜和玉米粒拿来晒上,看看我们的架子好不好用,于是孩子们兴高采烈地去搬来玉米和白菜放到架子上晒起来。看着在阳光下晾晒的白菜和玉米,孩子们的脸上都露出了满足的笑容。

教师的话

为了寻找更适合的搭建材料和结构,教师采取积极引导的策略,带领幼儿去探索生活中的各类架子,引导幼儿观察架子的结构特点以及固定方式。同时,通过开展小实验的方式,让幼儿再次深入探究相关结构与材料特性。这种"做中学"的方式,强调了实践的重要性。通过让幼儿在亲身体验、动手操作的过程中,自主发现问题、分析问题并尝试解决问题,从而有效习得新知识与技能,逐步培养起独立思考与解决问题的能力,实现全面发展,这也是教师践行科学教育理念、履行自身职责的重要体现。

总结反思，复盘成长

回到教室后，孩子们展开了第三次讨论。

问题1：第一次搭建的晒秋架为什么会倒？

嘉嘉说："因为第一次搭建的棍子太滑了。"

珞珞说："因为第一次搭建没有搭三角形，不稳固。"

问题2：第二次搭建为什么成功了？

骁骁说："因为第二次搭建用的三角形架子很稳。"

念念说："因为第二次搭建我们提前做了实验。"

小林说："因为用的竹子上面有疙瘩，容易固定。"

问题3：为什么第二次搭建比第一次搭建快很多，还不混乱呢？

伊伊说："因为我们提前计划好了，还分了组。"

羲羲说："我们分配了任务，所以不会混乱。"

问题4：如果下一次我们要搭建一个楼梯我们该怎么做呢？

小羽说："我们要做计划。"

言言说："我们要画设计图。"

思思说："我们要搜集资料。"

小墨说："我们要做实验。"

我们在面临任务时，应先明确目标。接着进行资料收集以深入了解任务目标相关信息。随后开展设计工作，如有可能先进行小试验之后正式实施行动，还要注重分工协作。最后进行反思总结。这样就能高效完成任务。

我们的晒秋架搭建成功了，我们不仅学会了如何搭建晒秋架，我们还学会了一种高效的完成目标的方法。我想这也是孩子们最大的收获吧！

活动反思

陶行知先生提出的"做中学，学中做"理念深刻揭示了学习与实践相辅相成的关系。本次活动充分体现了"做中学、用中学和创中学"的课程理念，注重对幼儿在真实情境中解决实际问题的能力培养。我们坚持幼儿园课程应扎根于幼儿生活，帮助幼儿提升生活能力，收获成长。

相信幼儿是有能力的主动学习者

晒秋架的搭建成功是直观可见的成果。在整个课程学习过程中，教师始终坚信"幼儿是有能力的主动学习者"。当幼儿在搭建过程中遇到结构不稳、材料不合适、固定方式不合理等问题时，教师并未直接给出答案，而是适时地组织幼儿讨论，自由地表达自己的想法。所有的答案由幼儿自己去寻找,从而自主建构关于搭建活动的新经验。"搭建晒秋架"是真实情境中的实际问题,幼儿在实践解决这一问题的过程中,不仅使科学探究能力得到提升,也让工程实践能力和自主学习能力得到了提升。幼儿的学习是新旧经验不断重组的过程,也是一个积极主动的建构过程。幼儿发现问题、敢于尝试、大胆创新的学习品质也得到了培养。

基于观察,提供支架,有效互动

一个课程的发生与发展,具有许多不确定性,其过程充满了大量不期而遇的偶然性。在活动中,教师强调弹性计划,根据活动的实际情况,不断调整计划。当"晒秋架倒了",教师组织幼儿讨论原因,思考改进的方法,重视幼儿的主动探索和自由表达。当"晒秋架终于成功了",教师组织幼儿复盘反思,帮组幼儿总结搭建经验,并内化为自己的新经验,为下一次的搭建活动做好准备。课程从"有剧本的演出"转变为"即兴表演";教师从关注幼儿的兴趣到关注幼儿的思维。在课程实施过程中,教师的任务是抓住时机,引导幼儿正确思维,并在必要时提供帮助。教师需要不断地追随幼儿,依据对幼儿的观察,通过材料提供、分组讨论、搜索资料等帮助幼儿梳理经验,引导幼儿发现学习、自由表达和创造性地解决问题,以促进幼儿深度学习。以问题为中心,基于幼儿的兴趣、需要,以任务达成为目标,采取小组合作的形式,引导幼儿不断地发现问题、分析问题、解决问题,以完成任务的活动。

此案例由吴珺珺、冉江雪、何婉月提供

故事4

修路架桥里的修炼
——"小龙人"车队升级记

幼儿园樟树林的林荫道模拟修建了一个真实公路交通场景,双向两车道,路面有醒目的人行道和箭头标志。这是"小龙人"车队游戏项目的活动场地,孩子们的活动就是选择单人三轮车、多人三轮车、滑板车、平衡车在"公路"上骑行。刚开始那段时期孩子们尝试驾驭各种车型,讨论哪种车最好骑、怎样骑行最安全顺畅……但随着骑车水平的提高和规则的内化,平面道路骑行已没有任何挑战,孩子们的游戏激情消退,时常远望其他游戏区的活动。车队游戏就止步于此了吗?是时候给游戏区注入新的活力了。游戏升级该如何着手?还得听听孩子们的声音。

曾经的"小龙人"车队

设计理想的"小龙人"车队

孩子们心中理想的"小龙人"车队是什么样的呢？可以玩哪些游戏呢？孩子们议论纷纷。

嘉嘉说："需要一座桥！"

文文说："需要一个隧道！"

阳阳说："需要路面凹凸不平，这样才刺激。"

迪迪说："需要停车标志和更多的交通标志。"

"需要一个斜坡""需要一个垃圾桶""需要防护栏"……

每一个孩子都尽情地描述着自己梦想中的"小龙人"车队游戏场。老师和孩子们一起梳理制订了一份"小龙人"车队的改进计划。具体包括搭隧道、修一座桥、道路凹凸不平、增加一段斜坡、道路辅助设施、增加交通标志6个项目。

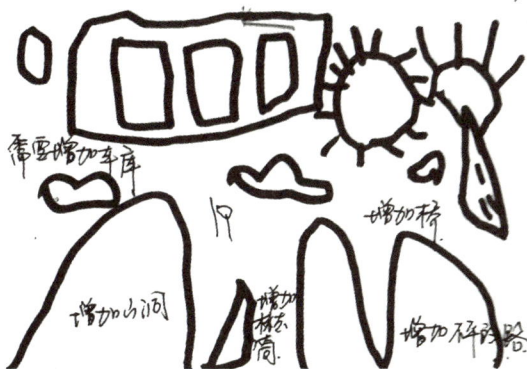

需要一座桥和不平的路

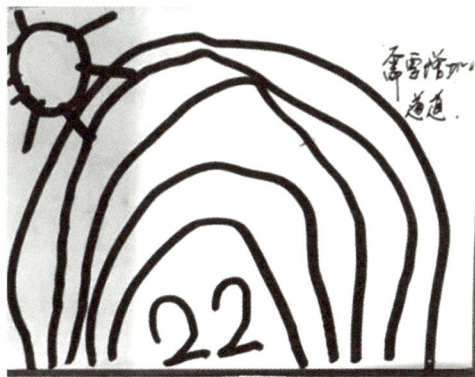

需要增加的隧道

增加斜坡、提升路面的难度这些都需要改变幼儿园原有的基础设施，这可怎么办呢？

阳阳说："告诉园长妈妈！"

小名说："园长妈妈会去找工人叔叔用水泥、沙子这些材料来做！"

孩子们对于落实自己的愿望一致地表达出向园长妈妈求助。可是同时也分析出这样做的弊端：

小恒说："会等很长时间。"

韵韵说："会挡住送食材的汽车。"

乐乐说："会挡住保育老师取餐的推车。"

……

孩子们最终还是决定通过自己的努力来实现"小龙人"车队的升级愿望。在老师的激励下，孩子们根据6个项目分成了6个任务小组，分组商定绘制本组项目的升级设计图。小组的分项设计图最后统整成了一张完整的"小龙人"车队升级规划图。

"小龙人"车队升级规划图

项目计划书

教师的话

在制订活动计划的环节中,孩子们拥有充分的决策权和自由度。在没有成人干预的情境中,能主动找到自己在活动中的位置,表现出极大的专注度、参与度和愉悦度。并能在教师的支持与鼓励下,呈现出思辨、动手、沟通、协作、领导力等不同方面的发展水平,使教育真正发挥出未来生活的演练价值和促进儿童社会化的途径价值。

一波三折建隧道

有了明确的计划,接下来就是实施了,孩子们决定从搭隧道开始。

问题1：用什么材料搭隧道？

有的孩子提出需要用水泥和沙子,大多数孩子提到用积木。老师不置可否,让大家自行到幼儿园各处搜寻适合的材料来试试。孩子们雀跃而出,可真正迈出教室那一刻又表现得谨慎和从众。在几个胆大的孩子带领下自然地兵分两路,一路直奔建构室,那里有许多砖头大小和形状各异的积木,孩子们曾在老师的带领下去玩过。孩子们通过双手拿、抱、袋子装等方式取回许多砖头大小的积木,只有萌萌拿回了一根长棍。另一路孩子沿着教室上面一层楼跑了一圈空手而回,后也效仿第一路人马跑到建构室取回许多砖形积木。

问题2：隧道垮了怎么办？

随即实施搭建隧道工程。孩子们三下五除二地搭好了隧道,兴奋地向老师报告:"隧道建成啦!"细看过去,原来孩子们的"隧道工程"仅仅是把积木叠高成两摞,再把一块积木横放在上面的"隧道模型"。老师并没有直接评价孩子们搭的隧道,只是用同样兴奋期待的语气说"好呀,我们来试试通车吧!"然而,当他们骑上三轮车通过时,隧道纷纷"垮塌",太矮、太窄的"隧道"根本无法容纳小车通过。

垮塌的"隧道"

只有萌萌和文文找到了办法,因为萌萌找到的长棍架起来有足够宽的距离,经过反复调整高度后,勉强可以骑车通过。看到这一幕,原本因失败而沮丧的孩子们顿时爆发出一阵欢呼:"萌萌和文文成功啦!"

珍贵的成功

经历第一次"隧道工程"的失败和珍贵的成功后,孩子们对"搭建一座可以骑车通过的隧道"有了直观和准确的经验。在反思中大家积累了宝贵的经验:

度度说:"隧道的宽度至少要比三轮车宽。"

小硒说:"高度一定要超过骑车的小朋友的头顶。"

烁烁说:"要选更大、更长的材料才更合适。"

重建隧道时,孩子们表现得从容,他们在樟树林四周搜索,齐心协力搬来了竹爬架、竹楼梯、轮胎等,用楼梯与竹爬架组合,楼梯与轮胎组合搭建了两个隧道,还找来了闲置的泡沫垫和地毯放在隧道顶,让隧道看起来更真实。在此期间,孩子们根据道路的宽窄和双向行车的规则调整隧道的宽度;发现了小伙伴身高有差异,最终把隧道调至大家都能顺利通过的适宜高度;尝试了费尽力气把笨重的爬架、楼梯、轮胎来回上下搬动,以成功建好一座理想的隧道。

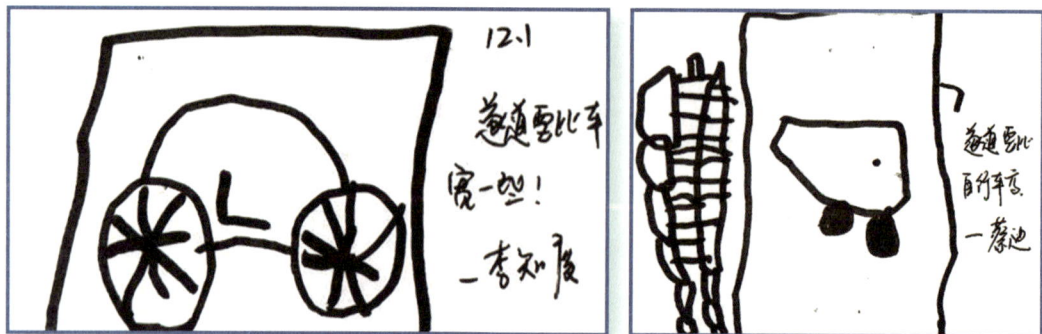

隧道调整图

隧道骑行欢乐多

教师的话

在隧道搭建的尝试中,老师要做的是引导孩子们梳理确立自己的任务目标,同时不断摇旗呐喊,鼓励他们坚持不懈地向目标迈进。老师接纳孩子们的试错过程,给予他们心理上足够的安全感,在其遇到困难时,通过导向型问答、对话助其总结反思;在其探究陷入瓶颈或发现自己知识技能不足时适时,提供智力支持。比如,在"隧道工程"后孩子们发现通过目测的方式测量的距离和高矮并不准确,教师顺势组织了自然测量的活动;在出现骑车不能上桥的问题时,教师引导孩子们现场考察如何利用斜坡解决两个平面高度差的做法等。

学习模糊测量

现场考察斜坡

全面升级"小龙人"车队

在后续"探索道路凹凸不平"和"增设交通辅助设施"两个计划实施中,孩子们更加得心应手,在前面的经验叠加下快速地收集到悬浮地板、废纸板、泡沫板、积木块、楼梯等材料,学会按需选材,并开放性使用材料,是一种打破固定思维限制的创新方式,制造了"乐趣多多的不平道路"。

孩子们还根据观察调研,结合计划预设和现场考察,制作了多种交通指示标志、警示标志和禁止标志等,并考虑到纸质标志在雨雾天气易湿烂的情况,能采用宽胶带包裹的方式解决问题。在面对问题时,孩子们思虑愈加周全,试错的次数越来越少。

在分项完成所有项目的探究后,终于迎来了按照之前设计的图纸全面施工的时刻。大家按照最初制订的计划表分工组队,在前期共同探究的基础上,快速而全面完成了"小龙人"车队场地升级改造,经自己的双手实现了自己的梦想。带着无比的喜悦、激情和自豪感,孩子们骑行在新的场地中,快乐加倍!

教师的话

在自己动手完成"小龙人"车队游戏场地的升级过程中,孩子们不断遇到各种突发性问题,他们不断尝试,不断试错,也不断被成功惊喜。萌萌无意中取到的长棍,解决了搭隧道时跨度不够的问题,而这意外的成功,使得孩子们从沮丧中重燃斗志,进而找到解决问题的关键。在遇到远距离搬运物品的困难中,既有芸芸、伊伊、嘉嘉等远距离安全搬运长重木梯的成功案例,也有文文、乐乐等搬运大块轻便泡沫垫时的争执,这些事件最终引发了对有效合作的集体探讨,提高了大家的合作技巧和沟通协作能力。

搬泡沫垫的风波

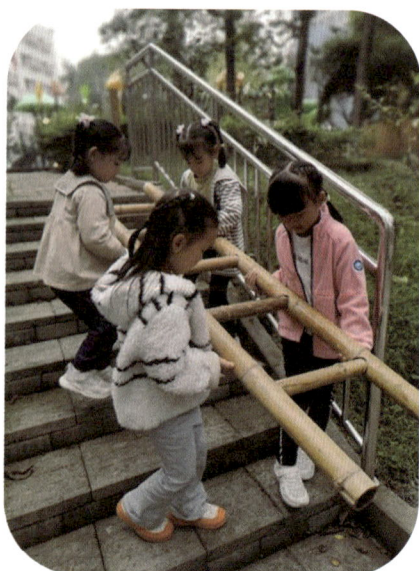

木梯搬运中的协作

传动成长的力量

"小龙人"车队升级计划虽因游戏改进而生，但其过程本身就是由孩子们主导的一场游戏。他们制订计划、找寻材料、搬运材料、尝试搭建、改进试车等，在游戏中找到自己的位置，专注且自豪于自己在团队中的作用，如同一台精密机械上一个个不停运转的齿轮，相互带动，把成长的力量传动起来。

问题1：灵灵很难投入"工作"怎么办？

灵灵感统不太协调，也不太能主动与小伙伴沟通和互动。在隧道工程实施时，总是游离在小伙伴的游戏之外。

阳阳："可以给她安排一个固定的任务。"

晨晨："老师，你负责提醒她。"

小禾："我可以带着她一起工作，她当我的助手，她平时就愿意跟着我玩。"

于是全班年纪和个头最小的小禾担负起带动灵灵的责任。试车时，我看见小禾的小车后座上带着灵灵；搬运材料时听到"灵灵，你抬这头，我搬那头""好的"；骑车上陡坡时听到"灵灵，你下来推后面，我在前面拉""好的，我会做好的"……在全部项目完成，升级成功后的骑行活动中，灵灵也单独骑上一辆小车，加入到大家的车队中，经过费力地上桥、下桥后，听到她自豪地说："我能做得很棒！"

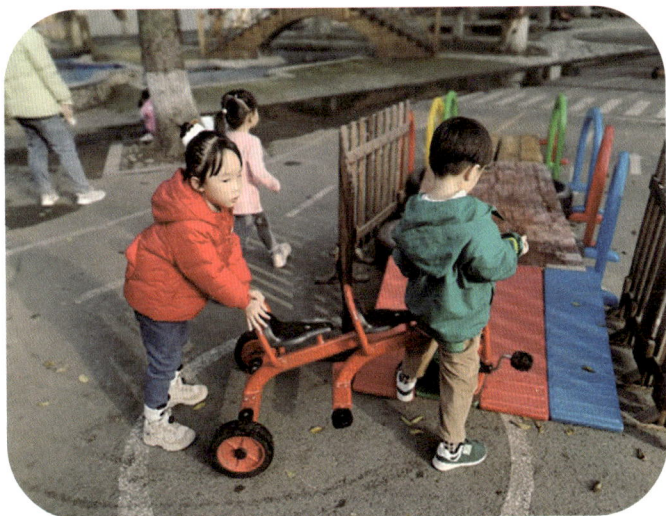

你推我拉

问题2：谁能把竹梯放在堆叠的轮胎上？

度度是班上的大哥哥，个子很高，但却是家里的小弟弟，在游戏中常常跟随小朋友，遇到困难依赖于向他人求助。在第一次建成隧道试车后，孩子们发现隧道过于低矮，通过时容易撞头,决定升高隧道。但叠高轮胎后,多次尝试,发现很难把又长又重的竹梯横架上去。

名名:"让度度试试,他个子最高,肯定可以成功。"

大家:"对呀,度度一定可以,他最高!"

度度:"我……可是它很重。"

源源:"我们一起抬起竹梯的一边,你把竹梯另一边举高放在轮胎上,然后再放我们这一边。"

终于,隧道成功升高,度度的高个子起到了决定性作用。孩子们围着度度欢呼,赞美!度度脸上洋溢着满满的成就感和自豪感。在后续项目中遇到困难时,总能听到度度主动承担的声音,看到度度主动承担的行为。家里的小弟弟慢慢长成班里的大哥哥了。

主动助人

问题3:你承担了什么工作?

在活动之初的隧道工程中,班级里年纪稍长、性格活跃外向的孩子常常占得先机,主导着游戏进程,而年纪小或趋于内敛的孩子往往处于协同或观望状态。但随着游戏的推进和经验的积累,在后续项目中,这一批孩子能够逐渐主动找到自己承担的工作,在遇到困难时也能大胆提出自己的看法,做出自己的尝试。

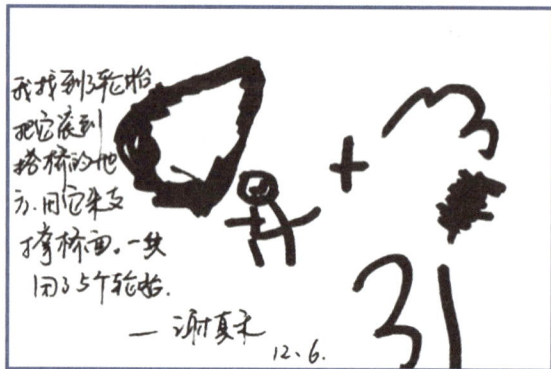

五个轮胎支撑桥面

搭桥的斜坡

用梯子来搭桥

教师的话

童年经历对人格形成和人生态度有深远影响,尤其是早期记忆和家庭环境,这些经历会塑造一个人的生活方式,并影响其未来的行为模式。对孩子而言,游戏既是未来生活的演练,也是其社会化的有效途径,他们尝试着在游戏中找到自己的位置,并能自然呈现出在诸如思考、动手、沟通交流、协作、领导力等方面各自不同的天分。为完成任务竭尽所能,追求自己的贡献和自己在集体中的价值,并在遇到困难时突破自身舒适区,使潜能得以激发;在意识到自身局限性后主动与同伴合作,实现自身的成长,同时也带动同伴的成长,如同工作中齿轮的转动、啮合与传动。

活动反思

"小龙人"车队升级计划既是孩子们根据自身需求在活动区持续进行的游戏活动,同时也是老师基于观察、分析,导向明确的探究式课程。更是在任务驱导下不断思考、试错,发现问题、解决问题,进而获得积累、迁移运用和内化经验,使儿童获得整体性发展的一场师幼共建的深度学习之旅。

对孩子而言,它是一场修炼

当孩子们建成的隧道在试车通行的过程中一个个垮塌失败,他们品尝着失败带来的沮丧,成功通行的"隧道"重新点燃孩子们希望,他们在失败与成功螺旋上升的反复体验中,修炼着面对挫折时保持乐观、自信、冷静、坚持不懈、自我认同的个性品质;在面对同一个问题能提出不同解决方案、在协商问题解决策略时能表达自己的主张,也能听取别人的意见,在搭建过程中能主动考虑长宽、高低、厚薄、承重、找平、安全防护等因素,孩子们在活动中持续修炼着主动学习、直面问题、大胆创新、勇于尝试、投入专注等良好的学习品质。

对教育者而言,它也是一场修炼

没有材料限定、没有空间局限、没有方法提示、没有样例模仿……活动过程中也没有老师对结果的判断,只有目标和任务的驱动,只有在实施过程中不断出现的问题和随之而来的讨论。对教师而言,在任务驱动下的自主活动中孩子们究竟作何表现,这同样也是一次试探和摸底。孩子们在活动过程中自然呈现出的状态,偶发的事故与纷争、成功的经验与收获等,都需要被老师敏锐地捕捉到,并适时地引导孩子们探讨质疑,而最终使个体经验得以推广为集体经验。教师在课程的实施中,修炼着对儿童世界的理解和共情;修炼着对教育契机的发现、洞悉和回应;修炼着赋予孩子们随机事件意义,发挥其教育价值,建构课程、推动学习的智慧。

我们唯愿这场"修路架桥"里的修炼让孩子们和教师在自己的人生和职业道路上各自修行完善……

此案例由何秋棠、蒲毅凡提供

故事5

萌娃的树龄解谜行动

幼儿园里有几棵高大的黄桷树,孩子们每天都会在树下漫步、玩耍。初秋的一天午后,孩子们突然发现操场一角那棵树叶子的颜色深浅不一。这是为什么呢? 孩子们开始讨论起来。

安安:"秋天到了,树叶就会变黄的。"

果果:"可是都到秋天了,它为什么还在长嫩绿的叶子呢? 真是奇怪。"

漫漫:"这是一棵什么树啊?"

孩子们都不认识这棵树。

教师的话

听着孩子们的讨论,老师发现他们对于生活环境中的树木关注较少,对于树的基本认知以及黄桷树的了解非常匮乏。正如教育家陈鹤琴所说,大自然、大社会都是活教材。何不顺势引导他们去了解,探究幼儿园里天天陪伴我们,为我们遮风挡雨,避阳防晒的黄桷树,从而走进大树,了解大树,亲近自然,爱护自然。黄桷树也是重庆的市树,随处可见,资源丰富,能为探究的发生提供更多的可能性。那孩子们的兴趣会在哪里呢? 老师们决定先带着孩子们寻找黄桷树,从他们的对话和思考中寻找课程生长点。

观察树根

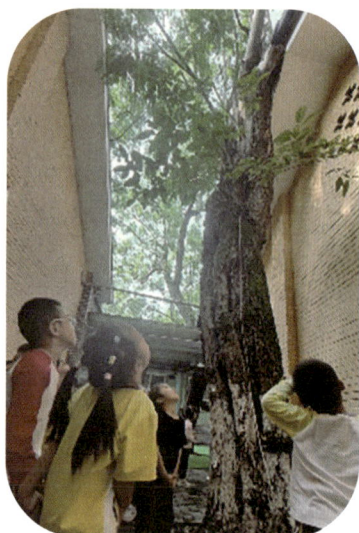

发现黄桷树

老师给孩子们介绍了这棵大树名叫黄桷树,是幼儿园的老朋友啦。并鼓励孩子们去找一找,幼儿园里还有没有这样的黄桷树。孩子们开始主动观察起树叶形状,树干粗细,树形等黄桷树的外部特征,一边找,一边对比着,讨论着:

秋斯:"这棵不是,它的叶子小小的。"

希希:"这棵也不是,它的树干那么细。"

小小:"看,这两棵都是,它们长得真高呀。"

孩子们围着粗壮、高大的黄桷树兴奋地讨论起来:

轩轩:"是不是可以通过'数数树叶有多少'的方式知道黄桷树几岁了。"

小杜:"数一数树干上的树皮裂纹就知道黄桷树几岁了。"

米多:"把树干砍下来,数一数它有多少圈年轮就知道它的年龄了。"

小宇:"什么是年轮?"

周知:"不能砍,这样树就死了。"

小钰:"那怎样才能知道树的年龄呢?"

孩子们一边热烈地讨论,一边仔细地寻找,长在小(5班)旁边蓝花楹树干上一棵小小黄桷树都被孩子们发现了。

月月:"看,蓝花楹树干上有一棵黄桷树!"

米多:"它为什么会长在蓝花楹树干上?它是怎么上去的呀?"

教师的话

听着孩子们的讨论,欣喜着孩子们的发现和疑问,老师没有急于给出答案,而是积极倾听、了解孩子们关于黄桷树的关切点,果然,孩子们的疑问让黄桷树的探究课程顿时鲜活起来,孩子们的每一个问题都可以拓展出一次探究之旅。例如:幼儿园的黄桷树多少岁了? 可以驱动孩子们通过不同方式去了解树的年龄;树龄是怎样呈现的? 会有哪些科学奥秘? 黄桷树为什么会长在别的树干上? 可以驱动孩子们了解植物的繁殖方式和生长规律;黄桷树的根是怎样吸收水分的? 可以驱动孩子们去了解植物的根的种类、作用;黄桷树又不是人,老师怎么说它是我们的朋友呢? 可以驱动孩子们去了解植物对人类的贡献。

对于这样的生成性课程,对孩子们抛出的问题的甄选直接关乎课程的价值和意义。有价值且适宜的驱动性问题才能有效推动孩子们主动学习,深度探究,实现有意义的学习。该从哪一个问题入手呢? 老师发现,关于树龄的问题是孩子们最关切的,争论最热烈的。关于树龄问题的解决方案是多元的,我们就从这个问题入手。来看看孩子们会怎样一步步去寻求答案呢?

解密树龄方法知多少

轩轩:"可能数一数树叶,就知道黄桷树几岁啦。"

汤圆:"这么多树叶,怎么数得清?"

然然:"我知道,把树砍掉后,可以数它的年轮,就是树干上一圈一圈的线,我以前数过。"

周知:"不行,那样黄桷树就死了。"

当孩子们为怎样才能知道黄桷树的年龄争论得不可开交时,老师适时进行了介入,给孩子们分享了几种关于树龄解密的科学方法,希望能给他们一些可行性支持。

孩子们了解到,要知道一棵树的树龄可以通过查文献、访谈的方法,还可以用仪器检测。

小小:"太好了,不用砍树了。"

琦琦:"哇,原来可以用这些方法知道一棵树到底多大了。"

松松:"我们先用哪一种方法合适呢?"

大家又讨论起来:

有的孩子想查文献;

秋斯:"我先去图书馆查一查有没有书上有记录。"

有的孩子对测量的仪器很感兴趣,觉得很神奇,想用扫描法;

然然:"我妈妈经常在京东买东西,我回去问问妈妈,网上有没有扫描仪卖。"

还有的孩子想到了家里现成的工具,想用工具来进行测量;

轩轩:"我家里有很长很长的尺子,我可以带来测量黄桷树的尺寸。"

老师鼓励孩子们回家试试自己想到的办法,看看谁能解决问题。

教师的话

孩子们对树龄解密的兴趣浓厚,对通过亲身体验获得答案的方法,特别是可操作的新奇的方法感兴趣,比如查文献和用仪器测量。但是孩子们对这些方法都没有直接运用的经验,到底哪些方法能成功? 哪些方法不适宜? 答案得靠孩子们自己通过实际行动去获得。这样不仅能保护孩子的探究欲,好奇心,更能让他们亲自获得关于测树龄的具体认知。从而提高解决问题的能力。孩子们的行动能成功吗?

大家的方法都行不通

几天后,孩子们带回自己的答案。

秋斯:"我妈妈说,幼儿园的图书馆或文件柜里可能才会有记录黄桷树年龄的文献,其他图书馆是查不到的。"

于是,孩子们去问了园长妈妈,园长妈妈表示幼儿园图书馆和文件柜里也没有这样的资料。

然然:"我妈妈说买不到扫描大树的仪器。"

因为这样的专业仪器确实不适宜自行购买,只有专业研究场所才有。

轩轩:"我看了我家的尺子,够不到黄桷树那么高。我爸爸说,我们也不会计算呀,我们还没有学那么多的数学知识。"

……

正当孩子们一筹莫展时,我们班晓禾的妈妈发来信息:他们研究团队有测树龄的生长锥,可以来试一试测黄桷树的树龄,因为老师每天会将孩子们关于黄桷树的探究活动在家长群给爸爸妈妈们同步分享,家长们非常支持孩子们的活动,晓禾的妈妈及时给予了支援。

教师的话

孩子们尝试了去沟通、去调查、去分析判断。发现困难重重,为了给孩子们的持续探究提供支持,教师也积极开展家园沟通,获得家长支持,寻找解决办法。当孩子们没有找到合适的方式后,晓禾妈妈的及时援助,推动了孩子们持续探究的热情。生长锥能让孩子们如愿以偿吗?

生长锥的遗憾

当孩子们听说晓禾的妈妈会带领她的研究团队,带着一个神秘的仪器来帮助我们检测黄桷树的年龄时,都兴奋不已,每天都期待着他们的到来。终于,在一个周四的上午,他们带着生长锥来到了幼儿园。

　　看着一根细细长长的管子，能测出黄桷树的年龄吗？孩子们好奇不已。晓禾妈妈和她的研究团队在西南大学资源环境学院工作，主要是做森林与气候的研究。他们给孩子们进行了科普。

　　首先，通过生长锥钻进树干里，钻取一条细细的树芯，然后带回实验室，在显微镜下放大观察，就可以数出树的年轮，了解树的年龄。他们正是通过这样的方法，在不伤害大树的情况下，取出树芯，观察年轮的疏密，颜色等，经过推测，研究当年的气候情况对环境的影响。如果年轮稀疏，表示当年的雨水充足，气候适宜，大树生长迅速；如果年轮呈现褐色，可能当年发生过山火；如果年轮紧密，说明当年的气候干旱，导致大树生长缓慢。

　　孩子们听后对晓禾妈妈和哥哥姐姐们佩服不已，急着要一看生长锥的魔力。

　　可是，当大家兴冲冲来到幼儿园的黄桷树下后，孩子们并没有如愿以偿。这是为什么呢？

　　原因是我们的黄桷树树干太粗了，而且树干不是呈规则直立生长的，而是倾斜，凹凸，多叉枝生长的。生长锥没办法成功钻进去取树芯。这可急坏了孩子们。看着孩子们失望的眼神，晓禾妈妈请孩子们去找一棵树干直立，规则的树来一展生长锥的"魔力"。于是孩子们找到了一棵松树，仔仔细细观看了生长锥是怎么钻进树干，又是怎么取树芯的，还去到了实验室，通过显微镜观察了松树的年轮，知道了松树的年龄。

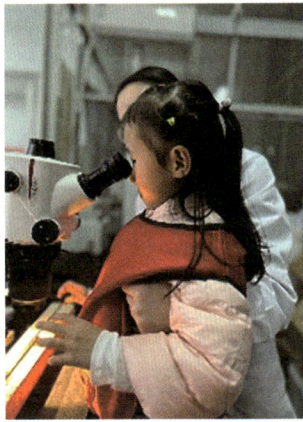

测树龄　　　　　　　　　　　　　　实验室做观察

　　由于没有测到黄桷树的树龄，孩子们又对"为什么有些树的树干能直立生长，粗细均匀，有的树能不直立生长，树干奇形怪状呢？"的问题困惑不已，为此，我们开展了针叶树和阔叶树的科学活动，知道了树干各有不同的原因。孩子们发现，大树的秘密可真不少呢！

　　幼儿园花园的一角躺着几根枯木桩，被孩子们发现后，请正好来幼儿园工作的木工叔叔将它们切开，兴致勃勃地搬回了教室，天天打磨，观察它的年轮，研究它的树龄。

观察年轮

教师的话

这一段探究活动让孩子们有着对科学检测树龄一探究竟的期待；有对黄桷树不适宜生长锥检测的失望；还有对不同种类树的了解，树的年轮竟然和环境有关系的意外收获。通过本次活动，孩子们开始对大树、对自然产生了兴趣，各种探究、学习自然而然地发生着。可是，我们的问题仍然等待解决，还剩最后一种被孩子们忽略的访谈法没有尝试了。看似简单的访谈法，其实也蕴含着很多的学习体验，最后的尝试，孩子们能成功吗？

一波三折的访谈行动

既然生长锥没办法检测黄桷树的年龄，那接下来该怎么办呢？于是，老师带着孩子们回顾了之前找到的几种关于研究树龄的方法。最后，大家决定再试试"访谈法"。

孩子们从来没有进行过访谈，该怎么访谈呢？怎样做一名受欢迎的访谈者呢？

访谈流程

学习做一名访谈者

为了能成为一名合格的访谈者，孩子们认真学习了各种访谈方法，练习了各种访谈礼仪，现在已经信心满满啦！

首先,孩子们来到了园长妈妈的办公室,访谈了园长妈妈,园长妈妈告诉孩子们她不知道黄桷树几岁了。孩子们还访谈了保安叔叔、清洁阿姨、其他班级的老师,他们也不知道黄桷树多少岁了,他们来幼儿园工作时黄桷树就已经长在这里了。这可怎么办呢?

侑宸:"看来,我们应该去问年纪更长一些的人。"

丹丹:"要问哪些人呢?"

一稔:"可以问曾经在幼儿园工作过的人。"

小小:"那他们在哪里呢?"

樱桃:"怎么才可以找到他们呢?"

孩子们再次来到园长妈妈那里打听,园长妈妈告诉孩子们,幼儿园退休老师的联系方式在冉老师那里。

因为冉老师在北区办公,孩子们认真地记下了冉老师的电话号码,准备打电话访谈冉老师。

孩子们最终通过幼儿园的工会主席冉老师,找到了从幼儿园退休多年的肖老师,听说她有可能知道这几棵黄桷树的树龄。

孩子们热情地邀请肖老师来到幼儿园为我们答疑解惑。

访谈退休老师

肖老师给孩子们讲述了当年幼儿园的样子,还讲述了当年种树的情形,孩子们听得津津有味。

原来,鹅卵石墙边的黄桷树是1960年种下的,于是,我和孩子们一起画了年历。孩子们派出班级数数最棒的小朋友来,数了又数。

"哇! 这棵黄桷树已经快64岁啦! 我们终于知道了答案。"孩子们齐声说道。

知雨:"我的奶奶60岁了,黄桷树比奶奶的年纪还大呢!"

找到答案

教师的话

树龄解密行动虽不太顺利,但教师始终鼓励和支持幼儿通过自主尝试、分析、调查等方式,积极探索和追寻答案。孩子们在这个过程中,积极地主动参与,建构经验,建立起了学习与实际生活的联系,孩子们的批判性思维和问题解决能力也得到很好的提升。

树龄解密之后

后来,孩子们和黄桷树以及它的"朋友们"还发生了很多有趣的故事,在一个一个的故事中,孩子们逐一解开了之前的各种疑问,收获满满。

孩子们进行了小实验,实地去观察发现树根是怎么吸水的。

知道黄桷树是重庆市的市树,它们有强大的根系和顽强的生命力,也很适应"山城"的地势,它们不仅是自然环境的象征,更是文化和精神的体现。

孩子们通过读绘本,查资料、学科普,了解了树宝宝的繁殖原来还可以通过风和小鸟的帮忙,难怪有一棵黄桷树会长在蓝花楹树干上,真是太神奇了。

孩子们通过阅读绘本明白了老师为什么说它是我们人类的朋友。

孩子们还发现了树干在冬季为什么需要刷白,是为了保护树木越冬以及防治病虫害。孩子们主动联系幼儿园的杨叔叔,提醒他及时帮助幼儿园的大树刷白,回家后还调查了解了小区的树木保护情况,有的孩子还和爸爸妈妈采取了实际行动,主动去帮小区的树涂石硫合剂(白灰),想要保护它们呢。

不断地发现,不断地探索,孩子们对黄桷树和它的"朋友们"兴趣越来越大,情感也越来越浓厚,孩子们希望幼儿园里再种一些"树朋友"。讨论起幼儿园里什么地方种"树朋友"最合适?

孩子们积极行动,申请、邀请、讨论,召开儿童会议,共同决议,为幼儿园种下了一棵新的"树朋友"——银杏树,秋天时,还会为幼儿园种下"桃树朋友"。因为植物学家建议桃树得在秋天落叶时种下，才能存活。这样一来，幼儿园里就有了"落叶树朋友"——银杏树，也有了会开花，会结果的"树朋友"——桃树，幼儿园的"树朋友"就更多了，我们在幼儿园的生活也会因此更有趣的。比如可以用银杏树叶进行好多有趣的创作；还可以边玩滑梯边看桃花，还可以吃到香香的桃子呢。很多孩子还在爸爸妈妈的支持下，在花园里、公园里、山坡上种下了自己的"树朋友"。

搬运银杏树

从一个个疑问到一次次解密，从一次次计划，到一次次行动，每一个发现都是孩子们主动探究的阶梯，每一次体验，都是孩子们成长的足迹。希望孩子们由此爱上探究、乐于发现、蓬勃生长。更希望孩子们通过对黄桷树的探究，爱上自然、尊重自然、守护自然。

活动反思

一个思考，一次驻足观察，一起寻找发现，一番讨论倾听，偶然与必然相融，引发了这场关于一棵树的自然探究之旅。这也是单元主题课程的一次创生实践之旅。

最适宜的课程在儿童生活的环境里

在2023年的初秋，教师本想参考用"多彩的秋天"这一主题，但对于幼儿园来说并不适用。在学习方式变革的当下，我们怎能继续生硬地照本宣科。那我们怎样让这个主题"在地化"和"班本化"呢？丰富的环境是探究性学习发生的前提。于是，我们将幼儿园里的黄桷树变成探究课程的切入点。去探究身边真实的秋天。不仅因为它时时在孩子们身边，可以直接感知，实地考察，亲身体验；还因为它的冬青物种特性和特别的根系，能激发孩子们关于树的各种好奇；加上资源环境学院专家们的科普引导，更有助于推动孩子们开展深度探究。

有生命力的课程在和儿童的对话里

教师对儿童兴趣到思维的研究是探究性课程建构质量的关键，在探究计划的制订中，与儿童的对话和倾听让教师找到了课程的一个个生长点,分析和选择孩子们提出的有价值的问题来驱动课程的开展,是对教师课程领导力和决策能力的一次锻炼;在课程推进中,当探究遇到困难时,教师也没有急于给出方法和答案,而是和儿童对话,让探究问题成为课程发展的动力。

依托资源,从观察到讨论,再到提出问题,形成方案,让探究不断循环推进,教师积极关注,分析孩子们的兴趣、思维,从研究一棵树到种下一棵树,孩子们在一次次亲身参与的行动里,在一个个真实问题的解决中,建构的不仅仅是关于大树,关于自然的知识;也是提出问题、分析问题、寻找方法、解决问题等一系列的有益经验的获得;更是一次探秘自然,关注环境,融入社会的丰富的情感体验。

单元课程的创生重构,方式变革,也可以实现有意义的学习。

此案例由甘秉春、廖丽莉、王秋燕提供

故事6

我们去插秧

活动缘起

在西南大学校园里,有一位老人的雕像:他怀里抱着一捆硕果累累的水稻,他和蔼的面容洋溢着丰收的喜悦。他就是中国杂交水稻之父——袁隆平。看着袁爷爷雕像前时常鲜花满地,孩子们很好奇,为什么大家都对袁爷爷充满思念与不舍呢? 老师告诉孩子们,因为他播下了一颗小小的种子。孩子们想要将这颗种子也播种在幼儿园里,看看小小的种子会长成什么。"幼儿园里能种水稻吗?""水稻怎么种?"于是,一场关于水稻、关于探究、关于生长的旅程开始了。

西南大学校内袁隆平雕像

袁隆平爷爷知多少

清明节后,孩子们来到幼儿园,珞珞和俊俊聊着假期的见闻。

珞珞:"昨天妈妈带我去给袁隆平爷爷的雕像献了花。"

俊俊:"我以前也去献过,爸爸说西南大学是袁隆平爷爷的母校。"

萌萌:"我妈妈告诉我袁隆平爷爷是种水稻的。"

珞珞:"妈妈说,袁爷爷研究的超级水稻可厉害了……"

很快,更多的孩子加入讨论。袁隆平爷爷到底是谁? 让我们一起去找找看。

为袁隆平雕像献花

在爸爸妈妈的帮助下,孩子们走进社区,去找袁爷爷的雕像,去看袁爷爷的展览,去听袁爷爷的故事。他们的身影活跃在图书馆、校史馆、文化广场等。我们为孩子们提供了绘本《一粒种子改变世界:袁隆平的故事》,孩子们也将自己的理解画下来,绘制成我们的"禾下乘凉梦"。

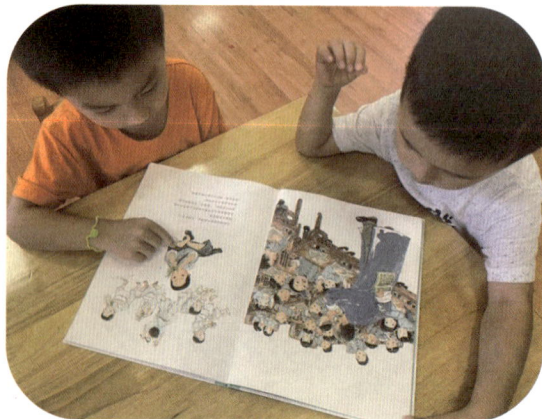

阅读绘本

教师的话：

陈鹤琴说，大自然、大社会都是活教材。在这个活教材里，孩子们能从中学到经验和知识。在探寻"袁隆平爷爷是谁？"的过程中，孩子们从被动接受课程的参与者转变为主动建构活动的探索者。借助社区丰富的资源，从书本到实物，从图片到讲解，主动构建起袁隆平爷爷和水稻的认知框架，孩子们不仅学会了知识，更重要的是，学会了如何在广阔的社会环境中自我驱动，主动探索。同时，通过家校社一体，孩子与社区之间建立起了深厚的情感链接。这种情感的共鸣，让孩子对社区、对自然、对科学都充满了敬畏和爱护。

幼儿园里的插秧行动

因为袁爷爷的故事，孩子们对水稻有了浓厚的兴趣，想将水稻种进幼儿园的想法更加迫切，于是，幼儿园里的插秧行动就此开启。

第二天，萌萌从妈妈的实验室里带来了水稻秧苗。孩子们围着水稻秧苗议论纷纷。

骁骁："这个秧苗长得像草一样，真的能结出大米吗？"

墨林："我们要挖个坑把秧苗埋起来，像种花一样。"

心心："水稻要种在水田里。"

在园长妈妈的帮助下，孩子们选址幼儿园小水田，开始了插秧行动。说干就干，孩子们穿上玩水的连体背带裤，迫不及待地下田插秧了。把秧苗放进软软的泥土里，手一放开，秧苗就倒下了。经过了一下午的劳动，小水田里的秧苗全都歪歪扭扭。

第一次插秧

问题1：为什么我们插的秧苗要倒下去？

问题2：为什么我们插的秧苗不整齐？

为了解决这些问题，我们请教了萌萌的妈妈——西南大学水稻研究所的专家。萌萌妈妈邀请我们去水稻研究所里寻找答案。

参观西南大学水稻研究所

孩子们学习插秧手法

　　在水稻研究所里,我们了解了水稻的生长环境,学习了插秧的手法,还发现了一个特别的插秧工具。回到幼儿园以后,经过集体回顾,孩子们的发现主要集中在:一是插秧的工具,二是插秧的手法。于是,孩子们自主分成两组,开始了各种尝试。

我们在水田里插秧

插秧使用的工具

工具组

阶段1 探寻做法

诺依:"我看到插秧的水田里有这个工具。"

彦希:"我觉得这个工具是用来帮助秧苗排整齐的。"

姿羽:"它两边是棍子,中间绑着一根绳子。"

墨林:"我也看到了,绳子中间还打着一个一个的小结。"

翔翔:"我们做两个,一个横着,一个竖着,这样秧苗横竖都能排整齐了。"

观察插秧

插秧工具

工具组的孩子讨论着插秧工具的用途和做法，并开始在幼儿园及家里进行小范围的材料收集，于是竹竿、木棍、绳子等一些常见的东西成了制作插秧工具的材料。

木棍、竹竿

各种绳子

阶段2 尝试制作

一切准备就绪，孩子们开始了第一次制作。一些孩子负责扶着两端的棍子，一些孩子负责在绳子上打结。

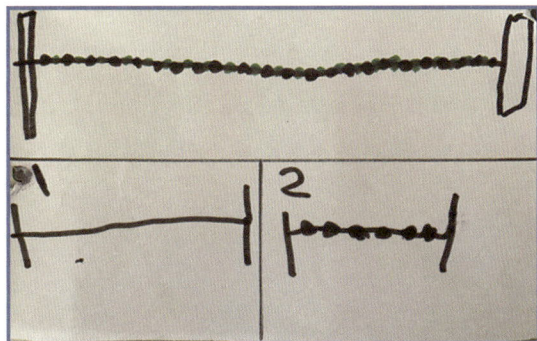

插秧工具制作图

制作插秧工具

在绳子上打结

阶段3 发现问题

当他们把插秧定位器插到小水田里,却发现有的绳子离水面太远,不便于秧苗定位;有的绳子绑得太长了,都掉进水里了;还有绳子上的绳结之间的距离不平均,有的近,有的远,这样插出来的秧苗也会排列不整齐。这可怎么办呢?

绳子离水面太远

绳子太长

绳结距离不平均

阶段4 改进优化

若涵:"把棍子插入泥土里,就知道泥土有多深了,然后把绳子绑在粘有泥土的棍子上方就合适了。"

宁泽:"绳子太长,可以把多余的绳子绕在棍子上,多绕几圈。"

楠馨:"老师说要用一样东西作为间隔距离标准,这样打的绳结间的距离就是相同的。"

思伊:"我可以用手掌来测量,隔一个手掌打一个结,这样就能打出相同间距的绳结了。"

| 定位泥土深度 | 卷起太长的绳子 | 以手掌为尺定位绳结 |

经过孩子们反复的试验与调整,我们的插秧工具终于制作成功了,孩子们给它取名为"插秧定位器"。

安装插秧定位器

教师的话

孩子们在探寻制作插秧定位器时,充分利用身边的资源,搜寻材料。当第一次制作插秧定位器出现问题时,孩子们共同讨论解决问题的方法,在反复试验和不断调整中,成功制作出了插秧定位器。在探寻过程中,孩子们积极动手动脑,互相合作解决问题,积累了一定的知识和经验。在活动中,他们既有对新工具的观察、分析,也有对插秧工具使用的探究,他们的合作交流频频发生,同时也体会到了成功的喜悦。

插秧组

插秧计划

插秧组的孩子根据在水稻研究所的实地学习与操作,商量并绘制了"插秧步骤图":1.放置插秧定位器;2.手把秧苗根部;3.用手指将秧苗根部按压进泥土里;4.调整秧苗距离排整齐。

插秧步骤图

插秧行动

孩子们带上插秧步骤图,在有插秧经验的保安叔叔的帮助下,开始在幼儿园小水田里插秧。他们手把秧苗,低首弓背,一簇一簇小心翼翼地插着秧苗,时不时地根据插秧定位器调整着秧苗的间距。很快,小水田就插满了秧苗。

小水田里插秧

教师的话

在这次水稻研究所的探索之旅中，孩子们走出幼儿园，踏入社区，家校社一体。家长主动参与幼儿的学习历程，社区水稻专家分享水稻知识，孩子们能够在一个真实的、丰富的学习环境里学习。通过实地考察、直接感知、亲身体验与动手操作等，孩子们近距离观察水稻的生长，对水稻的种植方法与生长过程有了直观而深刻的理解。正如蒙台梭利所言，我听过了，我就忘了；我看见了，我就记得了；我做过了，我就理解了。孩子们亲手将秧苗插到幼儿园的小水田里，不仅体验到了劳动带来的成就感与愉悦感，同时也体会到了劳动的辛苦，从而对劳动者的付出，以及劳动本身，都油然而生一种敬重感。

秧苗有多高

幼儿园的秧苗在孩子们的照顾下，慢慢地长高了，每一天都有新变化。在一次午后散步时，孩子们惊喜地发现秧苗长高了。

旭旭："秧苗长高了，快长到我的肚子这儿了。"

心心："不对，秧苗才到我的膝盖呢。"

教师："那秧苗到底有多高，是到膝盖还是到肚子呢？"

心心："我们可以量一量，就用班里的小木棍。"

观察秧苗

孩子们在争论中，想到用不同的测量方法，搭配不同工具，探究秧苗的高度，为了了解秧苗的生长趋势，他们还从班级资源区找来木棍、树枝、竹竿等插到秧苗旁。并尝试用画记号、点刻度、绑绳子等方法记录。

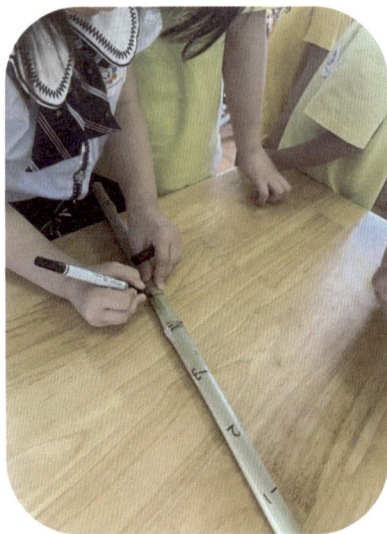

画记号、点刻度

经过讨论,大家决定测量自己觉得最高的那棵秧苗。孩子们来到小水田,把画有刻度的小木棍插到秧苗旁边,然后用笔认真地记录下它的高度。等到了下一周,孩子们发现秧苗已经超出了小木棍的高度。

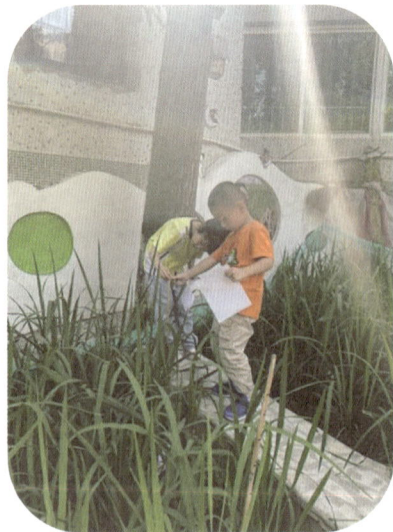

稻田边测量、记录

教师的话

秧苗长高对幼儿来说是一个抽象的概念,如何对秧苗的高度进行表征,用可视化的方法让幼儿直接理解秧苗在长高?在这个过程中,教师适时组织了自然测量活动,幼儿通过目测、辅助物介入等方式进行水稻秧苗生长的参照与记录。充分发挥师幼、幼幼之间的交流分享效能,互相支持,探索测量秧苗的方法。

防鸟护稻大作战

时间见证着秧苗的成长,在孩子们的辛勤灌溉下,小水田一片郁郁葱葱,大片秧苗已抽穗。一天,孩子们看见几只麻雀停在小水田边,正啄食着稻穗。孩子们顿时紧张起来,心想:"这样下去,小鸟会把我们辛苦种下的稻穗都吃光的!"于是,孩子们立刻行动起来,开启了"防鸟护稻大作战"。

稻草人组

经过商量,一部分孩子决定做一个稻草人来吓走小鸟。用画笔画,用黏土造型……虽然制作方式各有不同,但是通过多次模拟制作,孩子们对稻草人制作更有把握了。

稻草人

制作黏土稻草人

孩子们齐心协力,先用木棍搭建稻草人的支架,然后在老师的帮助下将稻草绑在木棍上。在给稻草人穿衣服的过程中,孩子们发现套头的衣服怎么也穿不上去,于是,孩子们用剪刀将衣服从中间剪开,找来纱巾围合……经过一次次调整,"稻草人小卫士"终于诞生了,最后还不忘让老师给稻草人扎两个"小辫子"。

扎制稻草人

装饰稻草人

防鸟网组

虽然有了稻草人守护小水田,可经过几天的蹲点观察,孩子们发现有的小鸟好像并不怕稻草人:"小鸟不怕稻草人可怎么办。"

水稻研究所的张老师告诉我们在水稻研究所是用一张大网来防鸟的。孩子们这才回忆起,我们在参观水稻研究所时的确见到了那张大网。于是,我们决定为小水田也铺设一张防鸟网。孩子们量尺寸、做记录,最后在老师的帮助下选购到了心仪的防鸟网。

测量稻田

在一个天气不错的下午,我们开始为小水田铺设防鸟网。孩子们先找来木棍作为防鸟网的支撑,再齐心协力将巨大的网子盖在支架上。这样,就算是在暑假,也不担心小鸟来搞破坏了。

铺设防鸟网

教师的话

水稻秧苗的生长是一个漫长且奇妙的过程。当孩子们发现小鸟来吃稻穗时,能根据生活经验与已有知识使用不同的方法来尝试解决问题。正如《3~6岁儿童学习与发展指南》中提到的:幼儿的发展是一个持续、渐进的过程。活动中,孩子们面对"防鸟护稻"的任务,表现出了极大的兴趣和不同的创意。这些不同的防鸟方式,正是孩子们主动思考、积极创新的体现,证明他们具备解决问题的能力和无限的想象力。皮亚杰说认为,儿童的智慧源于操作。孩子们亲手制作稻草人、搭建防鸟网,他们的每一次尝试、每一次调整,都是对自我能力的肯定和提升。

活动反思

美国教育家杜威认为,有意义的课程应基于儿童的兴趣和需要,支持儿童在真实的任务情境中进行探索和学习。在幼儿园里种水稻,这是孩子们在社区文化的沁润中自然萌发的活动,又立足于探寻水稻插秧、生长、测量、防鸟等过程。水稻种植中的真实问题引发了幼儿的主动探究,孩子们通过观察讨论、猜想碰撞、实验论证等方式,持续探究水稻的成长之谜。由一粒小小的种子出发,孩子们在这片生命的稻田中自由地接受阳光雨露,在自然与实践中发现问题、探究问题、解决问题,共赴一场深度学习之旅。

支持"亲历",提升学习"效度"

支持"亲历",其实就是把"平时教孩子什么?"转变为"老师和孩子一起做什么?"在课程实施的各个环节,教师都将探索、实践的主动权还给孩子,让他们在实践中发现问题,不断思考,并尝试解决问题。当第一次插的秧苗歪歪扭扭时,孩子们主动寻求家长和社区的帮助,通过实地考察、直接感知、亲身体验,学习插秧手法,探索插秧工具。当制作插秧定位器遇到困难时,能不断思考,主动考虑距离、长短、深浅等多因素,不停改进,最终成功。当孩子们在亲手播种、照顾收获水稻的过程中,更能体会粮食的来之不易与坚持的难能可贵。让幼儿在做中学,在体验中成长,更能有效提升学习活动的深入开展。

融合资源,拓展学习"广度"

孩子们生长在袁隆平爷爷的母校,听着袁爷爷的故事长大,对袁爷爷用"一粒种子改变世界"的事迹充满崇敬。教师意识到丰富、开放的社区资源能引起幼儿的讨论,而幼儿的讨论内容蕴含着宝贵的教育契机和无限的可能。我们不断追随幼儿的兴趣与需求,让种植课程丰盈成一个动态生成、融合多领域经验的课程。当孩子们走进水稻研究所,那里真实专业的学习环境,水稻专家的答疑解惑,丰富开放的探究材料,都让课程持续推进并充满活力,让幼儿保持长久的探究兴趣和高度的参与。水稻课程由"袁爷爷的一粒种子"出发,在园所、家长、社区资源的不断融合助力下,最终结出了沉甸甸的稻穗。

聚焦问题,挖掘学习"深度"

生活中的真实问题最能引发幼儿的主动探究。在课程中,教师通过运用聚焦"问题"的策略,让幼儿发现问题、不断思考、展开讨论、表达想法、调整优化,最后解决问题。"水稻插秧活动"引发了幼儿一系列的科学探究活动,有对新工具的认识、观察、分析;有对测量方法的回顾、调整;也有合作中的频频交流,以及劳动后的喜悦交谈。在这种不断发现问题,主动解决问题的循环往复中,也让幼儿的学习更具深度。

袁爷爷的故事就像一颗小小的石子,在孩子们心里激起圈圈涟漪,愿孩子们在这片充满生机的稻田中沐浴着阳光雨露,自由地生长。

此案例由敖妮娜、张璐琳、林燕提供

参考文献

[1]屠莉娅.基于变革社会的视角:核心素养阐发与建构的再思考[J].全球教育展望,2016,45(06).

[2]韩玉梅,宋乃庆,杨晓萍,等.学前儿童核心素养:内涵、理论和指标体系[J].西南大学学报(社会科学版),2020,46(02).

[3]任长松.探究式学习:学生知识的自主建构[M].北京:教育科学出版社,2005.

[4]叶平枝,李晓娟.对幼儿深度学习的深度理解与现实审视及其促进[J].学前教育研究,2023(07).

[5]赫尔姆.幼儿园项目活动中的深度学习[M].钱雨,译.北京:中国轻工业出版社,2024.

[6]霍静.浅析蒙台梭利儿童教育理论的内在应用价值[J].青海师范大学学报(哲学社会科学版),2004(01).

[7]孙冬梅,孙冰.多元智力理论与幼儿园探究式教学[J].学前教育研究,2006(Z1).

[8]张潇月,张璐琳,刘小娟.三圈层协同在幼儿心中播下科学的种子[N].中国教育报,2024-05-19(03).

[9]夏冬柏.学前教育与训练[M].哈尔滨:黑龙江科学技术出版社,2001.

[10]赫尔姆,凯兹.小小探索家:幼儿教育中的项目课程教学[M].林育玮,译.南京:南京师范大学出版社,2004.

[11]楼朝辉.面向不同差异学生的差异教学支持策略探究[J].教育科学研究,2018(07).

[12]张浩,吴秀娟.深度学习的内涵及认知理论基础探析[J].中国电化教育,2012(10).

[13]王小明.学习心理学[M].北京:中国轻工业出版社,2009.

[14]王琴.作品分析法对提升小学生英语写作能力的准实验研究[J].中国校外教育,2011(19).

[15]赵德成,徐芬.成长记录袋在幼儿评价中的应用[J].学前教育研究,2002(05).

[16]王瑜.对话儿童画——4~5岁幼儿绘画作品分析[J].早期教育(美术教育),2018,(05).

[17]泰勒.课程与教学的基本原理[M].施良方,译.北京:人民教育出版社,1994.

[18]李敏谊,冯景.流行背后的误用与背离——反思当前幼儿园课程改革中运用多元智力理论的一些误区[J].学前教育研究,2006(21).

[19]方姜慧,王春燕.幼儿园项目活动:特征、误区与建议[J].东方娃娃·保育与教育,2022(03).

[20]顾雪刚.设计驱动性问题,提高思维能力[J].江苏教育研究,2019(31).

[21]凯兹,查德.开启孩子的心灵世界:项目教学法[M].胡美华,译.南京:南京师范大学出版社,2007.

从祛魅到返魅：走向探究式课程的正义

"游学访馆"探究式课程，以项目化学习理论为基础，在课程实施的过程中，以幼儿感兴趣的问题为导向，将学习内容与真实的、学习者熟悉的实际问题情境相结合，在学习者围绕问题进行持续性的探究式学习时，引入场馆资源和专家资源，帮助学习者逐步解决实际问题，并掌握相关的知识经验。"游学访馆"探究式课程，以培养幼儿解决问题的能力为出发点，旨在为幼儿未来的生活提供一定的价值，是一种非常有"魅力"的教育形式。但是在设计与实施过程中，因为教师的理解存在一定的误区和偏差，导致这一课程形式存在着一定的"祛魅"倾向。

泰勒曾经在现代课程理论的奠基石《课程与教学的基本原理》一书中提出了课程应该包括四个核心问题：（1）学习应该达到哪些教育目标；（2）提供哪些教育经验才能实现这些目标；（3）怎样才能有效地组织这些教育经验；（4）我们怎样才能确定这些教育目标正在被实现。从教育目标、教育内容、教育方法和教育评价这四个课程的核心问题出发进行分析，发现在"游学访馆"探究式课程的实施中，存在着以下几个"祛魅"的倾向。

目标祛魅：把单一能力等同于完整教育

"游学访馆"探究式课程，在解决幼儿感兴趣的问题时，以幼儿持续性的探究为主要学习方式，但是学习方式不等于教育目标，探究能力的培养是探究式课程的目标之一，而不是全部。就教育目标而言，我国一直以来都坚持"三个面向"，倡导培养"四有新人"，实现幼儿德智体美劳的全面发展。所以,在实施"游学访馆"探究式课程时,除了探究能力的培养,还应结合《3-6岁儿童学习与发展指南》,重视幼儿的身体发展、语言表达、社会协作和艺术表现。

内容祛魅:将兴趣立场等同于未来价值

"游学访馆"探究式课程虽然以幼儿的兴趣和生活经验为出发点,但兴趣并不是课程的全部,教师应在兴趣的基础上思考课程的价值。但是,部分教师在开展活动前缺乏判断项目主题价值的意识,没有结合《3-6岁儿童学习与发展指南》梳理相应的课程价值和活动目标,虽然在实施过程中追随了幼儿的兴趣,看似激情高涨,但并没有在原有经验上进行提升,实现"最近发展区"的发展;同样也有部分教师在遇到幼儿兴趣降低的情况时,缺乏根据幼儿的状态调整活动内容的意识与策略,无法通过自身的教育智慧重新激发幼儿对活动的兴趣,将导致项目活动停滞不前,甚至草草结束。

主体祛魅:用儿童视角取代教师智慧

"游学访馆"探究式课程以儿童的兴趣为出发点,在课程的实施过程中,教师围绕幼儿感兴趣的话题提出一系列的驱动性问题,并引导支持幼儿进行持续性的探究。系列驱动型问题的提出,不仅要贴合幼儿的兴趣,还要契合课程标准,具有凝练意义,所以教师必须有备而来,在确定研究主题后,要进行多方位思考,根据幼儿可能的兴趣点,绘制主题网络图,预设课程可能的走向,并思考当课程走向这个点时,该怎样支持幼儿的探究,实现什么样的课程目标,而不是完全不加预设地任由课程自由发展。

形式祛魅:用形式主义代替意义创造

1.误把课程模式等同于教育内容"照搬"

为了帮助教师快速地掌握"游学访馆"探究式课程的实施方式,幼儿园会将"游学访馆"探究式课程梳理为"提问—寻访—探究—表达—回顾"几个步骤,但"游学访馆"探究式课程是一种教与学的方式,而不是一组特定的教学技巧,或一系列一成不变的活动、惯常程序或策略。但是在实施过程中,有部分教师不了解"游学访馆"探究式课程背后隐藏的儿童观、教育观和课程观,只是机械地模仿"游学访馆"探究式课程的大概流程和步骤,看似完成了一系列活动和操作,但都流于形式,幼儿的主体性并没有得到发挥,课程的价值也并没有得到体现。

2.错把"游学访馆"当成主要手段"硬用"

在"游学访馆"探究式课程中,"游学访馆"作为幼儿的一种探究方式,其场馆资源和专家资源只是一种辅助,在幼儿进行相关领域的探究时,用以弥补幼儿园在专业领域材料支持和设备上的不足,以及教师在专业指导和操作方面的不足。但是在实际的实施过程中,部分老师为了完成"游学访馆"的任务而进行游学访馆,没有任务的驱动,没有合适的专业讲解和操作,有的只是走马观花地参观和浏览,错把"游学访馆"这种形式"硬"用。

评价祛魅:把呈现状态当成最终理想

"游学访馆"探究式课程中幼儿要对某一问题进行长期、深入的探究,进而在解决问题的过程中提升各方面能力。"游学访馆"探究式课程的目的最主要在于支持幼儿的学习过程,并非追求最后的结果。如果将"游学访馆"探究式课程的评价简单地理解为成果展示,则会把重心放在制作作品与艺术表达上,幼儿在其他方面的探究就会浅尝辄止、流于表面,也就忽视了探究式活动本身的价值和意义。

"游学访馆"探究式课程是一种适合于幼儿开展深入探究学习,能有效提高幼儿综合素养的活动,但面对课程实施中的多重误区,我们该怎样从"祛魅"到"返魅",重回探究式课程的正义呢?

领悟与实践:培训与实践结合,走向理念正义

对于大部分幼儿教师来讲,"游学访馆"探究式课程是一种新的课程形式,其背后隐藏的儿童观、教育观和课程观,有别于以往的课程形式,所以在开展"游学访馆"探究式课程时,要通过专题理论培训深入学习探究式课程的核心理念与理论背景,将生成课程思维融入一日生活中;同时帮助教师改变以往的教育理念,学习探究式课程的新理念,还要通过生动的成功案例,帮助教师理清从理论到实践的操作性路径,做到"知其然,更知其所以然",实现以理念指导课程实施,而非程式化地遵循课程形式,真正做到以幼儿感兴趣的问题为导向,通过自主学习和持续性探究,获得解决问题的能力。

辨析与生成:关注现实与可能,走向价值正义

1.辨析价值,探究主题的教育深度与适宜性

并不是所有幼儿感兴趣的事物都要发展成探究式活动,当幼儿对某一主题产生兴趣,在确定是否以此为主题开展探究式活动前,教师首先要思考主题的价值是什么,即通过活动幼儿能够获得哪些方面的成长。教师还需要思考主题开展的适宜性和可能性,即这些探究点是否适合本年龄段的幼儿、是否适合本班幼儿,以及开展活动所需支持条件是否能够满足。

2.契机生成,捕捉生活细节的课程价值和意义

教师要在生活中保持课程敏感性,带着课程的眼光,带着促进幼儿发展的课程意识去关注幼儿的生活,思考幼儿生活中的哪些事物、现象、资源,既符合幼儿的兴趣和需求,又利于拓展幼儿的经验和视野,并将之与课程设计关联起来。

弹性与同构：平衡预设与生成，走向主体正义

在"游学访馆"探究式课程中，"预设"是多方向、多维度的预设，是对幼儿发展水平和课程资源的预设，是以有效支持儿童探究为目的的预设；"生成"是基于幼儿兴趣和教育价值的有目的的生成。"预设"是生成的基础，"生成"是预设的实现。在探究式课程实施前期，教师应围绕幼儿的兴趣，根据幼儿的生活环境和认知水平，对课程的实施走向和教师能够提供的各种支持进行充分的预设；在课程实施过程中，教师要抓住幼儿的认知冲突，根据预设的主题网络提出驱动型问题，激发幼儿的探究欲望，同时也要提供预设的环境和材料，有效支持幼儿的持续性探究，帮助幼儿进行深度学习，最终获得解决问题的能力。

回旋与协同：师幼家深度互动，走向形式正义

"游学访馆"作为探究式课程的一种实施方式，其存在是非常有价值的。场馆资源不仅拓展了幼儿针对某一问题的探究空间，还弥补了幼儿园相关专业方面支持性材料的不足，为幼儿的有效探究提供了保障；同时，场馆里的专家资源就像一本百科全书，当幼儿在探究过程中遇到问题时，可以及时补齐教师专业领域知识的短板，为幼儿提供有效的经验支持。但场馆不能代替幼儿生活的家庭和幼儿园，专家经验不能代替幼儿园的实践感知，在探究式课程的实施过程中，"游学访馆"要适度，不能以"游学访馆"代替实践操作，不能以"专家引领"代替师幼互动，要做到"师—幼—专家"三协同。

成果与追寻：构建多维体系，走向评价正义

"游学访馆"探究式课程，是以培养幼儿解决问题的能力为主要目标的，对3~6岁的幼儿而言，解决问题的能力更多的是体现在解决问题的过程中，如是否能有效表达自己的需求，是否能与同伴友好合作，是否能正确地运用各种探究方法，是否能用多种形式展示自己的探究结果等，所以在开展"游学访馆"探究式课程的评价时，要综合运用多种方式展示评价的多个维度，除了要进行成果展示外，还要通过课程故事、观察记录、作品分析等方式了解幼儿参与活动的状态，既要重视探究结果，也要重视探究过程。

"游学访馆"探究式课程作为幼儿园课程的一种形式，其对幼儿发展的价值是不容置疑的，但课程的实施效果必须借助教师这一中介才能实现，教师如何发现问题生成课程，如何盘活资源支持探究，如何回顾展示梳理经验，都将成为大家必须不断修炼的一门技能，唯愿我们都能在课程实施中不忘初心，逐步走向探究式课程的正义。